Christina Ragettli

VON WEGEN

Allein auf der Via Alpina – 2363 Kilometer zu Fuss von Triest nach Monaco

Mit 33 farbigen Abbildungen und einer Karte

MALIK

Mehr über unsere Autorinnen, Autoren und Bücher:
www.malik.de

Wenn Ihnen dieses Buch gefallen hat, schreiben Sie uns
unter Nennung des Titels »VON WEGEN« an empfehlungen@piper.de,
und wir empfehlen Ihnen gerne vergleichbare Bücher.

Dieses Buch folgt den Regeln der Schweizer Rechtschreibung.

ISBN 978-3-89029-586-2

Redaktion: Katrin Sutter & Red Pen Sprachdienstleistungen e.U.
Bildteilfotos: Christina Ragettli, außer auf Seite 13 oben: Paul Labranche
Karte: Nina Danuser
Satz: Uhl + Massopust GmbH, Aalen
Gesetzt aus der Vendetta und der Transat Text
Litho: Lorenz & Zeller, Inning am Ammersee
Druck und Bindung: CPI books GmbH, Leck
Printed in the EU

INHALTSVERZEICHNIS

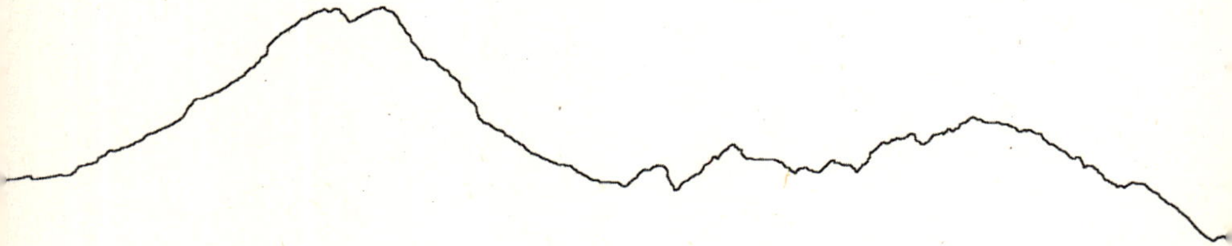

VORBEMERKUNG DER AUTORIN

Meine Erlebnisse auf der Via Alpina habe ich in Notizen und mit täglichen Sprachnachrichten an mich selbst festgehalten. Ich habe mit den Personen, die im Buch vorkommen, über die von mir niedergeschriebenen Erinnerungen gesprochen. Sie haben mir bestätigt, dass sie die Situationen ähnlich oder gleich erlebt haben. Und doch würde wohl jeder meine Wanderung anders beschreiben. In den vier Monaten ist viel mehr passiert, als ich auf den folgenden Seiten erzählen werde. Ich hoffe, dass ich einen authentischen und spannenden Einblick in meine Via-Alpina-Wanderung geben kann. Eine Expertin in diesem Bereich bin ich nicht – es war mein erstes Projekt dieser Art. Das Gleiche gilt auch fürs Schreiben dieses Buches.

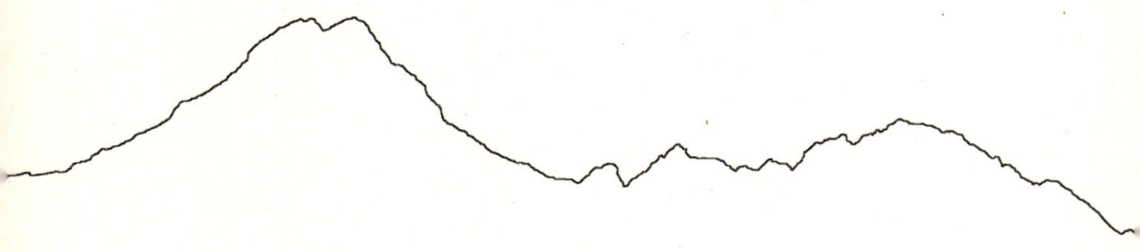

VORWORT

Von Andri Ragettli, Bruder und Weltmeister Freeski Slopestyle

Christina, Gian und ich sind ein unschlagbares Team. Meine Schwester Christina, die Älteste von uns, hat unser Trio angeführt. Sie ist die Organisierte und hat wirklich immer alles unter Kontrolle. So war ihre Rolle schon früh klar, sie schaute auf mich und unseren Bruder Gian. Denn als ich ein Jahr alt war, verunfallte unser Vater tödlich. Deshalb arbeitete unsere Mama viel und war nicht immer zuhause. So entwickelte sich meine um sechs Jahre ältere Schwester zu meiner zweiten Mama.

Viele Jahre lang sind wir immer zu dritt auf den Berg gegangen, im Winter, um mit unseren neuen Freeskis über die Schanzen in Laax zu springen. Hin und wieder stürzte einer von uns. Christina brachte mich mehrmals nach Hause, legte mir einen kalten Lappen auf die Stirn, liess die Storen in meinem Zimmer herunter, damit es dunkel wurde und kontaktierte Mama. Manchmal, wenn es schlimmer war, brachte sie mich auch zum Arzt. Sie wurde dadurch schneller als wahrscheinlich üblich erwachsen und übernahm früh Verantwortung für unsere Familie.

Wenn wir über Mittag allein zuhause waren, hat sie mir oft mein Lieblingsgericht gekocht: Omeletten. Ich bin ihr auch auf ewig dankbar, dass sie immer meine Aufsätze korrigiert hat und mir bei meinen Vorträgen geholfen hat. Denn das Fach Deutsch ist bis zum Ende des Gymnasiums mein schwächstes Fach geblieben. Einfach hatte Christina es mit mir nie. Ich war schon immer wild. Als ich ihre Schulkollegen auf dem Pausenplatz anspuckte, musste sie mich beschützen, damit ich nicht von den älteren Jungs verprügelt wurde. Aber es gab auch oft richtig heftige Streitereien zwischen uns. Es ist eine sehr schlechte Idee, sich mit Christina anzulegen. Einmal war sie so wütend auf mich, dass sie mich ganze zwei Wochen ignoriert hat. So etwas kann nur sie. Und trotzdem sind wir ein Dreamteam und unzertrennlich.

Unsere Freizeit als Kinder gestaltete sich als ein einziger Wettkampf. Wer kann schneller die Piste hinunterfahren, wer kann länger die Luft anhalten oder wer kann weiter barfuss durch den Schnee laufen? Da ich der Jüngste bin, waren Gian und Christina in allem besser als ich. Verlieren war für keinen von uns eine Option, alle waren und sind wir besonders ehrgeizig. Ich wäre wohl nie so erfolgreich als Sportler, wäre ich nicht mit meinen beiden Geschwistern aufgewachsen. Das «du lahme Ente, jetzt mach mal» beim Skifahren zu dritt hat mich angespornt und mich besser werden lassen.

Auch jetzt noch schaut Christina, dass es allen gut geht, kommt regelmässig nach Hause und kocht hin und wieder für uns. Sie ist engagiert und gibt immer Vollgas – das zeichnet uns alle drei aus. Jeden in seinem Bereich. Ausserdem möchte sie alles perfekt machen – eine Perfektionistin, genau wie ich auch. Daher liebe ich es, dass ich mit ihr zusammenarbeiten darf, man kann sich zu 100 % auf sie verlassen. Sie ist nämlich nicht nur meine Schwester, sondern auch meine PR-Managerin. Und das eigentlich schon, seit ich zehn Jahre alt bin und sie 16. Sie erstellte meine Facebook-Fanseite, meine Insta-Seite, beantwortete meine ersten Interview-Anfragen und war immer total überzeugt, dass ich Profi werden würde. Sie glaubte an mich und half mir, meinen Weg zu gehen. So unterstützte sie mich auch im Sommer 2021 – denn sie schrieb gleich zwei Bücher. Mein Buch *Attack your Dreams* und ihres über die Via Alpina.

Sie ging schon immer ihren eigenen Weg. Mit nur sechs Jahren entschied sie sich, nie mehr einen Bissen Fleisch zu essen. Als Vegetarierin war sie damals die Ausnahme. Mit meinem Bruder Gian machte ich mich jahrelang darüber lustig und hielt ihr gerne ein Stück Fleisch ins Gesicht, worauf sie sich geekelt abdrehte. Wie kann man nur Vegetarierin sein, dachte ich mir? 20 Jahre später bin ich es selbst und absolut überzeugt davon, dass es für mich, den Planeten und die Tiere besser ist. Vielleicht aber auch, weil sie mir jahrelang erklärte, wie ekelhaft es ist, dass ich tote Tiere esse. ;)

Christina war immer schon eine Abenteurerin, nachts barfuss aus dem Haus schleichen, im kalten Wasser baden. Sie ist tough. Ich kenne wenige Personen, die es so lange in Eiswasser aushalten. Oft endet dies noch heute in einem Wettkampf, wer es länger schafft, beispielsweise im Dorffluss kurz nach der Schneeschmelze. Wir pushen unsere Grenzen, wir wollen mehr, wir drei Geschwister stehen mitten im Leben – und geniessen es. Früh haben wir durch den schmerzlichen Schicksalsschlag gelernt, wie schnell das Leben vorbei sein kann. Umso mehr habe ich mich gefreut, als Christina sich entschieden hat, ihren grossen Traum, die Via Alpina, Realität werden zu lassen.

Als meine Schwester letztes Jahr erzählte, dass sie die rote Via-Alpina-Route absolvieren möchte, konnte ich nicht einschätzen, was das bedeutet. Als sie sagte, das seien über 2000 Kilometer zu Fuss, und zwar von Monaco nach Triest, dachte ich noch immer: «Naja, ich bin auch schon 100 Kilometer in zehn Stunden gejoggt.» Nichts Verrücktes also, für jemanden aus meiner Familie. Erst als sie mittendrin war, wurde mir bewusst, wie körperlich und mental anstrengend ein solches Abenteuer ist! Jeden Tag um die 25 Kilometer, auf und ab und das über Monate. Allein. Ohne jemanden, der dich täglich motiviert, dir einen neuen Trainingsplan vorlegt oder dir am Abend den Rücken massiert und dir zur Stärkung Spaghetti kocht. Allein den Gefahren ausgesetzt von Schnee, Gewitter, wilden Tieren, Menschen und vor allem, allein mit den Gedanken. Nur du und deine Gedanken. Ich bin zwar selbst immer in den Bergen, aber mit Wandern und Bergsteigen habe ich bisher kaum Erfahrungen gemacht. Dafür weiss ich aber, wie es ist, sich in schwierigen Situationen durchzuschlagen, weiterzumachen und nicht aufzugeben. Obwohl Christinas Via-Alpina-Projekt nicht auf Leistung ausgelegt war, so war es für sie trotzdem unumgänglich, an ihre Grenzen zu gehen – sei es körperlich, sei es in Bezug auf Ängste und Gefahren, denen sie ausgesetzt war, oder auch auf die emotionalen und mentalen «Ups & Downs», die sie meistern musste.

Obwohl wir während ihrer Tour nicht ständig in Kontakt waren, war ich durch unsere Mama und meinen Bruder Gian immer bestens informiert. Nach zehn Wochen erzählte mir Gian, dass Christina eine Krise habe und mit dem Weitergehen kämpfe. Ich rief sie sofort an und packte alle meine Tipps aus, die ich in den letzten vier Jahren durchs viele Lesen und mein Training im mentalen Bereich anzuwenden gelernt hatte. Ein Zitat berührte mich besonders und ich hoffte, dass es auch sie motivieren würde. Ich schickte ihr einen Abschnitt aus dem Buch *Living with the monks* von Jesse Itzler:

«Quitting because it's easier is never the right decision. It only takes a minute to quit, but the moment will replay in your mind tomorrow, and the tomorrow after that, and the one after that.»

Ich wollte Christina daran erinnern, dass es immer einfacher ist, aufzugeben. Denn sobald man einmal aufgegeben hat, macht man es öfter und es wird zu einer Gewohnheit. Und wenn man aufgibt, bleibt man genau an diesem Ort stehen. Man kommt nicht weiter und es fühlt sich auch nicht besser an. Es ist jedoch wichtig, dass man seine grossen Ziele in kleine Teile bricht. Denn das grosse Ganze kann einen manchmal überfordern. Wenn man ein kleines Ziel nach dem anderen erreicht, dann kommt man (bei der Via Alpina wortwörtlich) Schritt für Schritt nach Monaco – bis ans Meer. Aber man muss einen flexiblen Plan haben. Da Christina und ich beide Kontrollfreaks sind, ist es für uns schwierig, wenn ein Plan nicht aufgeht. So war es bei ihr beim Start der Via Alpina wegen Corona und so ist es bei mir beispielsweise bei einer Verletzung. Das macht nervös. Genau in diesen Momenten ist es wichtig, nicht emotional zu werden. Ruhe zu bewahren und tief durchzuatmen. Dann gilt es die weiteren Wege zu prüfen. Als Perfektionisten haben wir immer einen Plan B bereit. Denn wenn wir Ragettlis ein Ziel haben, dann bringt uns nichts davon ab!

JUNI 2020

Ich wusste es. Ich wusste genau, heute wird es heikel – heute wird es nicht gut laufen. Das Gefühl kam, als ich aufwachte und mich wie erschlagen fühlte. Die gesamte Nacht tanzten die Mäuse im Dach der kleinen Selbstversorgerhütte. Ich tat kein Auge zu und es regnete noch immer. Aber nicht nur darum hatte ich ein ungutes Gefühl. Im Juni die Schweizer Alpen zu überqueren ist eine grosse Herausforderung. Es liegt noch zu viel Schnee. Schon zig Schneefelder hatte ich gemeistert. Einige harmlos, andere gefährlich, wieder andere konnte ich irgendwie umgehen. Aber Corona gab mir keine andere Wahl, als in der Schweiz zu starten – lange bevor die Alpen ihr sattes Sommergrün erreicht hatten. Ich durfte mein Heimatland nicht verlassen, die Grenzen waren noch immer geschlossen.

Und da war es. Das nächste Schneefeld. Der Regen verschlechterte meine Situation zusätzlich. Doch um vom Bergpass runterzukommen, musste ich über dieses Schneefeld absteigen. Ich tat, was ich immer tat, versuchte Schritt für Schritt meine Wanderschuhe in den Schnee zu rammen und Halt zu finden. «Du weisst, wie das geht», sagte ich zu mir selbst. «Konzentrier dich, bald ist es geschafft.» Schon die Hälfte des Schneefelds lag hinter mir, als ich mir eine kurze Verschnaufpause gönnen wollte. Der Regen lief mir über die Regenpelerine und die Landschaft war in triste Grautöne gehüllt. Aber ehe ich mich versah, glitt ich aus meinem Tritt und lag im Schnee. Ich rutschte und wurde immer schneller und schneller. Ich versuchte mit aller Kraft zu bremsen, meine Schuhe einzuhaken, mit den Stöcken irgendwie Halt zu finden. Zwecklos. Die grossen Gesteinsbrocken unterhalb des Schneefelds kamen näher und näher und mein Gedanke war: Schütze deinen Kopf.

Ich rammte die Felsen und überschlug mich. Als ich endlich stoppte, sass ich im nassen Schutt. Sofort spürte ich Schmerz. Mein Fussknöchel. Meine Hand. Und doch, meinem Kopf ging es gut. Ich richtete mich auf und untersuchte die schmerzenden Stellen. Mein

Fussknöchel tat mir am meisten weh, aber er sah ganz okay aus und nach ein bisschen hin- und herbewegen war ich mir sicher, dass nichts kaputtgegangen war. Meine Hand blutete, aber auch diese Schürfungen waren kaum der Rede wert. Dann noch ein kurzer Check des Knies – alles gut, es schwoll an, aber es hielt. Heisse Tränen liefen mir übers Gesicht. Aber was nützt es, allein auf 2290 Metern wegen Schmerzen zu heulen? Krampfhaft versuchte ich, meine Tränen zurückzuhalten und konzentrierte mich darauf, gleich weiterzuwandern. Aber die Tränen liefen mir dennoch unkontrolliert übers Gesicht. Wann hatte ich mich das letzte Mal so hilflos gefühlt? Eine vergleichbare Situation kam mir nicht in den Sinn.

Hier sieht mich niemand, keine Hilfe in Sicht.

Ich atmete heftig und wollte schon weitergehen, doch ich konnte kaum etwas sehen. Mit dem Ärmel versuchte ich meine Tränen wegzuwischen. Und aus irgendeinem Grund machte ich ein Selfie – ein Foto von mir selbst, meines verheulten Gesichts. Ich denke, ich wollte den Moment – definitiv ein Tiefpunkt – festhalten. Für mich allein. Das Foto hat nie jemand gesehen.

Ich schluchzte noch immer, tat mir selbst unendlich leid. Der Regen wurde nun heftiger – was für ein Timing. Meine Augen waren noch immer wässrig, mein Blick getrübt, sodass ich auf dem nassen Gras ein paar Meter weiter erneut ausrutschte und hinfiel. Dann gleich nochmal. Und nochmal. Bis ich so wütend auf die Welt und meine doofe Idee wurde, 2000 Kilometer zu wandern, dass ich nur noch losschreien wollte. Doch so bin ich nicht. «Heulen kannst du heute Abend, so viel du willst, aber jetzt ist dein einziger Job, heil ins Tal zu kommen.» Noch 1500 Höhenmeter Abstieg lagen vor mir bis Prato Sornico im Maggiatal. Ich hatte mir selbst versprochen, die gesamte Via Alpina zu wandern. Ein Plan, an dem ich festhalten wollte.

Es war Zeit, dass ich mich an unangenehme Momente gewöhnte.

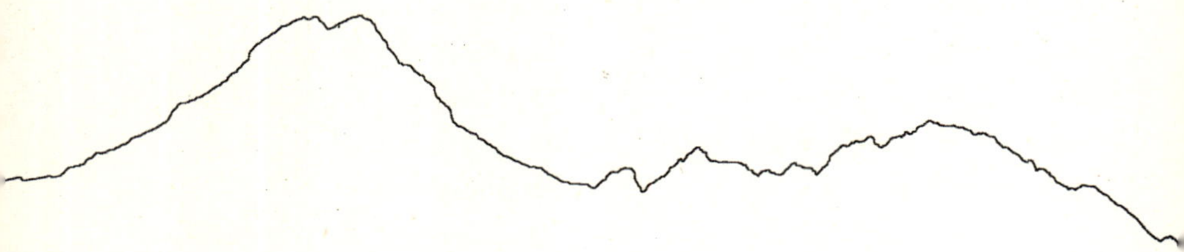

VORBEREITUNG

— *Sommer 2017*

Es war Juni 2017 und ich hatte soeben ein weiteres E-Book über Fernwanderungen zu Ende gelesen. Sarah Marquis, eine 49-jährige Schweizerin, erzählte, wie sie die Wüste Gobi allein durchquerte und sich der Hitze und Sandstürmen stellte. Ganz passend, ich war nämlich gerade in den Ferien in Namibia. Doch mit der Wüste konnte ich persönlich noch nie viel anfangen – sie reizt mich nicht und ich mag Hitze nicht. Seit längerem befasste ich mich nun mit dem Thema Weitwandern. Erst vor einigen Jahren hatte ich das Wandern wiederentdeckt. Ich brauchte damals unbedingt ein Sommerhobby, denn immer, wenn das Flimser Skigebiet, wo ich wohne, im Frühling schloss, wusste ich nicht mehr, was ich am Wochenende unternehmen sollte. Es gab Jahre, da verbrachte ich einen Teil meiner Sommerferien in Zermatt, um auf dem Gletscher skifahren zu können. Auf meinem Handy hatte ich immer eine Countdown-App, die mitzählte, wie viele Tage es noch dauerte, bis im Herbst der Skibetrieb wieder starten konnte. Der Sommer war mir zu heiss und musste überbrückt werden.

Wandern empfand ich als langweilig. Etwas für alte Leute. Als Kind musste ich immer mitgehen. Meistens war es eine Qual, ausser wir wanderten zu diesem einen Bergrestaurant, wo es ein Trampolin gab. Die Einstellung, dass Wandern was für Langweiler ist, änderte ich erst mit etwa 20. Da entwickelte ich wieder Interesse an der Natur als faszinierender Schönheit und nicht als praktischem Spielplatz, um sich auszutoben. Als ich das erste Mal einen Klettersteig meisterte, merkte ich, dass Wandern durchaus spannend sein und für Adrenalinkicks sorgen kann. Später reizte mich das wilde Campieren am Fusse der heimischen Berge und so kam ich schlussendlich unverhofft, aber anscheinend unvermeidlich zum Mehrtageswandern.

Ich fing an, Bücher über Abenteurer zu lesen, und besonders die Geschichte einer jungen Frau auf dem Pacific Crest Trail (kurz PCT) inspirierte mich. Cheryl Strayed machte den amerikanischen Weitwanderweg mit ihrem Buch *Wild* zu einer der bekanntesten Weitwanderrouten der Welt. Als ich das Bücher-Universum nach Wandergeschichten durchsuchte, fand ich viele Erzählungen von sogenannten PCT-Hikern. Ich wurde neugierig und, nachdem ich von meinen Namibia-Ferien wieder in meinem Schweizer Heimatdorf Flims angekommen war, machte ich den ersten Schritt und trat auf Facebook diversen PCT-Foren bei. Der wohl berühmteste Weitwanderweg der Welt zieht sich über 4000 Kilometer von der mexikanischen Grenze im Süden der USA hoch bis zur kanadischen Grenze im Norden. Diese Wanderung dauert durchschnittlich fünf bis sechs Monate und da sie so viele berühmte Geschichten hervorgebracht hat, brechen mittlerweile jedes Jahr tausende Leute auf, um die ganze Westküste der Vereinigten Staaten abzulaufen. Das bedeutet aber auch, dass man nicht wirklich allein wandert – zumindest las ich das so in meinen Büchern. Auf den Streckenabschnitten des Pacific Crest Trail gibt es immer wieder Hikertowns. Das sind kleine Ortschaften entlang der Strecke, die auf die Wanderer ausgerichtet sind. Da gibt es Poststationen, wo man seine Nachschub-Pakete abholen kann, und auf die Bedürfnisse der wandernden Menschen zugeschnittene Hostels, Campingplätze oder Restaurants. Immer wieder begegnet man Gleichgesinnten an diesen Orten und es bilden sich «Trail-Families». Manchmal schliessen sich einige mit gleichem Rhythmus und Wandertempo zusammen, um sich den Herausforderungen des Trails gemeinsam zu stellen. Für mich hörte sich das sehr beruhigend an, dass man zwar allein losgeht, aber, wenn man sich dafür entscheidet, auch immer in der Gruppe weitergehen könnte. In den PCT-Foren war ich eine stille Mitleserin und sog alle Informationen auf.

Seit Sommer 2017 konnte ich mich auch in der realen Welt regelmässig übers Wandern austauschen: Bei meiner Arbeit in der Marketingabteilung eines Bündner Skigebietes hatten wir ein neues Teammitglied bekommen: Domenica. Ich kannte sie zwar schon lange, aber wir freundeten uns erst bei der Arbeit wirklich an – denn uns verband etwas.

Domenica hatte bereits Weitwander-Erfahrung gesammelt und lief im Sommer 2016 zwei Wochen lang auf dem berühmten Pilgerweg nach Santiago de Compostela. Wir tauschten uns in den Arbeitspausen lebhaft aus und träumten beide vom Pacific Crest Trail. Über das Facebook-Forum lernten wir Stefan kennen, einen Bündner, der auf dem PCT war, aber leider nach einigen Wochen wegen einer Fussverletzung abbrechen musste. Domenica und ich waren Feuer und Flamme und luden ihn zum Abendessen ein. Wir wollten alles wissen, erarbeiteten gemeinsam einen riesigen Fragenkatalog und trafen uns mit Stefan in Chur. Ich nahm sogar das iPad mit und wir stellten ihm eine Frage nach der anderen, während ich seine Antworten schriftlich festhielt. Stefan erzählte uns viel übers richtige Schuhwerk, darüber, wie man seinen Stuhlgang mit der ultraleichten Schaufel verbuddelt oder wie man mit Bären umgeht beziehungsweise sie nicht neugierig macht

— *Das Wandervirus ist ausgebrochen!*

Während ich mich in den folgenden Monaten regelmässig über den PCT informierte, kamen bereits die ersten Zweifel auf. Länger als einen Monat wandert man durch die Wüste Kaliforniens. Wandern in der Wüste? Ich bin lieber in den Bergen unterwegs. Und dass es dort viele Klapperschlangen gibt, fand ich auch nicht gerade motivierend.

In meiner Familie finden nur meine Mama und ich das Wandern faszinierend. Meine beiden jüngeren Brüder Gian und Andri sind absolute Adrenalin-Junkies. Wandern ist für sie, wie für mich zuvor auch, unendlich langweilig und mühsam. «Wieso machst du sowas freiwillig? Einen Berg hoch und auf der anderen Seite wieder runter?», fragten sie mich manchmal. Auch wenn wir in dieser Hinsicht verschieden sind, haben wir alle ein grosses Bedürfnis nach Action und Abenteuer. Wir sind ein eingeschworenes Team. In meinem Freundeskreis kenne ich kaum jemanden, der noch immer eine so enge Beziehung zu seinen Geschwistern pflegt.

Eines Tages rief mich mein Bruder Gian an. Er kenne jemanden, der gerade die Via Alpina wandere. «Die Via Alpina? Davon habe ich noch gar nie gehört!», sagte ich. Es verwunderte mich etwas, dass Gian mit einem Wanderthema auf mich zukam. Er selbst hatte damit gar nichts am Hut. Andererseits hatte er viele verrückte und mutige Freunde und, wie ich später herausfand, ist die Via Alpina eine toughe Weitwanderung entlang des gesamten Alpenhauptkamms. Gian schickte mir den Bloglink seines Kollegen Pascal. Er kannte ihn vom Freeriden. Fortan las ich von Pascals Erlebnissen auf der Via Alpina über den Blog oder auch auf Instagram. Er war im April 2017 in Monaco gestartet und ich klinkte mich quasi mittendrin ein, um sein Abenteuer mitzuerleben. Die lange rote Via Alpina ist eine eher unbekannte Weitwanderung, die grüne Via-Alpina-Route kennen hingegen viele. Als ich anfing zu googeln, um einen Überblick zu erhalten, lernte ich Folgendes: Die Via-Alpina-Organisation hat vor über zwanzig Jahren angefangen, zusammenhängende Wege in den Alpen als Weitwanderungen zu vermarkten. «Discover the Alps», so der Slogan. Es gibt in den verschiedenen Alpenländern separate Via-Alpina-Strecken, also beispielsweise eine französische Via Alpina (die blaue), eine schweizerische Via Alpina (die grüne), eine slowenische Via Alpina (die violette) und so weiter. Dann gibt es zusätzlich die Königsroute aller Via Alpinas – eben «die Rote». Sie führt durch alle acht Alpenländer, vom Meer in Monaco ans Meer nach Triest – oder umgekehrt. So wandert man von Monaco durch Frankreich und Italien, kommt in die Schweiz, wandert ins Fürstentum Liechtenstein, weiter nach Deutschland, Italien und Österreich. Von dort nach Slowenien, bevor man bei Italien wieder ans Meer gelangt – immer dem Alpenhauptkamm folgend. Dabei verläuft die rote Route nicht auf den bereits bestehenden länderspezifischen Via Alpinas, sondern es wurde eine neue Routenführung gewählt. Das heisst, man durchwandert irgendwann die Schweiz, folgt aber nicht der Strecke der Schweizer Via Alpina (der grünen), sondern wandert eher im Süden der Schweiz. Der rote Streckenabschnitt durch die Schweiz dauert etwa fünf Wochen und ist technisch anspruchsvoller als die grüne Route, die nur drei Wochen dauert.

Je mehr ich über die rote Via Alpina erfuhr, desto mehr Respekt entwickelte ich für Pascals Projekt. Um seine einmalige Erfahrung bei der mehrmaligen Alpenüberquerung beneidete ich ihn heimlich. Trotzdem plante ich weiter am PCT-Projekt. Obwohl mir bei der Recherche zur Via Alpina warm ums Herz wurde, war mir das eine Nummer zu gross. Der PCT in Amerika, mit der guten Infrastruktur für Wanderer und den vielen Menschen, die jährlich starten, gab mir ein grösseres Sicherheitsgefühl. Ich recherchierte weiter.

Im August 2017 machte ich meine erste kleinere Weitwanderung. Obwohl ich fast jedes Wochenende wandern war, hatte ich noch nie alleine im Zelt übernachtet. Nun war ich stolze Besitzerin eines neuen MSR-Hubba-NX-Einzelzelts und fest entschlossen, es sogleich zu testen: auf dem Bernina Trek im Engadin, der mit 140 Kilometern Länge, 7 Tagen, 8000 Höhenmetern und mit Zwischenstopps in sechs Berghütten das perfekte erste Wanderabenteuer zu sein schien. Die Route wurde zwar als Hüttentour vermarktet, ich entschied mich aber, im Zelt zu schlafen – beruhigt, dass im Notfall immer eine Unterkunft in der Nähe wäre. Mein Ziel auf dieser Tour war es, herauszufinden, wie ich allein in der Natur klarkomme.

In meinen Rucksack packte ich viel zu viel. Neben Zelt, Matte und Schlafsack stopfte ich auch einen kleinen Gaskocher, Kleidung (mehr als ich brauchte) und jede Menge Essen in den 50-Liter-Rucksack, der fast aus seinen Nähten platzte, als ich endlich fertig war.

Meine Mama, meine grösste Unterstützung bei allem, was ich tat, war mindestens genauso aufgeregt wie ich. Auch sie ist eine Abenteurerin, ist in ferne Länder gereist und motiviert mich immer wieder, meine Träume zu realisieren. Manchmal weiss sie sogar besser, was ich will, als ich zugeben möchte.

Als ich etwa 14 war, trainierte ich jede freie Minute im Snowpark. Das heisst, ich sprang mit Skiern über Schanzen und versuchte Tricks wie den «ThreeSixty» (eine ganze Drehung), den «Backflip» (einen Rückwärtssalto) und viele weitere. Jedes Jahr gab es in meinem

Heimskigebiet einen Wettkampf für die internationalen Freeskier. Die besten der Welt wurden eingeladen und Normalos wie ich durften mitmachen und konnten sich fürs Finale qualifizieren. Etwa zwei Wochen vor dem Wettkampf sagte meine Mama mir, dass sie mich angemeldet habe, und dass ich – falls ich nicht teilnehmen wollte – ihr das Startgeld zurückzahlen müsste. Was sich wie eine Erpressung anhörte, war ein Schubs, meinen unausgesprochenen Traum zu realisieren. Obwohl sie meine Brüder und mich allein grosszog, kamen unsere Träume und Ziele nie zu kurz. Auch wenn sie zwischenzeitlich fast als Taxiunternehmen hätte durchgehen können. Stets musste sie einen von uns in irgendein Training fahren.

Bei meiner ersten kleineren Weitwanderung wollte sie mich unbedingt an den Startpunkt bringen. Als ich den Rucksack in ihr Auto lud, runzelte sie die Stirn, denn ich konnte ihn kaum hochheben.

Obwohl es schon Ende August war und der Sommer sich dem Ende zuneigte, war das Wetter fantastisch und zeigte sich von seiner besten Seite. In Madulain zog ich meine klobigen Bergschuhe an – sogar steigeisenfest waren sie. Ich hievte den Rucksack auf den Rücken und war bereit zum Start. Mama machte noch ein Foto, es gab eine Umarmung und schon wanderte ich los.

Nach nur wenigen Schritten merkte ich, dass der Rucksack nicht gut sass. Ich konnte meinen Kopf kaum aufrichten und deshalb nicht nach oben schauen, denn der Rucksack war so hoch gepackt, dass er über meinen Kopf hinausragte. Da es zu Beginn den Berg hochging, hätte ich ihn am liebsten abgesetzt und gleich an Ort und Stelle die Riemen angepasst. Doch meine Mama schaute mir nervös hinterher und ich wollte sie nicht verunsichern. Also ging ich erstmal weiter, Schritt für Schritt, bevor ich das Problem hinter der ersten Baumgruppe zu lösen versuchte.

Der Bernina Trek lehrte mich in den folgenden sieben Tagen vieles. Ich wusste nun, dass ich gerne allein in der Natur bin, gerne draussen schlafe. Aber auch, dass ich damals zu massives Schuhwerk trug und mein Rucksack viel zu schwer war. Er wog 20 Kilogramm und etwa ein Drittel der eingepackten Sachen brauchte ich während der Wanderung im Engadin nicht – so beispielsweise meine schöne Emaille-Tasse mit dem kitschigen Trendspruch *On an Adventure*. Das Schuhwerk bereitete mir jedoch die grössten Schmerzen: Weil es so warm war, schwitzte ich in den Schuhen, die kaum eine Lüftung hatten. Deshalb bildeten sich neun Blasen, die von Tag zu Tag schlimmer wurden, bis ich es nicht mehr aushielt und schliesslich in den Wandersandalen zum Zielort des Bernina Treks lief. In Poschiavo angekommen, konnte ich kaum noch gehen, aber ich zog es durch. Für mich war es ein Meilenstein und nach meiner ersten längeren Tour fühlte ich mich nun der Weitwander-Community etwas mehr zugehörig. Auch wenn es nur sieben Tage waren, endlich konnte ich mitreden.

Das Abenteuer von Pascal verfolgte ich immer noch voller Neugier. Er war mittlerweile in Triest am Meer angekommen, wie ich auf seinem Blog las. Seine Berichte waren sehr eindrücklich. Die Bilder der Berge, der steilen Pässe, sie waren wunderschön und die Landschaft so ursprünglich und einsam. Aber als Mann der Berge hielt er sich bei den Beschreibungen auf seinem Blog meist kurz. Teilweise musste die Via Alpina aufgrund von Schnee für ihn eine sehr grosse Herausforderung gewesen sein – so viel hatte ich jedenfalls erfahren.

Für mich lag die Via Alpina zu diesem Zeitpunkt noch in weiter Ferne und doch wurde mir klar, dass ich nicht nach Amerika wollte. Die Idee, in ein Flugzeug zu steigen, um Amerika zu durchwandern, wirkte in meinen Augen immer sinnloser. Ich wohne in einer der schönsten Gegenden der Welt. Die Schweiz ist ein Paradies und die Alpen sind noch viel grösser als nur die Berge in der Schweiz – einen Bruchteil davon hatte ich schon erkunden können. Selbst wenn ich mich auf Europa beschränken würde, gäbe es eine Vielzahl an Weitwanderrouten, die einfach viel weniger Bekanntheit geniessen als der PCT. Wieso so weit reisen, wenn das Schöne so nah liegt? Wortwörtlich vor der Haustüre. Ich entschied mich, mein persönliches Weitwander-Projekt auf meinem Heimatkontinent zu planen.

Weitwanderung: Ja! PCT: Nein.

Doch dann wurde meine Arbeit als PR- & Kommunikationsangestellte für eine Tourismusdestination in Graubünden immer intensiver. Auch mein Nebenjob als PR-Managerin von Andri nahm Fahrt auf. Er wurde immer bekannter und so häuften sich die Interviewanfragen im E-Mail-Postfach. Die Arbeit machte mir so viel Spass, dass sich mein Fokus veränderte und ich mich einer weiteren Ausbildung widmete. Den Titel als eidgenössische Marketingfachfrau hatte ich schon, aber ich beschloss, mein Wissen auch im Bereich PR zu vertiefen. Ich arbeitete 100% bei meinem Hauptarbeitgeber, koordinierte morgens und abends die Termine für Andri und am Wochenende ging ich nach Zürich in die Schule, um mich auf die eidgenössischen PR-Fachprüfungen vorzubereiten. Mir blieb maximal ein Tag Freizeit und somit schob ich das Thema Weitwanderung auf die Seite. Ich hatte keine Zeit, mich zu informieren oder etwas zu planen. Aber mir war klar, dass der Moment für die Wanderung noch kommen würde.

Im Frühling 2019 kam ich an einen Punkt, wo ich realisierte, dass sich etwas ändern musste. Ich versuchte mich gegen den Stress, den Druck und die Schnelligkeit meines Lebens zu wehren – ohne Erfolg. Mir wurde alles zu viel. Ich war überall gleichzeitig und nirgends richtig. An meinem einzigen freien Tag pro Woche schmiss ich den Haushalt, bezahlte Rechnungen, besuchte meine Familie, lernte und versuchte jeweils eine Bergtour zu unternehmen, um meine Batterien aufzuladen. Das funktionierte aber nicht. Deshalb plante ich mit meinem Freund Christian eine grosse Reise nach Kanada. Wir wollten beide abschalten. Er hatte sein Masterstudium abgeschlossen und ich wollte Überstunden abbauen und den Stress hinter mir lassen. Nur die Schule lief wie gewohnt weiter. Da ich den Unterricht «schwänzte», musste ich in den Ferien für die PR-Prüfungen lernen. Fünf Wochen reisten wir durch Westkanada, wanderten und fuhren Kajak in der grenzenlosen Wildnis. Zu Beginn der Reise war ich eine Woche so krank, dass ich im schäbigen Hostel in Vancouver bleiben musste, während

Christian allein die Stadt erkundete. Ich war genervt von meinem Körper. Wieso machte er genau jetzt schlapp? Es dauerte eine ganze Weile, bis ich mich erholte und merkte, dass meine Batterien sich nicht mehr so leicht aufluden, dabei war ich doch erst 26.

— *Ich muss ausbrechen aus dem Hamsterrad!*

Im Juni 2019 kamen wir zunächst erholt und glücklich zurück in die Schweiz. Allerdings ging alles weiter wie gewohnt und schon nach wenigen Wochen stand mir das Wasser wieder bis zum Hals. Doch meine Arbeit für die Destination machte sich bezahlt und ich wurde zur Teamleiterin der PR- & Kommunikationsabteilung befördert. Darüber freute ich mich sehr, wusste aber, dass es eigentlich kein guter Zeitpunkt war.

Im Herbst 2019, noch vor den letzten Prüfungen meiner Ausbildung, entschied ich mich, meinen Job zu kündigen, um das Projekt Weitwanderung nun endlich anzugehen. Ich war reif für eine richtige Auszeit ohne Rückkehr ins Bekannte. Die Zeit verging wie im Flug. Mein letzter Arbeitstag und die Abschlussprüfungen fielen terminlich fast zusammen und rauschten regelrecht an mir vorbei.

Nur zwei Tage später reisten meine Mama und ich nach Nepal. Nach der anstrengenden Zeit wollten wir gemeinsam in den Bergen Nepals nach Erholung suchen. Kein Netz – all die täglichen «To-dos» waren weit weg. Wir trekkten für fast drei Wochen im Everest-Gebiet. Es war eine besondere und neue Erfahrung. Erstens konnte ich drei Wochen nicht duschen und zweitens war ich erstmals in richtig hohem Gebirge. Wir wanderten über 5500 Meter hohe Pässe und beide kämpften wir fast täglich gegen die Übelkeit, die die Höhenkrankheit mit sich brachte. Gegen Schluss der Reise erlebte ich einen Aufschwung. Mit der Hilfe von einheimischen Sherpas – unser Schweizer Bergführer musste nämlich umkehren – schaffte ich es von 5100 Metern über felsiges Gelände und Gletscherspalten bis auf den 6200 Meter hohen

Island-Peak-Gipfel. Wir waren am Morgen zu zehnt gestartet und zu viert standen wir schlussendlich auf dem Gipfel. Das zeigte mir, dass mein Körper trotz fast zweiwöchiger Schwächung ziemlich viel zu leisten vermochte, wenn es darauf ankam. Meine Mama verfolgte mein Abenteuer von der Hütte aus.

Zurück in der Schweiz ging ich meinem geheimen Masterplan nach. Ich arbeitete während der Wintersaison als Skilehrerin in meinem Heimatort Flims, um mich abends meinen Abenteuerplänen widmen zu können. Als Skilehrerin arbeitet man selten mehr als sechs Stunden am Tag – was für ein befreiendes Gefühl. Das ermöglichte mir viel Freizeit. Trotzdem war für mich zu diesem Zeitpunkt noch nicht klar, was für ein Abenteuer es im Sommer 2020 werden sollte. Plan A war eine Weitwanderung – aber welche? – und Plan B ein Sommer auf einer Berghütte. Ich liess mir diese beiden Optionen vorerst offen und genoss den Winter. In meine Pläne weihte ich kaum jemanden ein. Lange überlegte ich hin und her, was ich wohl lieber machen wollte.

Irgendwann machte es einfach «Klick». Bei einem Abendessen mit Bekannten wurde ich gefragt, was ich denn im Sommer arbeiten würde. Ohne gross darüber nachzudenken erzählte ich, dass ich die Weitwanderung «Via Alpina» versuchen wollte. Innerlich wusste ich, dass der Hüttensommer mir nicht weglaufen würde. Den konnte ich auch noch mit 60 Jahren machen, eine Weitwanderung vielleicht nicht. Zuhause sagte Christian: «Hey, mir hast du gar nie gesagt, dass es nun die Via Alpina wird! Wann hast du dich entschieden und warum hast du es mir nicht gesagt?» Diese Fragen konnte ich nicht beantworten. Ich wusste es selbst nicht so genau. Dann stand es also fest – und ohne mir nochmals gross Gedanken zu machen, wollte ich trotz aller Ängste und grösstem Respekt die rote Via Alpina versuchen.

Wenn schon, denn schon.

Tagsüber trainierte ich für die Examen einer Zusatz-Skilehrerausbildung und coachte Gäste aller Levels zu einer besseren Skitechnik. Abends ging ich als mittlerweile 27-Jährige nicht mehr auf Partys, etwas unüblich für mein Alter, sondern plante die Weitwanderung. Ich begann meine Route auf der Karte zu skizzieren, lud GPS-Daten auf mein Navigationsgerät herunter und markierte Dörfer mit Supermärkten für Verpflegungsnachschub.

Bis zum 13. März 2020.

— *Blödes Coronavirus: Fällt der Traum ins Wasser?*

Dann kommt der Coronavirus-Lockdown und ich bin von einem Tag auf den anderen ohne Job, weil auch der Skiunterricht ausfällt. Meine sichere Anstellung habe ich schon im Herbst aufgegeben und ich weiss auch nicht, ob ich diesen Sommer überhaupt aufbrechen kann. Am Anfang mache ich mir keine Sorgen, aber als die ersten Stimmen in den Medien eine angespannte Situation für über zwei Jahre prophezeien, wird mir mulmig zu Mute und die Lust, eine Wanderung zu planen, die vielleicht niemals stattfinden wird, ist verflogen. Wenn man nach mehr als fünf Jahren einen sicheren Job mit regelmässigem Einkommen gekündigt und viel Mut aufgebracht hat, um endlich seinen grossen Traum Realität werden zu lassen, dann belastet diese Planlosigkeit. Zuerst kann ich mich noch mit Freelance-Aufträgen über Wasser halten und auch meine nebenberufliche Arbeit für meinen Bruder Andri hält mich stets beschäftigt. Doch irgendwann wird es Zeit, sich mit der Zukunft dieses Schlamassels zu befassen. Eine Besserung der Situation ist noch nicht in Sichtweite. Doch als ich wieder beginne nach Jobs zu suchen, kommen die ersten Aussagen der Schweizer Regierung zu den geplanten Lockerungen der Corona-Massnahmen. Da habe ich bereits ein Angebot für eine interessante Stelle bekommen. Wieder werde ich unsicher: Soll ich den Wanderplan umsetzen oder doch lieber hierbleiben? Auf Nummer sicher gehen?

Ich entscheide mich fürs Wandern.

Die Grenzen in Europa sollen schon im Juni wieder geöffnet werden. Glücklicherweise stosse ich bei meinem zukünftigen Arbeitgeber mit meinem Problem, dass ich nun doch noch nicht arbeiten will, auf Verständnis und kann im Mai 2020 den perfekten Deal abschliessen: Festanstellung ab November 2020, sobald ich von der Via Alpina zurück bin. Jackpot. Nachdem das geregelt ist, kehre ich nun mit Vollgas zur Planung zurück, die ich aus Frust zur Seite gelegt habe. Die ursprünglich angedachte Route von Monaco nach Triest ist leider nicht machbar, aber ich habe eine neue Idee. Und zwar werde ich einfach in der Schweiz losgehen, und wenn ich diese durchquert habe, sind weitere fünf bis sechs Wochen vorbei und die Grenzen mit grosser Wahrscheinlichkeit wieder offen.

In den letzten Tagen vor meinem Aufbruch beginne ich, alle meine Ausrüstungsgegenstände zu wiegen. Ich habe schon davon gehört, dass es viele, die auf Weitwanderungen gehen, so machen. Das finde ich zwar etwas doof, doch irgendwann kommen Zweifel an meinem Schlafsystem auf. Also wiege ich jeden Gegenstand und siehe da, mein Schlafsystem ist tatsächlich überdurchschnittlich schwer im Vergleich zu meinem übrigen Wander-Hab-und-Gut. Zum Schlafsystem gehören eine Matte, der Schlafsack und das Zelt. Auch mein Tragesystem – also der Rucksack – ist etwas zu schwer. Da ich eher klein bin und besonders gut auf das Rucksack-Gesamtgewicht achten muss, entschliesse ich mich kurzerhand, mir einen neuen Rucksack und Schlafsack zu leisten. Obwohl ich eine komplette Ausrüstung besitze, ist diese einfach nicht fürs Weitwandern gedacht, sondern für kürzere Mehrtagestouren. Mein Material muss unbedingt leichter werden! Das Schlafsack-Problem löst sich schnell. Korrekt ausgedrückt handelt es sich aber gar nicht mehr um einen Schlafsack, sondern um einen Quilt. Nie hätte ich mir zugetraut, diesen Kompromiss einzugehen und mir einen Quilt anzuschaffen, aber das ist die beste und einfachste Lösung, um Gewicht zu sparen. Ein Quilt ist ein Schlafsack, der am Rücken offen ist. Er ist mehr wie eine Decke und mit Gummizügen kann man diesen Quilt um die Matte fixieren, damit keine kalte Luft hineinkommt. Man liegt also einfach auf der nackten Matte. Die Theorie dahinter ist, dass die Daunenfedern, auf welchen man in einem normalen Schlafsack liegt, aufgrund der Kompression durch das eigene Körpergewicht sowieso keine Wärme mehr speichern können.

Der Rucksack ist eine neuere und leichtere Version meines alten Rucksacks. Er ist breiter als lang, was ideal für mich ist. Noch wichtiger: Er überragt nicht meinen Kopf.

Mit sieben Kilo Basisgewicht bin ich nun bereit für mein Abenteuer auf der Via Alpina.

MAI BIS AUGUST 2020: SCHWEIZ–TRIEST

— *Am liebsten einfach die nächsten vier Monate im Bett liegen bleiben*

Es ist der 28. Mai 2020. Ich winke gerade meinem Freund ein letztes Mal zu, als er mit dem Zug von Chur nach Zürich davonfährt. Obwohl er mich möglicherweise schon am folgenden Wochenende auf der Via Alpina besuchen kommt, fühle ich mich unglaublich zerbrechlich und traurig. So lange habe ich diesem grossartigen Moment entgegengefiebert und nun versetzt mich der kommende Samstag in Panik. «Was zur Hölle habe ich mir nur vorgenommen?!», frage ich den Spiegel im Auto. «Warum will ich über vier Monate lang jeden Tag allein wandern?»

Die Idee kommt mir immer bescheuerter vor: Ich, 160 cm gross, mittelmässig fit, kaum Weitwander-Erfahrung, will einen der anstrengendsten Trails überhaupt in Angriff nehmen. Warum? Das weiss ich mittlerweile nicht mehr.

Ich fahre mit dem Auto vom Bahnhof Chur zurück nach Flims. Ich muss noch kurz zu meiner Mutter, um ihr das Auto zurückzugeben, das sie mir geliehen hat, um Christian am Bahnhof abzuladen. Eigentlich hoffe ich, dass sie nicht zuhause ist. Wir hatten am Vortag einen grossen Streit wegen einer Lappalie. Wir haben uns seit Jahren nicht mehr gestritten und es war nur passiert, weil ich unter Druck stehe und sie nervös ist. Ein schlechteres Timing gibt es nicht. Seitdem herrscht Funkstille.

Als ich bei ihrem Haus ankomme, ist sie dort. Ich bedanke mich für das Auto und gebe ihr den Schlüssel zurück. Sie sieht mich an und sagt: «Dir geht es nicht gut, stimmt's?» Ach, Mamas müssen aber auch immer noch Öl ins Feuer giessen. Direkt füllen sich meine Augen mit Tränen und sie nimmt mich in den Arm. Ich schluchze etwas von «Christian ist jetzt weg und ich weiss nicht, ob ich noch los will ...».

Das gesamte Via-Alpina-Projekt erscheint mir einfach eine Nummer zu gross. Meine Chancen auf einen erfolgreichen Abschluss scheinen gleich Null und die Unsicherheit der anhaltenden Corona-Pandemie macht die Sache kein bisschen leichter. Fragen, auf die ich keine Antwort finde, schwirren mir pausenlos im Kopf herum. Wie wird sich der Sommer entwickeln? Bleiben meine Liebsten gesund? Werde ich, wenn ich zurück bin, meinen neuen Job überhaupt starten können? Wie wird sich die Corona-Pandemie in den Bergen entwickeln? Werden die Berghütten offen sein?

Aber dann legt meine Mama ihre Arme um mich und sagt mir, dass auch sie vor jedem grossen Abenteuer am liebsten gar nicht mehr aufgebrochen wäre. Dass es normal sei, sich so zu fühlen. «Immer dem Herzen nach», sagt sie. Dann bringt sie mir eine kleine Schachtel, worin sich ein Anhänger befindet. Er ist roségold, was ich sehr gerne mag, und darauf steht geschrieben: *Lebe deinen Traum*. Ich trockne meine Tränen, meine ersten Via-Alpina-Tränen. Es ist nur ein Heul-Moment von vielen, die noch folgen werden.

Den Anhänger befestige ich an meiner Halskette mit dem blauen Herzen, welche ich von Christian bekommen habe. Ich weiss, dass ich von allen unterstützt werde und dass Abbrechen eigentlich gar nicht schlimm wäre. Aber versuchen muss ich es. So verbringe ich zwei letzte Tage in Flims, mit fast durchgehend laut klopfendem Herzen, nervös wie nie zuvor.

Ich bade noch einmal im Caumasee und bin ein bisschen traurig, dass ich den schönen Bergsommer in meinem Heimatdorf komplett verpassen werde. Und genau als ich denke, ich habe alles beisammen und werde zum ersten Mal vor einer grossen Abreise nicht in einen Stresszustand verfallen, wo man chaotisch seine sieben Sachen zusammensucht, kommt diese Nachricht: «Heute hat Chubby zwei kleine Babys auf die Welt gebracht!» Die Nachricht sendet mir Pascale aus Luzern. Warum ich überhaupt meine Via Alpina in die Tat umsetze und nicht nur ein Leben lang davon träume, hat auch damit zu tun, dass am 18. Januar 2018 meine geliebte Katze Sia überfahren worden war und starb. Ich hätte sie wohl niemals zurücklassen können. Sie war mein Ein und Alles. Doch auch wenn ich monatelang todtraurig war, so hat mir ihr Tod mehr Freiheit gegeben. Ich bin bereit aufzubrechen. Dass nun knapp zwei Jahre später Chubby, ein Junges von Sia, auch junge Kätzchen zur Welt gebracht hat, ist für mich eine der schönsten Nachrichten. Als Pascale damals erfahren hatte, dass meine Sia gestorben war, hat sie sofort versprochen, mir ein Kleines zu überlassen, falls Chubby mal trächtig würde. Am Tag vor meiner Via-Alpina-Abreise kommen sie also auf die Welt und so überredet mich meine Mama, die Kätzchen noch zu besuchen. Und auf einmal ist der Stress da, denn mit einem spontanen Tag in Luzern habe ich nicht gerechnet. Wir fahren am Samstag in die Stadt an der Reuss und besuchen Pascale und ihre Familie. Die Kätzchen sind nur einen Tag alt und ich darf sie streicheln. Es ist, als würde sich der Kreis schliessen. Nun starte ich tatsächlich ohne Verpflichtungen die Wanderung und wenn ich nach dem Sommer nach Hause komme, wird eines dieser zwei Kleinen zu mir gehören, sobald es alt genug ist. Yuki wird es heissen und vorerst bei Christian leben, bis ich zurückkehre.

Nach dem Katzenbesuch ist mein Herz voller Liebe. Irgendwie fühlt es sich an, als würde jedes Puzzleteil an den richtigen Ort fallen. Ich freue mich schon jetzt, endlich wieder eine Katzenmama sein zu dürfen.

Zurück beim Auto am Luzerner Bahnhof ziehe ich den bodenlangen Blumenrock aus und meine schwarze Wanderhose an. Ich tausche das T-Shirt gegen ein Merino-Cool-Langarmshirt und meine Birkenstock-Sandalen gegen die neuen, leichten On-Wanderschuhe. Dann greife ich den Rucksack im Kofferraum des Autos, schultere ihn und bin startklar. Meine Mama begleitet mich zum Gleis und ich steige in den Zug. Ich bin zu früh und daher steht er noch eine Weile am Bahnhof. Diese Minuten werden fast unerträglich. Auch dieses Mal winkt Mama mir nach. Gleich wird sie allein ins Auto steigen und nach Hause fahren. Mein Hals ist wie zugeschnürt. Als der Zug endlich losfährt, bricht eine Welle der Erleichterung über mich herein. «So, jetzt bin ich allein und starte nun diese Via Alpina. Komme, was wolle.» Das Bauchweh, das ich verspüre, seit ich im Zug sitze, will aber noch nicht verschwinden. Ich fahre mit dem Zug nach Visp im Wallis, wo die Reise morgen beginnen wird, und als ich in Bern umsteige, ist mir mein Badge auf dem Rucksack unendlich peinlich. Vor der Abreise dachte ich noch, es wäre doch eine witzige Idee, meine Blogadresse *wildmountainheart.ch* auf den Rucksack zu nähen. Diesen Blog habe ich speziell für das Via-Alpina-Abenteuer erstellt. Nun gehe ich also «angeschrieben» durch den Bahnhof Bern und drehe den Rucksack immer so ab, dass hoffentlich niemand auf die Idee kommt, schon jetzt nach meinem Blog zu suchen. Denn ich bin ja noch keinen Meter gewandert! Das gleiche Problem stellt sich auch bei der Ankündigung meines Projekts auf Social Media. Ich habe eine kleine Followerschaft von 2000 Abonnenten. Nachdem ich mehrere Monate am Blog gearbeitet habe, ist es an der Zeit, diesen zu publizieren. Doch wie soll ich das mitteilen?! «Hallo zusammen, ich habe vor, 2000 Kilometer dem Alpenbogen entlangzugehen, von Meer zu Meer. Hier ist mein Blog dazu.» Das hört sich in meinen Ohren grössenwahnsinnig an. Aber abwarten, bis ich etwas erreicht habe, oder sogar bis das Projekt beendet ist, ist nicht in meinem Sinne. Ich will, dass Interessierte meine Reise zeitgleich mitverfolgen können. Denn als ich auf der Suche nach Via-Alpina-Informationen war, vermisste ich Erfahrungsberichte. So soll mein Blog nun eine Plattform für die sein, die künftig die Via Alpina durchwandern. Ehrlich und offen soll meine Via-Alpina-Berichterstattung sein. Also kündige ich zweifelnd mein Vorhaben an. Denn auch ich selbst liebe es, Abenteuer-Projekte virtuell miterleben zu können – so kann man mitfiebern und ist ein bisschen mit dabei.

Den Wecker für meinen ersten Wandertag stelle ich für 05.00 Uhr am Sonntag, den 31. Mai 2020. Am Morgen bleibe ich im Bett liegen und poste auf Instagram in aller Ruhe meinen Plan für die kommenden Monate. Als ich nach fast einer Stunde fertig bin, fühlt es sich gut an. Die Rückmeldungen, die im Minutentakt eintrudeln, bestärken mich. Nach dem Frühstück steige ich in den Zug und fahre eine Stunde bis nach Vernayaz im Wallis. Jetzt geht es los – endlich. Mit dabei ist auch ein einziges Karamellbonbon in meinem Portemonnaie. Mein Portemonnaie ist ein einfacher Mini-Zipblock-Beutel mit meinen Ausweisen und Bankkarten drin und etwas Bargeld. Vor zwei Tagen habe ich wie magisch angezogen die Karamellbonbons auf der Theke des Kiosks entdeckt. Wie ein Blitz schoss mir diese Kindheitserinnerung in meine Gedanken. Ich war vielleicht drei oder vier Jahre alt, aber ich erinnere mich noch genau: Wenn mein Vater und ich Ski fahren gingen und ich nach einigen Stunden einen Energieeinbruch hatte, dann packte er aus seiner Jackentasche die Karamellbonbons aus und gab mir eines. Und schon wollte ich weiter Ski fahren. Sicher 15 Jahre habe ich nicht mehr daran gedacht, doch kurz vor meiner Abreise erblickte ich sie. Die cremig weichen, nicht die harten. Eigentlich mag ich die gar nicht so. Doch ich kaufte die Packung und nahm eines raus und steckte es in den Zipblock-Beutel. Einfach so, für den Moment, an dem ich denke, dass ich nicht mehr weiter kann.

— *Start mit Hindernissen*

Im Zug sind viele Schulkinder. Ich komme mir in meiner Wandermontur fehl am Platz vor. Nun sind es nur noch wenige Minuten, bis ich zum ersten Mal auf der Via Alpina wandere. Das Gefühl ist unbeschreiblich – jetzt geht das Abenteuer los. Als ich dann endlich aussteigen kann, muss ich erstmal herausfinden, in welche Richtung ich loswandern soll. Prompt gehe ich erst in die falsche, bevor ich dann auf dem richtigen Weg lande. Zuerst schlängelt sich dieser durchs Dorf. Ich komme zu einem Sportplatz, von wo der Weg in den Wald führt und erstmals steigt. Bevor ich den Aufstieg starte, verschwinde ich hinter einen Stein beim Waldeingang. Ich muss vor lauter Nervosität aufs Klo. Da wende ich zum ersten Mal den Tipp der meistgewanderten Frau der Welt an. Christine Thürmer erklärt nämlich, dass sie weder Toilettenpapier noch Papiertaschentücher mit sich trägt, sondern nur ein Stofftuch. Die Idee ist mir noch etwas suspekt und vor allem, dass man das benutzte Pipi-Tuch dann noch aussen am Rucksack befestigen soll, damit die Sonne mit den UV-Strahlen das Tuch bestrahlt und den Geruch eliminiert. Ich wage trotz allem einen Versuch.

Ich gehe los und mein Rucksack drückt mich in den Boden. Mit über vier Litern Wasser im Gepäck tragen meine Schultern mehr, als ihnen lieb ist.

Es ist der letzte Sonntag im Mai 2020 und ein herrlicher Tag. Nach zwei Stunden komme ich zu einem kleinen Dorf oberhalb von Vernayaz. Ich erblicke einige traumhafte Feriendomizile und bei einem Brunnen mache ich die erste Pause. Ich schwitze stark und habe grossen Durst. Meiner Mama schicke ich ein Selfie mit den Worten, dass ich schon jetzt ziemlich geschafft sei. Aber glücklich. Ich geniesse es, in der Schweiz noch via Whatsapp und SMS kommunizieren zu können. Auch telefonieren kann ich, wann immer es Empfang gibt. Später im Ausland wird das nicht mehr möglich sein. Den Blog habe ich zudem erstellt, um ein Mal pro Woche ein Update zu publizieren, damit alle informiert sind und ich nicht alles doppelt und dreifach erzählen muss.

Es ist eine unendliche Erleichterung, endlich unterwegs sein zu können nach diesem langen Hin und Her. Nun geht es wieder in den Wald und zum ersten Mal wird der Weg schmaler und anspruchsvoller. Ich gehe nicht mehr auf einem breiten Forstweg, sondern muss die Route teilweise richtig suchen. Zwei bis drei Mal ist es so steil und geht über Felsblöcke, dass es sogar Kettensicherungen braucht. Am ersten Tag habe ich damit eigentlich noch nicht gerechnet und ich bin froh über meine Schuhwahl. Mit einem leichten Schuh sind steile Aufstiege nicht so problematisch. Ansonsten hätte ich jetzt bestimmt schon einige Blasen an den Fersen. Am Nachmittag komme ich auf eine Höhe, wo es eine Antenne gibt und ich Martigny überblicken kann. Danach geht es den Bergrücken entlang, bevor ich erneut aufsteige zum höchsten Punkt des heutigen Tages. Mein Knie macht komische Geräusche. Ich konzentriere mich auf den Ton, den es macht, und es versetzt mich in Schrecken. «Das hört sich gar nicht gut an, bestimmt muss ich abbrechen, wenn das so weitergeht», denke ich. Dann reisse ich mich zusammen, denn trotz des merkwürdigen Tons aus dem Kniegelenk fühlt es sich nach wie vor stabil und fit an. Um 17 Uhr stehe ich zuoberst, über 2000 Höhenmeter Aufstieg liegen an diesem Tag hinter mir. Ich sehe mein erstes Tagesziel, die Hütte Col De Demecre. Rundherum liegt noch viel Schnee und ich habe eine grandiose Aussicht auf Berge, Gletscher und sogar den Genfersee. Bei der Hütte treffe ich auf Menschen, die freiwillig einen einwöchigen Dienst als Hüttenwarte übernehmen. Die Hütte sei zwar noch nicht offiziell in Betrieb, aber ich könne gerne hier schlafen, wird mir erklärt. Ich nehme das Angebot an, da es kalt ist und es aufgrund des vielen Schnees keine guten Zeltplätze gibt.

In der Hütte kommt es bereits zu den klassischen Fragen, was ich vorhabe und wohin ich will. Einfachheitshalber sage ich, dass ich nach Adelboden will. Schon da staunen die anderen nicht schlecht. In der Hütte fragt mich der Mann dann direkt: «Machst du die Via Alpina?» Ich bejahe unsicher, denn ich bin ja erst einen Tag unterwegs. Einen Tag von künftigen 100. Wieder hört es sich einfach verrückt an, was ich da vorhabe. Dann aber erklärt mir der Hüttenwart, dass ich die geplante Route von morgen unmöglich wandern könne. Ich frage, warum, und erhalte keine konkrete Antwort. Der Weg führt entlang der Felswand, ich kann ihn von der Hütte aus gut erkennen. Ich frage, ob es wegen des Schnees nicht machbar sei oder ob es aktuell Steinschlag gebe. Der Mann verneint, er kann mir nicht genau sagen, warum ich den Weg nicht gehen könne. Er sagt nur, es sei sehr gefährlich und im Juni werde der Weg nicht begangen. Frühestens im Juli. Ich fühle mich entmutigt. Wir besprechen gemeinsam den Umweg. Nach den heutigen 2000 Höhenmetern Aufstieg müsste ich morgen umständlich absteigen, die gesamte Felswand umgehen und wieder aufsteigen. Und das alles zusätzlich zu meinem geplanten 10-Stunden-Tag. Ich bin verunsichert und prüfe die Karte ausgiebig. Dann besichtige ich aus der Ferne erneut die Felswand. Nach langem Hin- und Herüberlegen fasse ich den Entschluss: Ich werde die Felswandroute versuchen, umkehren kann ich immer noch.

Ich bin müde und will schlafen. Aber die Frage, ob ich morgen wie geplant weiterkomme, hält mich wach. Ich habe keine Ahnung, was mich erwartet und warum mir von der Route abgeraten wird. Langsam schöpfe ich Verdacht: Man traut es mir nicht zu! Da es mein erster Tag ist, sehe ich noch nicht so tough und abgekämpft aus. Vor der Wanderung habe ich mir sogar noch meine Nägel schön lackiert. Es macht mir Freude, wenn meine Füsse und Hände schön aussehen. Allgemein bin ich als Wanderin nicht der Typ, dem das Optische egal ist. Ich mag schöne Funktionskleidung, am liebsten in hellblau. Ich stimme meine Kleidung farblich ab, kämme mir jeden Morgen die Haare, flechte sie zu einem Zopf und versuche selbst beim Wandern eine ordentliche Erscheinung abzugeben. Aber es kann natürlich auch anders wirken. So als hätte ich mich hierhin verlaufen, mich masslos überschätzt, so als ob ich nicht in die Berge gehöre? Für mich ist das aber kein Widerspruch. Ich darf auch mit pink lackierten Nägeln 2000 Kilometer in den Alpen wandern wollen. Ich weiss, dass ich mehr kann, als mein Äusseres vermuten liesse. Und was wissen die Leute schon über mich?

Ich entscheide mich daher, mir und meinem Gefühl zu vertrauen und mich morgen um das Routenproblem zu kümmern. Dass man mir eine Via Alpina nicht zutraut, ist verständlich, es ist auch keine leichte Sache. Ich lerne am ersten Abend, nicht jede Meinung als Gesetz gelten zu lassen, sondern meinen Verstand zu nutzen und diese nett gemeinten Tipps gegebenenfalls zu relativieren. Wie gut kennt sich mein Gegenüber in den Bergen aus? Hat er mich nach meinen Erfahrungen gefragt? Habe ich nach Tipps gefragt?

Klar ist mir bewusst, dass ich mich nun auf der Via Alpina befinde und nicht auf einem Sonntagsspaziergang. Aber genau das reizt mich ja. Ich liebe es, wenn Adrenalin durch meine Adern pumpt.

Am Morgen starte ich früh. Ausser mir ist niemand wach und ich verstaue meine Sachen leise im Rucksack. Zum Frühstück gibt es einen Müsliriegel und schon bin ich startklar. Als ich die Hüttentüre hinter mir schliesse, weht mir ein kalter Wind entgegen. Es ist noch vor 7 Uhr und der Himmel wird zögerlich heller. Da ich heute zehn

Wanderstunden vor mir habe, muss ich früh los. Das Wetter ist super und ich geniesse nochmals die Aussicht auf den Genfersee. Der erste Abstieg geht gut, doch dann folgt ein erstes Schneefeld. Es liegt an einer ungefährlichen Position und es befinden sich auch einige Fussspuren darin. Ich setze unbekümmert den ersten Schritt aufs Schneefeld und merke gleich, dass es gefährlicher ist, als es aussieht. Der Schnee ist hart gefroren und die Fusstritte der anderen Wandernden sind sogar vereist. Es ist total rutschig und ich schaffe den Abstieg nur langsam, da jeder Fusstritt Halt finden muss. Nach dem Schneefeld mache ich mir etwas Sorgen in Bezug auf den kommenden Teil. Doch als ich die Weggabelung erreiche, entscheide ich mich für die Originalroute und nicht den Umweg. Sollte es zu heikel werden, muss ich das akzeptieren und umkehren – so mein Vorsatz.

Ich bin angespannt und überlege mir, ob vor allem der Schnee das Problem sein wird oder ob mich noch andere Hindernisse erwarten. Der Weg ist teilweise ausgesetzt, immer wieder mit Ketten gesichert und überraschend schön. Doch so richtig geniessen kann ich diesen herrlichen Tag nicht. Was wird noch auf mich zukommen, wieso sollte ich diesen Weg nicht gehen? Ich gehe und gehe und schon erblicke ich ein Schneefeld im Hang. Schon von Weitem ist sichtbar, dass ein Ausrutscher dort tödlich wäre. «Scheisse, jetzt muss ich tatsächlich umdrehen. Dabei bin ich doch schon zwei Stunden von der letzten Weggabelung entfernt, müsste alles wieder zurück und dann erst wieder die richtige Richtung einschlagen. Ein riesiger Zeitverlust. Der zweite Tag und schon werde ich eine Etappe hinterherhinken.» Meine Gedanken überschlagen sich und doch wandere ich weiter. Das Schneefeld kommt immer näher, ich gehe weiter entlang der Felswand. Der Weg zieht einige Kurven im Fels und auf einmal liegt es vor mir. Als ich so nahe bin, erkenne ich, dass es am oberen Rand möglich ist, irgendwie durchzukommen. Der Schnee ist nicht mehr bündig zur Felswand und so klettere ich im Spalt zwischen Schnee und Stein den Weg entlang. Mit dem grossen Rucksack ist das etwas mühsam, aber es funktioniert. Teilweise muss ich mich so im Spalt zwischen Schnee und Fels durchquetschen, dass ich dreckig werde vom feuchten Schutt. Doch nach wenigen Minuten erreiche ich das andere Ende des Schneefeldes. Super, weiter geht's. Schon kurze Zeit später folgt das nächste. Wieder veranstalten meine Gedanken ein grosses Drama. «Was, wenn ich es wage und ausrutsche, abstürze? Das wäre der sichere Tod!», führe ich meine Selbstgespräche. «Und was, wenn ich doch umkehren müsste?» Dann müsste ich auch das vorherige Schneefeld, welches ich bereits gemeistert habe, wieder hinter mich bringen. Doch auch beim zweiten Schneefeld finde ich bei näherem Anblick und nach kurzem Überlegen eine Lösung. Es ist kleiner und ich kann im Schutt absteigen, den Schnee umgehen und wieder aufsteigen. Mein Herz klopft. Noch ein paar Mal treffe ich in dieser langen Wand auf Schnee, muss immer wieder nach neuen Lösungen suchen. Als ich durch bin, fällt mir die Erkenntnis wie Schuppen von den Augen: Ich habe das Problem immer weit grösser dargestellt, als es tatsächlich ist, und mir Horrorszenarien ausgemalt, bevor ich überhaupt wusste, was Sache ist. Das ist eine Schlussfolgerung, die mich ab jetzt jeden Tag begleiten wird, und ich bin froh, dass ich sie schon am zweiten Tag machen durfte.

Auf die Felswand folgt gemäss der Route ein steiler Pass. Ich schaue ihn vor Ort genau an und entscheide mich dagegen. Nein, zu viel Risiko will ich nicht eingehen. Er liegt auf 2600 Metern und eine Umgehung ist nun nicht mehr mühsam, da der sicherere Weg in die gleiche Richtung führt und keinen unnötigen Umweg mit sich bringt. Ich gehe auf einer Krete abwärts und höre ein Hörbuch einer jungen Safari-Park-Rangerin. Später geht es durch den Wald und bald komme ich an einen gut besuchten Tourismusort. Oder eher eine Alp. Schon sieben Stunden bin ich unterwegs und mache eine erste richtige Pause. Ich habe mir vorgenommen, jeden Tag gegen Mittag meine Füsse zu lüften. Ich setze mich beim Waldrand an einen kleinen Bach. Meine Füsse erholen sich im kalten Wasser und nach der Pause gehe ich beschwingt weiter. Es geht wieder bergauf und ich bestaune die Berge, die genauso aussehen, wie ich sie aus der Heimat kenne. Das Gestein besteht aus Flysch-Schichten, was bedeutet, dass diese Berge wahrscheinlich einmal unter Wasser standen. Nach dem Aufstieg komme ich auf ein Hochplateau und hoffe darauf, dass ein Alprestaurant geöffnet ist. Ich habe Pech. Schon über acht Stunden bin ich nun unterwegs und ein kalter Eistee wäre ein absolutes Highlight. Der Himmel wird dunkler. Einerseits, weil es schon 17 Uhr ist, aber auch, weil Wolken aufziehen.

Nach zwei weiteren Stunden erreiche ich einen super Platz an einem Bach. Er ist flach bei der Hochebene Azeindaz und nicht weit weg wäre eine Hütte. Trotzdem bleibe ich möglichst versteckt, um als allein wandernde Frau keine Aufmerksamkeit auf mich zu ziehen. Ich beginne mit dem Zeltaufbau, wasche mich mit meinem Stofftuch (natürlich nicht mit dem Pinkel-Tuch) am Bach und koche eine Suppe. Danach verkrieche ich mich erstmals in mein Zelt. Meine erste Via-Alpina-Zeltnacht.

Heute Morgen habe ich keine Eile. Gestern bin ich schon etwas weiter als geplant gewandert. So lasse ich mich von der Sonne wecken, die mir beim Öffnen der Zelttüre ins Gesicht strahlt. Die Nacht war ruhig und ich fühle mich fit für meine dritte Via-Alpina-Etappe. Gegen Mittag erreiche ich den Lac de Derborence und mache einen Stopp. Im wunderschönen Bergsee bade ich und esse im Bergrestaurant bei Godey. Unter den vielen Ausflugstouristen fühle ich mich schon wie eine richtige Abenteurerin.

Nach der Stärkung will ich weiter, möglichst weit kommen, um die bereits zurückgelegte Strecke am folgenden Tag nicht mehr wandern zu müssen. Ein richtiger Gewittersturm sollte morgen aufziehen und dem will ich, wenn möglich, nicht in den Bergen begegnen. Als ich Richtung Sanetschpass gehe, beginnt es zu regnen. Dann kommt aus der Ferne der Donner dazu und ich setze mich unter einen Baum, um den Regen auszusitzen. Ich prüfe den Weg und sehe, dass eine grosse Wand folgt. Wo würde denn hier der Weg verlaufen? Links und rechts sehe ich von Weitem keinen Weg. Dann studiere ich die Karte und sehe, dass der Weg innerhalb der Felswand verläuft und sich zwischen den Felsen aufs Plateau hochschlängelt. Bis ich diese hinter mir habe, wird es eine Weile dauern, also muss ich los. Denn alles, was jetzt vor mir liegt, ist zu steil als möglicher Zeltplatz.

Beim Losgehen treffe ich auf ein Filmteam des Schweizer Fernsehens. Anscheinend sind sie wegen der Steinböcke dort, aber sie haben kein Glück. Ich wandere zügig weiter und mache viele Höhenmeter gut. Die schwarze Wand stets im Nacken und die Felswand vor mir. Das Donnergrollen ist laut und furchteinflössend, aber der Regen hat aufgehört. Nach etwa einer Stunde komme ich zum Felsen. Es hat Fixseile und Leitern. Ich hoffe, dass ich diesen Teil schaffe, bevor es anfängt zu blitzen. Das wäre lebensgefährlich, mitten im Felsen auf Stahlleitern. So schnell wie möglich kraxle ich über die Wand. Ich schaue zurück und denke mir, dass die Via Alpina schon ziemlich verrückt ist – gemäss diversen Quellen auch die Königin der Weitwanderungen in Europa, sie gilt als eine der anstrengendsten, weil sie so alpin ist. Wie viele solcher Abschnitte wohl noch auf mich warten? Ich habe keine Höhenangst, aber mit meinem grossen schweren Rucksack bin ich weniger beweglich und so werden solche Passagen doch etwas anspruchsvoll. Oben angekommen, halte ich direkt Ausschau nach einem sicheren Zeltplatz. Ich muss es unbedingt «ins Trockene» schaffen. Ziemlich gestresst wandere ich auf einem Hochplateau weiter in die Höhe. Auf einmal bewegt sich etwas neben mir und ich blicke mich um. Da sind zwei Steinböcke genüsslich am Gras fressen, nur wenige Meter von mir entfernt. Ich beobachte sie und endlich kann sich mein Kopf wieder entspannen und den Stress loslassen. Ich stehe sicher 15 Minuten auf dem Weg und vergesse alles um mich herum. Die Steinböcke haben keine Angst vor mir. Etwas später zeigen sie mir noch, wie sie über Felsbrocken in ein Schneefeld springen. Diese Eleganz zieht mich in den Bann. Ein Steinbock müsste man sein, was für ein tolles Leben. Wie die klettern können! Es sind wahrlich die Könige der Berge.

Ich liebe Tiere sehr und als ich weitergehe, sehe ich noch vier bis fünf weitere Steinböcke. Was für ein Highlight am dritten Tag! Etwas weiter finde ich eine alte Alphütte. Vor der Hütte hat es eine Fläche, auf der ich mein Zelt aufbaue. Das Wetter hat sich während der

Steinbock-Ablenkung verbessert und so koche ich gegen 19 Uhr meine Nudelsuppe und schaue den Steinböcken zu, die immer noch in Sichtweite sind. Einmal kommen sie fast bis zu mir, sie sind vielleicht noch drei Meter von mir entfernt. Mein Schlafplatz ist perfekt; ich hätte im Notfall, also bei Gewitter, sogar noch in den halbgedeckten Stall hineingehen können. Aber der ist etwas unheimlich. Empfang auf dem Handy habe ich keinen mehr, daher weiss ich nicht, wie das Wetter sich verändern wird. Weiter weg, dort wo es gedonnert und geblitzt hat, ist der Himmel noch immer dunkelgrau. Was sicher ist, ist, dass morgen definitiv ein schlechter Tag werden wird. Bevor es eindunkelt, färbt sich der Himmel leicht orange und die verbliebenen Schneefelder in den Bergen vollenden das wunderschöne Bild. Ich krieche in mein Zelt und kuschle mich in den Quilt.

Am nächsten Tag gehe ich ungefähr fünf Minuten und dann sehe ich 19 Steinböcke, alle gemeinsam beim Frühstück. Ich pfeife so laut ich kann und alle 19 Steinböcke hören auf zu fressen und schauen zu mir hoch. Dieser Anblick ist unglaublich! Nach diesem frühmorgendlichen Hochgefühl wandere ich zum Sanetschpass. Das erste Schneefeld lässt nicht lange auf sich warten, schon bald gibt es nichts anderes mehr als Schnee. Aber er ist gut gepresst und ich komme schnell voran, die Wegfindung funktioniert nur noch via GPS-Gerät. Auf einer Anhöhe erkenne ich den Pass und rutsche danach auf den Schneefeldern runter, als hätte ich meine Skier an. So spare ich Zeit und visiere auch schon bald den Sanetschpass an. Auch das Skigebiet Glacier 3000 bei Les Diablerets kann ich gut erkennen.

Gegen Mittag mache ich eine Pause etwas vor dem Stausee und halte meine Füsse ins eisigkalte Bachwasser. Mit der Zeit gewöhnen sich meine Füsse an die Kälte und so schlendere ich im Bachbett auf und ab – es tut so gut, kleine runde Steinchen auf meinen Fusssohlen zu spüren. Nach der ausgiebigen Lüftung meiner Füsse wechsle ich die Socken. Das Wetter wird nun wirklich schlechter und ich packe zusammen. Beim Stausee wähle ich dummerweise den falschen Weg. An sich ist es der richtige, allerdings auch der mühsamere. Ich hätte locker auf der Passstrasse gehen können, aber folge dem Wanderweg. Auf diesem liegt an zwei Orten noch viel Schnee in steileren Passagen und so verliere ich unnötig Zeit. Ich muss mich konzentrieren, denn ein Ausrutscher würde mich problemlos in den Stausee schlittern lassen. Nicht gerade ideal. Fast zum Schluss kommt das schwierigste Schneefeld und dann lasse ich dummerweise auch noch meinen Wanderstock fallen. Nun muss ich zuerst mühsam absteigen, um den Stock zu holen und dann wieder kräftezehrend aufsteigen. Mit den Händen hacke ich mich in den Schnee, als seien sie zwei Eispickel. Mit den Füssen haue ich Tritte ins Feld. Mit meinen weichen, hohen Trailrunnern ist das gar nicht so einfach. Meine Hände werden taub und rot, doch ich kann meinen Stock retten und komme sicher um den gesamten See. Der Abstieg nach Gsteig ist steil, aber schnell gemeistert, und als ich im Tal ankomme, frage ich in der einzigen Unterkunft, dem Hotel Bären, nach einem Zimmer. Zum Abendessen gibt es einen Auflauf mit viel Gemüse und Käse überbacken – die Portion ist riesig! Zurück im Zimmer telefoniere ich lange mit meinem Bruder Gian. Schon nach vier Tagen bin ich stolz auf das, was ich bereits alles geschafft habe. Es war ein harter Einstieg in die Via Alpina und ich sorge mich etwas, ob ich regelmässig solche Schwierigkeiten mit dem Gelände und dem Wetter haben werde. Vor dem Fenster meines kleinen Einzelzimmers regnet und blitzt es.

Ich überrede die Gastgeberin, morgen früher frühstücken zu dürfen. Es soll fast den ganzen Tag durchregnen, aber am Vormittag ist das Wetter noch etwas besser. Ich wandere von Gsteig über einen etwas grösseren Hügel und komme nach Lauenen runter. Dann folgt das Gleiche nochmals und ich steige dieses Mal höher auf, um über die Hügelkante nach Lenk zu kommen. Da es regnet, wandere ich ungefähr acht Stunden durch, was meinen Schultern nicht gut tut, aber im Regen pausieren ist mir zu frisch. Trotzdem muss ich jeweils kurz den Rucksack absetzen, um die Schultern zu entlasten. Mit meiner billigen Regenpelerine ist es immer mühsam, danach alles wieder anzuziehen. Es ist ein trister Tag mit viel Nebel. Meine Füsse sind schon richtig eingeweicht. Der Abstieg nach Lenk gefällt mir trotzdem sehr gut. Ich höre das Audiobuch *Bob, der Streuner* über eine Katze, die in London weltberühmt wurde.

Ich kenne das Gebiet um Lenk, nur wenige Monate zuvor war ich hier in einer Lawinenausbildung. Ich wandere zum Schluss einen Felsweg, welchen ich im Winter auch mit den Skiern gefahren bin. Unglaublich, wie man sich doch an fast jeden Hügel erinnern kann. Bei mir ist das zumindest so. Landschaften prägen sich besonders gut in mein Gedächtnis ein und ich spüre immer dieses vertraute Gefühl, wenn ich Wurzeln, Bäume und Felsen wiedererkenne. Auf dem Weg gibt es unzählige schwarze Salamander und es ist eine ziemliche Herausforderung, nicht auf sie zu treten. In Lenk will ich dann richtig pausieren und in einer Bäckerei etwas essen. Doch als ich triefend nass dort ankomme, ist diese im Umbau und auch sonst sieht der Ort im Gegensatz zum Winter sehr verlassen aus. Ich finde zum Glück ein Pub und wärme mich auf.

Um 19 Uhr raffe ich mich nochmals auf und wandere in Richtung Adelboden. Es ist alles matschig und meine Hosen sind bis zu den Knien braun gefärbt, doch der Regen lässt glücklicherweise etwas nach. Nach einer Stunde beginne ich nach einem Zeltplatz Ausschau zu halten. Ohne Erfolg, es hat einfach noch zu viele Alphütten und Maiensässe oder es ist matschig und steil. Es wird langsam dunkel und ich muss nun wirklich einen Platz finden. Erst gegen 21 Uhr kann ich mein Zelt kurz vor dem Hahnenmoospass aufbauen und meine nassen Hosen, Socken und Schuhe abstreifen. Mein Platz ist nicht ideal. Weit weg meine ich eine Alphütte zu erspähen, in der noch Licht brennt. Manchmal ist nicht ganz klar, ob ich mich auf einer Alpweide befinde und ob sie einen Zaun hat oder nicht. Es kann sein, dass man das Zelt aufstellt, keinen Zaun sieht, und am Morgen sind überall Kühe, die am Abend noch woanders unterwegs waren. Das ist für mich unpraktisch und auch die Bauern haben keine Freude an Menschen, die wildzelten. Deshalb ist es mir wichtig, möglichst nicht gesehen zu werden. Das heisst, ich bevorzuge versteckte Plätze – wie etwa hinter Hügeln und weg vom Weg. Bei einer anderen Weitwanderung im Jura in der Schweiz habe ich schlechte Erfahrungen gemacht und wurde mitten in der Nacht absichtlich eingeschüchtert, indem jemand mit seinem Auto besonders nah an mein Zelt heranfuhr und immer wieder den Motor aufheulen liess. Vor und zurück, mit dem Scheinwerfer auf mein Zelt. Auch diese Nacht fährt um 22 Uhr ein Auto in der Nähe meines Zeltplatzes vorbei, aber ich werde in Ruhe gelassen. Dafür weiss ich nicht, wo ich denn meine nassen Sachen im Zelt hinlegen soll. Trocknen würden diese über Nacht ja sowieso nicht, aber ich will nicht, dass mein Schlafsack oder meine Schlafsachen davon feucht werden. Schlussendlich müssen die schlammigen Schuhe draussen bleiben und die Klamotten wickle ich in einen Plastiksack, den ich dann als Kopfkissen nehme. Hoffentlich kann mein Kopf die Kleider über die Nacht hindurch etwas mit meiner Körperwärme aufwärmen und trocknen.

Meine Idee hat leider nichts gebracht, mir bleibt nichts anderes übrig, als alle nassen Sachen wieder anzuziehen. Ersatzwanderkleidung habe ich nämlich keine. Dann warte ich lange den idealen Zeitpunkt ab, um mein Zelt abzubauen. Als die Regentropfen kurzzeitig weniger aggressiv auf das Zelt prasseln, nutze ich die Gelegenheit und packe schnell alles zusammen. In flottem Tempo wandere ich über den Pass und gehe bis nach Adelboden. Als ich im Dorf ankomme, fühle ich mich trotz allem grossartig! Wow, ich bin schon bis nach Adelboden gewandert! Christian hat hier eine Unterkunft für mich gebucht, da es die nächsten zwei Tage durchregnen soll. Ausserdem wird er am Abend auch ankommen, damit wir am Wochenende gemeinsam weiterwandern können. Ich suche meine Unterkunft, gehe duschen, wasche von Hand meine dreckige Kleidung. Fast meine gesamte Ausrüstung ist kurze Zeit später im Zimmer zum Trocknen ausgelegt, inklusive Zelt. Es ist erst Nachmittag, deshalb mache ich mich nach getaner Arbeit auf, um im Dorf Postkarten zu kaufen und eine Stärkung zu mir zu nehmen. Ein erstes Ziel ist erreicht und ich fühle mich super! Meine Grossmutter machte immer Ferien in Adelboden und obwohl ich selbst noch nie durch das Dorf spaziert bin, fühlt es sich vertraut an. Ich freue mich unglaublich auf Christian und als er um 20 Uhr mit dem Bus im Dorfzentrum ankommt, gönnen wir uns als Erstes eine Pizza. Es ist schön, nach einer Woche alleine wieder mit einem vertrauten Menschen unterwegs sein zu können; besonders jetzt, wo eine anspruchsvollere Etappe auf dem Plan steht. Der Vorteil bei meiner Route durch die Schweiz ist, dass man mich fast mühelos besuchen kann.

— *Hoffentlich wache ich morgen nochmals auf …*

Am nächsten Morgen starten wir trotz schlechter Wetterprognose früh und gönnen uns ein Frühstück in einer Bäckerei. Von Adelboden führt der Weg der roten Via Alpina nun in eine andere Richtung als die grüne – denn hier treffen sich die beiden Via-Alpina-Routen. Wir wandern den Berg hoch bis zur Englistenalp, es würde auch eine Bahn hochfahren, und werden oben auf der Ebene mit viel Wind und Regen begrüsst. Wir schauen uns um und suchen den Weg zum Chindbettipass auf über 2600 Metern. Der Regen und die Kälte der letzten Tage haben für eine neue Schicht auf den Altschneefeldern gesorgt. Alles ist eingezuckert und die Wanderwege sind nicht zu erkennen. Ich stehe gemeinsam mit Christian in diesem Hochtal, wir sind eingezäunt von Felswänden und ich meine einen Weg zu erkennen, doch dieser sieht sehr gefährlich aus. Meine neuste Sorge: Lawinen. Ich studiere die Karte und finde heraus, dass ich mich geirrt habe. Der Weg ist nicht dort, wo ich ihn vermutet habe. Wir wandern mit Hilfe der Navigationsapp weiter und steigen auf. Der Weg ist besser als erwartet und wir kommen an einem See vorbei. Als sich die Sonne kurz zeigt, pausieren wir für einen Mittagssnack. Der nächste Streckenabschnitt ist eingeschneit, aber nicht so steil und meine Lawinensorge verschwindet für den Moment. Der Abschnitt bis zum Chindbettipass ist alpin – also felsiges Gelände. Wir gehen langsam und manchmal brechen wir im Schnee in Löcher ein, die durch die Felsbrocken gebildet wurden. Denn der Schnee legt eine Schicht über alles und so sehen wir manchmal nicht, wo wir hintreten. Zum Glück geben die Stöcke etwas Halt.

Kurz vor der Passhöhe auf 2600 Metern macht Christian sogar ein paar Bilder von mir beim Wandern. Er macht sonst fast nie Fotos, er geniesst den Moment und braucht dafür kein Foto zur Erinnerung. Doch ich freue mich, dass er mich bei meinem Blogprojekt unterstützt. Die Bilder werde ich gut dafür verwenden können.

Auf dem Chindbettipass ist es wieder windig und kalt. Ich prüfe die Route und merke, dass hier etwas nicht stimmt. «Wir müssen doch zum Roten Chumme, wieso zeigt der Weg dann diesen Umweg an, wenn es auch direkter geht?», frage ich mich selbst. Christian ist zwar bei meiner Tour dabei, aber die Routenplanung liegt ganz bei mir. Die angezeigte Route ergibt absolut keinen Sinn und ich muss erstmals mein Notfall-GPS einschalten und die Route gegenprüfen. Auf meinem Garmin-Gerät zeigt der Weg die von mir bereits vermutete Richtung. Ich vertraue dem Garmin-GPS und schaue mir vom Pass aus nun die Route genauer an. «Meinst du, wir können hier durch?», frage ich Christian. «Hm, schon ziemlich viel Schnee, der hier liegt. Aber wir können es zumindest versuchen», meint er. Unser Ziel ist der Daubensee, ein grosser See oberhalb von Leukerbad. Um dort hinzukommen, müssen wir ein in der Mitte gelegenes Hochtal passieren. Es sieht aus wie ein Eimer, gefüllt mit Schnee. Kein Vergleich zu dem, wo wir zuvor gewandert sind. Ab jetzt gibt es wohl keine Schritte im Trockenen mehr. Zu Beginn verläuft der Weg entlang der Felswand, etwas vor uns erstreckt sich der Tälligletscher. Es liegt Neuschnee auf Altschnee. Wir gehen los, ich ziehe mein Mini-Steigeisen an. Ein bisschen unwohl ist mir trotzdem. Zum Glück bin ich nicht allein – es ist der erste Pass auf 2600 Metern. Niemand wandert im Juni in dieser Höhe. Ich mache einen Schritt nach dem anderen und meine weichen Schuhe finden in diesem Schnee einfach keinen Halt. Christian spurt deshalb vor. Er hat die härteren Bergschuhe dabei. Der Weg quert nun die auslaufende Felswand. Wenn wir ausrutschen würden, würden wir weit hinunterschlittern, uns aber wahrscheinlich nicht wehtun. Ich konzentriere mich, manchmal versinkt ein Fuss tief im Schnee und mehrmals rutsche ich auch ein kleines bisschen talwärts, kann mich aber immer wieder auffangen. Der Schnee fühlt sich komisch an, ich gebe ihm einen Namen und nenne ihn fortan Butterschnee. Man rutscht ständig und immer wieder purzeln kleine und immer grösser werdende Schneebrocken runter in Richtung See. Auf einmal ein Rutschgeräusch, hektische Bewegungen und ein Knacks: Christian rutscht ab. Aber zum Glück fängt er sich nach nur zwei Metern wieder. Doch sein Carbon-Trekkingstock ist dabei gebrochen. Aber sonst: Nichts passiert, Knie leicht verdreht, weiter geht es. Die dunkelgrauen Wolken im Rücken lassen uns keine Ruhe. Wir schaffen die schwierigste Passage und steigen zum nächsten Höhepunkt auf, der Roten Chumme. Ein Steinturm mit roter Färbung. Meine Füsse sind schon längst nass und kalt. Für solch extreme Abenteuer sind meine weichen und bequemen Wanderschuhe doch nicht gut genug. Hinter der Roten Chumme dann die Erleichterung – es liegt kein Schnee auf der anderen Bergseite. Der Abstieg über die Grenze vom Kanton Bern ins Wallis ist steil. «Nun soll bitte das Wetter freundlich bleiben, bis wir es geschafft haben», flehe ich in Gedanken das Wetter an. Wir beeilen uns und der Weg und die Gegend gefallen mir sehr.

Die ersten Tropfen landen auf unseren Köpfen. Ich prüfe erneut meine Kartenapp und identifiziere einige flache Plätze für unser Zelt, vorher müssen wir aber noch weitere 400 Meter absteigen. Der Wetterwechsel ist gnadenlos und wir rennen das letzte Stück in Richtung Daubensee. Dort finden wir einen schneefreien Platz und bauen hektisch das Zelt auf. «Welche Aussicht sollen wir für den Eingang nehmen, die Berge da drüben wären doch schön?», frage ich noch. Alles für nichts. Der Regen setzt nun richtig heftig ein und wir retten uns ins Zelt. Eine dicke Nebelwolke umhüllt uns, nichts mit Aussicht auf die Berge. Dafür müssen wir das Zelt immer wieder neu spannen, da es «seitwärts regnet». Eindrücklich zeigt uns die Natur ihre Kraft. Wir versuchen, das Beste daraus zu machen und kuscheln uns schon um 15 Uhr in unsere Daunenschlafsäcke. Der Wind ist so stark, dass er das über die Stangen gespannte und mit Heringen fixierte Zelt ohne Mühe zusammendrückt, sodass die Zeltstangen direkt über unseren Köpfen sind. Angenehm ist anders. Wir hoffen nur noch, dass das Zelt diese Nacht ohne Schaden übersteht. Erschöpft liegen wir da, lesen und snacken Schokolade. Christian schläft am Nachmittag für mehrere Stunden ein. Ich starre an die Zeltdecke, beobachte, was der Wind mit dem Zelt anstellt und wie die Tropfen in Mini-Bächen an den Seiten runterlaufen. Heute war ein sehr strenger Tag. Viele Höhenmeter, Schnee und schlechtes Wetter. Christian wacht wieder auf und so lesen wir abends nochmals mit unseren superleichten E-Readers spannende Geschichten. Der Regen prasselt immer lauter gegen das Zeltdach. Christian kocht sich noch eine Fertig-Mahlzeit: eine Quinoa-Mischung mit Gemüse. Ich habe keine Lust darauf, vor allem als er nach dem ersten Bissen sein Gesicht verzieht. Ich putze mir heute nicht mal die Zähne. Ich will doch bei diesem Wetter nicht mehr raus. Christian putzt sie trotzdem und spuckt aus dem Zelt. Ich bin definitiv die Faulere von uns beiden. Wir sind müde, die Zeilen in meinem Buch verschwimmen immer wieder vor meinen Augen, als wir gegen 22 Uhr einen lauten Knall hören und spüren! Im Zelt ist es kurzzeitig taghell! Ich werde augenblicklich wach . Dann Donner und noch ein Knall. Sofort bekomme ich Herzrasen. Mir ist schlagartig klar, dass wir überhaupt nicht sicher sind, nur weil wir im Zelt liegen. Ich kuschle mich an Christian, lesen können wir beide nicht mehr. «Ich habe Angst! Hast du den Blitz auch gespürt? Das war verdammt nah oder? Wie weit weg war der?», frage ich ihn. Er bleibt wie immer ruhig, hält mich im Arm. Handynetz gibt es hier nicht. So habe ich keine Chance herauszufinden, wie lange das Unwetter andauern wird. Noch nie zuvor habe ich einen einschlagenden Blitz durch den Boden gespürt. Draussen ist es stockdunkel, aber die Blitze in nächster Nähe erhellen jedes Mal das Zelt. Ich denke mir, wenigstens bin ich nicht allein, wenn etwas passieren würde. Irgendwann schlafen wir mit Ohrenstöpseln ein. Wir können sowieso nichts anderes machen.

Als ich aufwache, bin ich erleichtert. Es ist nichts passiert, wir leben noch! In der Nacht hatte ich hin und her überlegt, was wir machen sollten. Uns retten? Aber wohin? Es hatte dicken Nebel, man sah keine drei Meter weit. Ich nehme mir vor: Sobald ich Handynetz habe, werde ich herausfinden, was man in so einer Situation tun sollte. Ich weiss gar nicht, welchen Einfluss beispielsweise die Zeltstangen haben.

Meistens sind sie aus Aluminium. Ob das nun gut oder schlecht ist bei einem Blitzgewitter?! Es regnet noch immer stark, als wir zusammenpacken und versuchen, alles Nasse so schlau wie möglich im Rucksack zu verstauen, ohne dass der ganze Inhalt des Rucksacks durchnässt wird. Meine Regen-Pelerine kommt heute erneut zum Einsatz. Gestern sind wir nicht ganz bis zum Daubensee gekommen, auch heute ist er wegen des Nebels kaum zu sehen. Wenn wir beim Wandern ein bisschen Abstand haben, kann ich Christian fast nicht sehen. Zum Glück gehen wir heute wieder auf einem richtigen – oder besser gesagt: sichtbaren – Wanderweg. Schnee hat es praktisch keinen mehr.

Wir erreichen eine Bergstation der Seilbahn nach Leukerbad und den Gemmipass. Ich bin richtig aufgeregt, denn der Gemmipass ist bekannt für die Blicke in die Tiefe! Auf der Kartenapp sieht der Abstieg fast unmöglich aus – einfach senkrecht über die Felswand. Aber im Internet habe ich gelesen, dass der Weg bestens ausgebaut ist und absolut ungefährlich. So mache ich mir trotz des immer schlechter werdenden Wetters keine Sorgen. Leider sehen wir wenig von der Umgebung. Nach der Hälfte der Strecke wird der Regen eine Stufe stärker. Wir steigen eilig die letzten Höhenmeter bergab ins Tal nach Leukerbad. Wegen des schlechten Wetters habe ich mir ein Hotelzimmer gebucht. Ich freue mich richtig, mich nach dem Schrecken der letzten Nacht erholen zu dürfen. Bevor Christian wieder abreist, essen wir nochmals eine Pizza, wie schon vorgestern in Adelboden.

Den Nachmittag verbringe ich frisch geduscht im Bett und schreibe meinen ersten Blogpost. Ich bin schon über eine Woche auf der Via Alpina unterwegs. Es ist für mich vollkommen unvorstellbar, dass ich noch weitere 16 Wochen unterwegs sein sollte. So viel ist schon passiert und das in nur acht Tagen! Draussen regnet es ununterbrochen wie aus Kübeln und ich geniesse die Ruhe und den Schutz des Hotelzimmers. Ich weiss nicht, ob ich es so durchgezogen hätte, wenn Christian die letzten Tage nicht dabei gewesen wäre.

Den nächsten Morgen starte ich mit Wellness! Leukerbad ist bekannt für sein Thermalbad und ich zwinge mich zu einer Stunde Erholung im warmen Sprudelbad. Ich bin keine fanatische Spa-Besucherin, es wird mir zu schnell zu langweilig über längere Zeit in einem dampfenden Pool zu sitzen. Da ich keinen Bikini dabeihabe, verwende ich meine frisch gewaschene Sportunterwäsche. Ich war zum Glück so schlau, meine Wäsche komplett in schwarz auszusuchen. Der Plan dahinter war nämlich, dass ich damit an Bergseen baden kann und nicht weiter auffalle. Im Thermalbad in Leukerbad kann man zwar einen Bikini kaufen, aber das will ich nicht. Für einen einmaligen öffentlichen Gebrauch würde sich das nicht lohnen. Im Pool fühle ich mich deshalb beobachtet und ertappt. Obwohl mein Outfit wie ein sportlicher Bikini aussieht, habe ich das Gefühl, dass die Leute mich anstarren. Vielleicht auch, weil ich mit Abstand der einzige Badegast unter 30 Jahren bin. Doch dann passiert was, bei dem ich mir nicht sicher bin, ob ich das nicht geträumt habe. Es kommt ein Paar in die Richtung des Sprudelbads, dann halten die beiden an. Sie sind schon etwas älter und stehen nun auf einer kleinen Brücke, direkt vor dem Outdoor-Sprudelpool, indem ich sitze. Der Mann dreht sich ab und die Frau schaut sich den Rücken des Mannes an. Ich kann nicht anders, als die Szene zu beobachten, ich habe ja sonst nichts zu tun. Die Frau drückt dem Mann auf dem Rücken einen Pickel aus, und dann noch einen zweiten. Irgendwie ist mir die Lust am wellnessen nun vergangen.

Nach dem Sprudelbad mache ich mich bereit fürs Weiterwandern. Ich bekomme zum zweiten Mal Besuch! Meine Freundinnen Lisa und Domenica reisen von Graubünden ins Wallis, um fünf Tage mit mir mitzuwandern. Ich hatte schon Angst, dass sie absagen würden. Die nächsten Tage ist nämlich für jeden Tag Regen angesagt. Und zwar viel! Schade, dabei folgt nun ein Via-Alpina-Abschnitt, der sich Walliser Sonnenweg nennt. Aber Lisa und Domenica konnten sich vor der Abreise gut ausrüsten und beide haben eine Regenhose dabei. Sie kommen erst um 14 Uhr an und deshalb ist es für mich ein halber Pausentag. Das ist aber nicht weiter schlimm, da ich in den letzten Tagen viel gewandert bin und bereits einen Etappen-Vorsprung erarbeitet habe. Mehr als 100 Kilometer sind schon geschafft.

— *Regenwoche im Wallis: Bekanntschaften und grosse Zufälle*

Domenica und Lisa kenne ich schon sehr lange. Zuletzt haben wir für die gleiche Firma gearbeitet und sie sind grosse Unterstützerinnen meines Via-Alpina-Projekts. Lisa kenne ich seit dem Kindergarten. Bei meinem letzten Job waren Lisa und ich im gleichen Team der PR-Abteilung. Ich habe es geliebt, mit ihr und Domenica zusammenzuarbeiten. Deshalb haben die beiden mir vor meiner Abreise versprochen, meine Blogposts auf Schreibfehler zu überprüfen, und sie helfen mir, wenn ich aus technischen Gründen meine Blogposts über mein Smartphone nicht hochladen kann. Wenn's mal nicht funktioniert, hat man wenig Möglichkeiten, den Fehler zu finden. Das geht am Laptop viel besser, aber den kann ich ja schlecht mitschleppen.

Ich freue mich riesig, die beiden zu sehen. Nach ihrer sehr langen Anreise gehen wir gemeinsam in ein Restaurant, um ein Rivella zu trinken. Noch ist es draussen trocken und uns stehen die berühmten Albinenleitern bevor. Diese waren vor vielen Jahren der einzige Zugang zum Dorf Albinen. Noch immer sind die alten Holzleitern an der Felswand befestigt. Ich habe mir auf YouTube Videos dazu angeschaut. Schon drei Menschen sind hier abgestürzt und gestorben. Doch diese traurigen Unfälle sind vor langer Zeit passiert. Die Leitern gibt es schon seit über 100 Jahren. Ich bin etwas nervös, weil Domenica Höhenangst hat. Ab heute bin ich sozusagen ihr Wanderguide und fühle mich verantwortlich für das Wohl meiner Freundinnen.

Die Rucksäcke der beiden sind vollgestopft. Lisas Rucksack droht fast zu platzen. Das Zelt ist in einen Abfallsack eingewickelt und ausserhalb des Rucksacks befestigt. Wir wollen los, denn bei Regen die Albinenleitern hochzuklettern möchten wir uns – und vor allem Domenica – ersparen. Schon nach 40 Minuten erreichen wir den Einstieg. Die Albinenleitern sind alt. Es geht meist senkrecht hoch und manchmal folgt von einer Leiter zur nächsten ein kleines felsiges oder auch mal waldiges Plateau. Wir entscheiden uns, Domenica in die Mitte zu nehmen und sprechen nochmals alles durch: «Also du schaust nun immer nach oben, Domenica, immer nur auf den nächsten Griff deiner Hand, und nimmst die Füsse langsam nach, okay?», sage ich ihr im fürsorglichen Befehlston. «Ja, ich fühle mich gut – das schaffe ich!», meint sie. Ich gehe voran und erkläre bei anspruchsvollen Passagen möglichst optimistisch, wo sie sich am besten festhalten kann. Domenica klettert hinter mir her. Lisa und ich sind stolz auf sie, sodass wir noch ein In-Action-Beweisfoto machen müssen. Nach der achten Leiter erreichen wir den Ausstieg. Wir haben es geschafft und sind ziemlich verschwitzt!

Durch den Adrenalinrausch spürt man die Anstrengung kaum und geht dadurch zügig bergwärts. Wir setzen uns auf eine Bank, doch der Regen setzt genau in diesem Moment ein und so schultern wir die Rucksäcke wieder und ziehen die Regenkleidung an. Eigentlich wollten wir bis zum Dorf Albinen gehen. Da es aber immer stärker regnet, halten wir früher als geplant an. Am Rande einer Schotterstrasse entdecken wir einen guten Platz für zwei Zelte unter einem Baum. So schnell es geht, stellen wir die Zelte auf und verkriechen uns. Ich bin in meinem Einerzelt und Domenica und Lisa im Zweierzelt direkt neben mir. Der Platz ist super, jedoch haben wir ein bisschen Angst, dass jemand kommen und uns wegschicken könnte. Andererseits sieht man nicht mal mehr zwei Meter weit – es umgibt uns dichter Nebel. Wir hoffen das Beste und liegen feucht in den Schlafsäcken. Es ist erst etwa 16.30 Uhr und ich nicke weg, mit dem Plaudern der beiden als Hintergrundgeräusch. Als ich wieder aufwache, kochen wir getrennt unser Abendessen und weil die Zeltwände so dünn sind, können wir problemlos quatschen. Danach schlafen wir alle ein.

Lisa und Domenica berichten mir am nächsten Tag von ihrer sehr abenteuerlichen Nacht. Sie mussten um 3 Uhr beide auf die Toilette, doch draussen machte ein Fuchs wilde Geräusche. Also eigentlich wussten beide nicht, was das für ein Tier sein könnte. Erst als sie am nächsten Tag Tiergeräusche googlen, kommt die Auflösung. Wegen der Geräusche trauten sich beide nicht aus dem Zelt. Nachdem der Fuchs die beiden so eingeschüchtert hat, träumt Lisa die wildesten Dinge: von bösen Eichhörnchen, die aufs Zelt springen und sie dann durch das Zelt hindurch zu beissen versuchen. Im nächsten Traum wagen sich Lisa und Domenica doch auf die Toilette und treffen vor dem Zelt auf Wölfe. Sie flüchten ins Zelt und die Wölfe folgen ihnen. Die Wölfe sagen in Lisas Traum, dass sie Domenica mitnehmen müssen. Im dritten Traum kommen noch erboste Dorfbewohner ins Spiel, die wütend auf uns sind, weil wir an der Strasse geschlafen haben. In Lisas Traum werfen die Dorfbewohner mit Steinen und Dreckklumpen nach uns und wollen uns vertreiben. Als sie uns am Morgen von ihren drei Albträumen erzählt, können wir uns nicht mehr halten vor Lachen. Eigentlich fehlte in der Geschichte nur noch ein Bär.

Nach dem lustigen Aufwachen warten wir einen Moment mit etwas weniger starkem Regen ab und packen zusammen. Es ist nun 8 Uhr und Lisa und Domenica trauen sich endlich auf die «Toilette». Wir gehen in Richtung Albinen und nach zwei Stunden im Regen machen wir einen Halt, denn Domenica und Lisa ziehen ihre Regenhosen an. Ich habe keine dabei. Der Nachteil an Regenhosen ist, dass sie meist nicht atmungsaktiv sind und es beim Bergaufgehen saunamässig heiss darin wird. Meine Wanderhose ist schon bis zu den Oberschenkeln nass. Auch die Schuhe sind durchtränkt. Die Pelerine schützt meinen Oberkörper und hält auch den Rucksack trocken. Wir entscheiden uns, auf den Strassen zu wandern, dort wo es möglich ist. Im Gras werden wir auch noch von unten nass. Lisa hat feste Bergschuhe an und leidet etwas auf den harten Teerstrassen. Es gibt aber keinen Grund und keine Möglichkeit, eine Pause zu machen, und so erreichen wir viel früher als geplant das etwas grössere Dorf Gampel.

Das einzige offene Speiselokal ist ein Steakrestaurant. Als Vegetarierin bin ich nur mässig begeistert. Drinnen werden wir jedoch positiv überrascht. Das Essen ist lecker, Lisa gönnt sich Pommes und ein Hähnchenfilet, Domenica Pommes und Fischknusperli, während ich meinen Hunger mit feiner Pasta und Tomatensauce stille. Wir gönnen uns sogar ein Dessert. Ab 14 Uhr soll der Regen nachlassen und so warten wir wortwörtlich auf bessere Zeiten. Die Prognose hat sich als richtig erwiesen und wir wandern den gesamten Nachmittag in T-Shirts weiter – ein schönes Gefühl, so luftig unterwegs zu sein. Es ist ein traumhafter Nachmittag, der Weg verläuft entlang einer Felswand und einem Wasserkanal. Wir wandern durch einen Tunnel und über Stahltreppen. Nach einer Pause und einem Wettercheck ist unser Ziel, bis zum Dorf Ausserberg zu wandern und schon davor nach einem geeigneten Schlafplatz Ausschau zu halten. Wir entdecken nichts. Es ist auf dieser Hangseite einfach zu steil.

Die Zeit vergeht wahnsinnig schnell und es ist nach 18 Uhr, als wir im Dorf ankommen und eifersüchtig die perfekt flachen, saftig-grünen und frisch gemähten Gärten der Einheimischen anschauen. Am liebsten würden wir einfach an irgendeiner Türe klingeln und wildfremde Leute fragen, ob wir in ihrem Garten zelten dürfen. Aber keine von uns ist mutig genug. Wir gehen weiter und verlassen das Dorf. Der Wetterumsturz ist nur noch wenige Minuten entfernt – einmal mehr kommt die schwarze Wand immer näher. Wir rennen fast den Berg hoch und Verzweiflung macht sich breit – jetzt sind wir doch endlich mal trocken und möchten gerne auch so ins Zelt. Sogar die Schuhe sind schon ansatzweise trocken. Weiter oben finden wir noch immer keinen passenden Platz. Wenn das Gefälle nicht das Problem ist, dann ist meist nicht gemäht und wir wollen bestimmt nicht die hochgewachsene Wiese eines Bauern plattwalzen, oder es handelt sich um eine Viehwiese – viele Gründe also, warum wir nicht zelten können.

Etwas später halten wir bei ein paar Alphütten an – wieder erblicken wir einen verführerischen Garten. Wir besprechen gerade, ob wir diese Möglichkeit beim Schopf packen sollen. Es sieht nicht so aus, als wäre jemand in der Hütte. Wir überlegen im Team, ob wir jetzt dort klopfen und wenn niemand aufmacht, das Zelt hinter der Hütte im Garten aufstellen sollen. Während wir mitten auf der Bergstrasse unsere Besprechung abhalten, kommt uns ein E-Biker entgegen. Er schaut uns an und ich merke, dass mir sein Gesicht sehr bekannt vorkommt, daher rufe ich einfach mal «Hoi». Der E-Biker hält an und fragt, ob wir uns verlaufen hätten. Es ist immerhin schon 19 Uhr. Dann dämmert es mir – dieses Gesicht … Das ist Simon! Simon ist Bergführer und war vor wenigen Monaten mein Kursleiter bei der Lawinenrettung-Weiterbildung in Lenk. Er ist noch immer etwas verwirrt, also löse ich das Rätsel auf. «Nein – aber wir suchen einen Platz, wo wir das Zelt aufstellen können und übrigens – wir kennen uns!» Nun geht auch bei ihm ein Licht auf. «Ah, jetzt – du bist doch die Ragettli!» Was für ein unglaublicher Zufall. Simon ist sehr nett und hilft uns, einen Zeltplatz zu finden. Etwas weiter oben kennt er eine flache Stelle. «Ihr müsst einfach 10 Minuten weiter hoch und dann nach rechts abbiegen, dort beim kleinen Tunnel vorbei und dann hat es einen grossen Kiesplatz. Dort könnt ihr ungestört euer Lager aufbauen.» Simon verabschiedet sich, er muss noch zu seiner Ehringer Kuhherde – das sind die schwarzen Kühe, die es oft im Wallis gibt. Als er weg ist, jubeln wir! Was für ein Glück, nur noch 10 Minuten!

Schon bald erreichen wir den perfekten Platz und die ersten Regentropfen fallen wieder genau zu diesem Zeitpunkt auf den Boden – trotzdem sind wir bei bester Laune, denn wir haben es rechtzeitig geschafft. Die Zelte sind schnell aufgestellt. Dann klingelt mein Handy. Ich warte auf einen Rückruf von einer Unterkunft, die wir wegen des anhaltenden Regenwetters für morgen angefragt haben. «Ja, Christina hier», sage ich, nachdem ich auf den grünen Knopf auf meinem iPhone getippt habe. Am anderen Ende meldet sich Simon. Damit hatte ich nun nicht gerechnet. Woher hat er überhaupt meine Nummer? «Hey, wenn ihr wollt, dann könnt ihr heute auch in meinem Wohnzimmer schlafen – es ist gross genug für euch drei. Mein knapp zweijähriger Sohn Nicola ist auch noch da, aber ihr könnt duschen und es ist trocken.» Ich bin sprachlos, sage aber nicht sofort zu, denn ich schäme mich ein bisschen. Wir sind verdreckt und stinken. So können wir doch nicht einfach seine Stube in Beschlag nehmen! Ich sage Simon, dass ich gleich zurückrufe. Lisa und Domenica haben den Anruf schon mitverfolgt und können unser Glück kaum fassen! Sie sagen sofort ja und beseitigen auch meine Zweifel schnell. «Hey, er ist Bergführer, der ist sicher stinkende Bergmenschen gewöhnt, der schläft ja ständig in Hütten, wo es auch keine Duschen gibt!», ist Domenicas Argument. Recht hat sie – ich rufe zurück und nehme die Einladung dankend an.

Jetzt jauchzen wir erst recht. Wir packen die Zelte wieder zusammen und Simon organisiert uns eine Mitfahrgelegenheit. Als ich auf meine Uhr schaue, merke ich, dass wir heute 37 Kilometer gewandert sind – kein Wunder, dass wir müde sind. Im Dorf hält er genau bei dem Haus, bei dem wir vor Stunden schon fast geklingelt hätten – es ist das Haus mit dem saftigsten Rasen im Garten. Doch dieser ist jetzt gar nicht mehr relevant, denn wir dürfen drinnen, direkt vor dem Kamin, schlafen. Was für ein Upgrade. Alle drei nutzen wir den Komfort einer Dusche und Simon kocht Spaghetti für uns. Wenn man mit wenig unterwegs ist, dann sind solche Momente unbeschreiblich – es ist, als wären wir in einem Luxushotel untergekommen, mit Privatkoch. Nach einem gemütlichen Abend schlafen wir eingekuschelt in unsere Schlafsäcke auf unseren Matten ein. Die beiden dicken Katzen Crevettli und Krägi schmusen und schnurren fast die ganze Nacht hindurch. Ich hoffe nur, meine Luftmatte übersteht ihre liebevolle Zuneigung unversehrt. Immerhin haben beide ziemlich scharfe Krallen.

Das Weinen des kleinen Nicola reisst mich aus dem Schlaf. Ich liege noch etwas rum, aber um 7 Uhr finde ich, darf man schon aufstehen und die anderen an einem Wandertag wecken. Also lasse ich die Luft aus meiner Matte ab und Lisa und Domenica erwachen vom Geräusch. Wir rollen die Matten wieder auf und stopfen die Schlafsäcke in die Packbeutel. Es regnet heute noch stärker als gestern, doch ich schnappe mir Simons E-Bike und radle zum kleinen Lebensmittelladen im Dorf. Dort kaufe ich Gipfeli für alle und kehre zurück. In kürzester Zeit schon ist meine Kleidung durchnässt. Doch die trocknet wieder, denn erst wird ausgiebig gefrühstückt!

Nach einem Abschiedsfoto mit Simon und Nicola sind wir wieder startklar und stapfen tapfer hinaus in den Regen. So richtig motiviert ist keine von uns dreien, aber wir feiern noch eine Weile den grossen Zufall des Treffens mit Simon. Wir wandern in Richtung Mund-Dorf. Der Vortag war streng. Wir spüren es in der Hüfte, im Rücken, an den Knien und auch die Füsse schmerzen heute wie nur selten zuvor. Die Wanderung nach Mund ist aufgrund des Wetters trist. Im Dorf stoppen wir bei einem Restaurant, um auf den Bus zu warten. Wir fahren damit von Mund ins Tal nach Brig. Denn auch diese Nacht haben wir Glück. Wir dürfen in Brig bei Sarah schlafen, einer ehemaligen

Arbeitskollegin von Lisa. Als wir ankommen, ist Sarah noch nicht da, doch sie sagt, wir dürfen schon rein und sollen uns wie zuhause fühlen. Wir duschen und ich mache eine Wäscheladung. Das Zelt ist ebenfalls zum Trocknen ausgelegt. Wir lümmeln auf den Matratzen im Wohnzimmer rum, dösen ein bisschen vor uns hin, snacken Knäckebrot und freuen uns auf das Abendessen in der Pizzeria unter Sarahs Wohnung. Wir schlagen erneut mächtig zu. Kalorien sind uns diese Woche piepegal. Mit vollgeschlagenen Bäuchen zurück in der Wohnung schauen wir zum Abschluss des Abends noch eine Folge *Shopping-Queen*. Danach schlafen wir wie Murmeltiere.

Am nächsten Tag starte ich in frischgewaschenen Wanderklamotten, leider sind die Schuhe immer noch nass. Heute sind wir sogar zu viert. Unsere Gastgeberin, die Walliserin Sarah, begleitet uns einen Tag und so fahren wir gemeinsam mit dem Bus zurück nach Mund, an den exakt selben Platz, wo wir gestern eingestiegen sind. Der Tag scheint gut zu starten, denn ausnahmsweise regnet es mal nicht. Wir haben darum beste Laune, obwohl es höhenmetermässig ein ziemlich harter Tag werden sollte. Von Mund wandern wir nach Birgisch und nach nur etwa einer halben Stunde wandern – es ist noch nicht einmal 8 Uhr, machen wir hinter einem Stall eine kurze Pause. Jemand muss aufs WC, eine andere möchte sich eincremen und ich muss mein Frühstück nachholen, das ich aufgrund der kurvigen Busfahrt ausgelassen habe. So stellen wir die Rucksäcke kurz auf eine Holzbank neben einem Stall, direkt am Wanderweg. Wir entdecken ein süsses Büsi, so nennen wir in der Schweiz Katzen, versuchen es zu streicheln und da kommt auch schon ein älterer Mann aus der Hütte. Alberts erste Worte sind sein voller Name und seine Adresse – so stellt man sich anscheinend in den Walliser Bergdörfern vor? Mir ist er sofort sympathisch. Er plaudert ein bisschen mit uns und bietet einen Aperitif an. Wir sind alle ein bisschen verwundert. Was bedeutet ein Aperitif im Wallis um 7.45 Uhr – wohl kein Alkohol, oder? Die Mädels sind zurückhaltend. Ich mag Alkohol nicht gerne, aber meine Neugier ist zu gross, sodass ich im Namen der Gruppe spontan zustimme. Als Albert in sein Hüttli verschwindet, kichern wir und fragen uns, was uns jetzt wohl erwartet. Als Albert mit den Shotgläsern zurückkommt, dämmert uns, dass wir gleich Schnaps trinken müssen. Doch wir sind heute alle gut drauf. Er schenkt uns ein – und zwar sehr grosszügig – und als wir trinken, sagt er, den Schnaps habe er selbst gebrannt. Er möchte von uns nun wissen, ob wir erraten, was es ist. Lisa findet es schlussendlich heraus – es ist ein Arvenzapfenschnaps! Als Albert nicht hinschaut, schüttet Domenica ein kleines bisschen ins Gras. Sie, die sonst definitiv als trinkfest gilt, findet es dann für solch harten Schnaps doch etwas zu früh.

Wir verabschieden uns von Albert und Kätzchen Mikesh und wandern den Berg hoch. Kurve um Kurve steigen wir in die Höhe, es liegt dichter und feuchter Nebel. Alle sind wir leicht beduselt, in meinem Kopf dreht es sogar ein bisschen und wir müssen immer wieder über den heutigen Morgen lachen. Die Walliser sind schon ein spezielles Völkchen. Der Morgen vergeht schnell. Nicht nur der strenge Aufstieg, sondern auch die Durchquerung einer Ehringer Kuhweide (die schwarzen Kampfkühe) lassen unseren Puls nochmals ordentlich in die Höhe schnellen. Schon bald lichtet sich der Wald und wir kommen bei Sonnenschein auf der Belalp auf 2137 Metern an. Das Restaurant ist geöffnet und wir geniessen ein ausgezeichnetes Mittagessen – zuerst draussen in der Sonne, doch schon bald ist es zu kalt und wir wechseln in die Gaststube.

Die Aussicht ist fantastisch – wir sind am Aletschbord und sehen den Aletschgletscher. Sarah bringt uns bei, dass man beim Wort Aletsch nicht das E – sondern das A betont. Jetzt fühlen wir uns schon wie richtige Walliserinnen: Schnaps zum Frühstück und «Aletschgletscher» können wir nun auch richtig aussprechen.

Beim Abstieg wird das Wetter schlechter, aber die Wanderlandschaft umso schöner. Wir kommen zu einer alten Gletschermoräne und überqueren eine 124 Meter lange Hängebrücke. Auf der anderen Seite folgt ein letzter steiler Anstieg. Lisa und ich gehen voran, Domenica und Sarah folgen. Wir sind alle ziemlich kaputt. Der Aufstieg mag und mag nicht enden und der Tag war ohnehin schon verdammt lang.

Doch wir kämpfen uns hoch und kommen auf die Krete der Riederalp. Hier war ich schon einmal. Es ist besonders schön, vertraute Ecken auf der Via Alpina wieder zu entdecken. Erschöpft bauen wir bei der Moosfluh unsere zwei Zelte auf. Es ist etwas kalt geworden, der Wind bläst und der Himmel ist grau. Es riecht nach Schnee. Da es draussen zu ungemütlich ist, verschanzen wir uns zu viert in das Zweierzelt von Sarah und essen einen Apero-Snack. Wir sind dicht aneinandergequetscht, jede hat irgendwo einen störenden Fuss oder ein Knie der Sitznachbarin im Weg. Es fühlt sich an wie im Camp 3 auf dem Mount Everest – nicht, dass ich schon dort gewesen wäre, aber so stelle ich es mir vor. Schliesslich essen wir alle so viel Knäckebrot und Käse, dass niemand mehr kochen möchte. Lisa und Domenica gehen zurück in ihr Zelt und ich mummle mich in meinen Quilt ein. So verbringen wir zu viert in zwei Zelten eine eisig kalte Nacht auf der Riederalp auf über 2200 Metern.

Ich habe superschlecht geschlafen, unter meiner Hüfte war eine Unebenheit, die ich trotz der Matte sehr gut spüren konnte. Durch meine Beckenverletzung von vor ein paar Jahren ist das Schlafen auf Outdoor-Matten für mich nicht wirklich erholsam. Deshalb ist es wichtig, immer eine wirklich flache Stelle fürs Zelt zu suchen. Aber gestern haben wir nichts gefunden und irgendwann waren wir zu müde.

So sehr hatte ich mich auf heute gefreut, schon die ganze Woche hat der Wetterdienst den Freitag als einzigen schönen Tag der Woche gemeldet. Nach vier Tagen im Regen wollte ich unbedingt einen wärmenden Tag mit Lisa und Domenica in der Sonne verbringen. Ausserdem kommen wir heute bei den bekannten Märjelenseen vorbei – vielleicht würden wir ja sogar baden können?! Diese Pläne lösen sich in Luft auf, nach meinem Blick aus dem Zelt in die graue Suppe. Sarah und ich packen das Zelt zusammen und auch Lisa und Domenica stehen auf. Kurz bevor es losgeht, gibt's noch eine Beauty-Session. Domenica steht zuvorderst, ich in der Mitte und Lisa zuhinterst. Gegenseitig flechten wir uns die Haare. Sarah macht ein Bild von uns und es wird zu einem meiner Lieblingsbilder dieser Reise. Nun sind wir startklar mit unseren schönen Frisuren. Gemeinsam wandern wir etwa eine Stunde bis zum ersten Wegweiser.

Dort angekommen, lesen wir auf einer Tafel, dass der ursprüngliche Via-Alpina-Weg zu den Märjelenseen wegen Steinschlag gesperrt ist. Auf diesen Weg hatten wir uns gestern schon den ganzen Abend lang gefreut. Er verläuft mitten durch den Berg und hat etwas abenteuerlicher ausgesehen als die Abschnitte, die wir bisher auf dem Walliser Sonnenweg gewandert sind. Sarah verabschiedet sich und geht etwas zurück, um ihre Freunde zu treffen und dann wieder nach Hause zu wandern. Lisa, Domenica und ich gehen den langweiligen Umweg und müssen unnötig 500 Höhenmeter auf 2600 Meter aufsteigen. Als es dann auch noch zu schneien anfängt, beginnen wir richtig rumzujammern. «Dieses Scheisswetter, wieso kann es diese Woche nicht ein einziges Mal schön sein», sage ich. Lisa sagt, dass ihre Finger fast erfrieren, und Domenica regt sich über die zusätzlichen – und vor allem unnötigen – Höhenmeter auf. Auf einem Pass erkennen wir, dass weiter unten die Fiescheralp ist mit der Fiescheralpbahn. Wir entscheiden, dass es bei diesem Wetter einfach keinen Sinn hat oder Spass macht und dass Domenica und Lisa früher als geplant den Heimweg antreten und die Bahn ins Tal nehmen werden. So marschieren wir zu dritt die letzten Kilometer bis zur Alp und hoffen auf ein geöffnetes Restaurant. Noch ist es etwas früh in der Saison, vieles ist geschlossen. Doch als wir unten ankommen, ist das Selbstbedienungsrestaurant der Fiescheralpbahn geöffnet und wir frühstücken entspannt bis nach 12 Uhr. Es ist komisch, mir vorzustellen, bald wieder allein unterwegs zu sein. Bei so schlechtem Wetter bin ich besonders dankbar für tiefe und auch lustige Gespräche mit meinen Freundinnen.

Als sie die Bahn nehmen und mir zuwinken, fühle ich mich ein bisschen verloren. Kann ich das überhaupt ganz allein? Andererseits bin ich glücklich über diese neue Ruhe. Gestern, zu viert, waren wir eine richtige Quasselbande und man muss uns von weither gehört haben. Ich steige auf, um doch noch die berühmten Märjelenseen zu sehen.

Es kommen mir nur zwei Wanderer entgegen, denn auf dem Weg liegt noch ziemlich viel Schnee, sodass hin und wieder ein Fuss einbricht und den Schuh mit Schnee füllt. Schliesslich komme ich oben bei der Märjelensee-Fläche an. Das Wetter ist etwas besser, aber schön ist es nicht. Die Seen sind graubraun und der Matsch drumherum vollendet das triste Bild. Ich kehre sofort um und wandere in Richtung Burghütte und Fieschergletscher. Heute Abend will ich in Bellwald ankommen. Der Abstieg zur Burghütte ist atemberaubend, überall diese abgeschliffenen, runden Felsen. Sogar Steinböcke treffe ich an. Die Sonne zeigt sich und ich fühle mich richtig glücklich. Nur Lisa und Domenica tun mir leid – dass sie diesen wunderschönen Abschnitt mit Blick auf den immer weiter zurückgehenden Fieschergletscher verpassen. Die Burghütte ist geöffnet. In der Nähe gibt es Kletterrouten und der Hüttenwart sowie zwei Helferinnen sind bereits in der Vorbereitung fürs Abendessen. Ich kaufe eine Postkarte der Hütte, um sie meiner Grossmutter zu senden, und eine weitere für meinen Freund. Ihm schreibe ich, dass ich mit ihm hierher kommen möchte zum Klettern.

Ab hier würde der Via-Alpina-Weg bis nach Fiesch führen und dann von dort wieder hoch nach Bellwald. Vor wenigen Jahren wurde jedoch eine Hängebrücke gebaut, die bei der Via-Alpina-Route noch nicht aufgeführt wird. Ich weiss aus sicherer Quelle im Internet, dass sie noch bis 1. Juli 2020 geschlossen ist. Der Hüttenwart erklärt mir jedoch, dass ich einfach über die Absperrung steigen solle. Gut, wenn er es mir sagt, dann hält mich bestimmt nichts auf. Ich möchte nur niemanden verärgern. Das Lustige: Das Gleiche hatte der Hüttenwart damals im Jahr 2017 auch Pascal, meinem Via-Alpina-Vorbild, gesagt. Auf der anderen Seite ist aber keine Absperrung und laut Hüttenwart wird sich diese Regelung sowieso demnächst ändern.

Ich gehe die Strecke bis zur Hängebrücke und klettere über die Absperrung, was mit dem grossen Rucksack nicht einfach ist. Von Weitem sehe ich, dass am anderen Ende der Brücke gerade auch jemand die Absperrung missachtet hat. Es fühlt sich besser an, wenn man nicht die Einzige ist.

Am frühen Abend treffe ich in Bellwald ein und mich erreicht ein Anruf der Schweizer Fernsehsendung *Glanz & Gloria*. Vor ein paar Tagen hatte ich eine private Nachricht auf Instagram erhalten, dass sie meine Via-Alpina-Wanderung spannend finden und mich für einen TV-Beitrag begleiten möchten. Vor dem Gespräch bin ich leicht nervös. Bis jetzt bin ich noch nicht einmal zwei Wochen unterwegs. Damit es sich wirklich lohnt, über mich einen TV-Beitrag zu machen, müsste ich noch ein bisschen etwas leisten. Als ich mit dem Telefonat fertig bin, entdecke ich einen kleinen Supermarkt: Perfekt, der Laden ist noch offen und ich kaufe mir Capri-Sonne, Paprika-Chips und Pingu-Schnitten. Das meiste esse ich direkt vor dem Laden, den Rest packe ich in den Rucksack, um im Zelt weiterzuessen.

Nachdem ich Bellwald erreicht habe, ist mein nächstes Ziel, einen Schlafplatz zu finden. Doch auch wenn ich das Dorf längst hinter mir gelassen habe, bin ich immer noch auf einer tiefen Höhe von 1500 Metern, sodass es überall Forstwege und viel Wald gibt. Genau genommen darf man erst oberhalb der Waldgrenze zelten, so die Wild-Camping-Regeln der Schweiz – jedoch variieren sie je nach Kanton. Aber die Waldgrenze erreiche ich heute nicht mehr. Ich halte Ausschau und finde nichts. Die Wiesen sind zu hoch oder ich müsste auf dem Weg schlafen. Meine Energie schwindet und meine Füsse brennen.

Dann biegt ein gemähtes Gras-Strässchen vom Hauptweg ab. Dieser grüne Weg ist flach und von hier kann man mich nicht allzu gut sehen, wenn jemand heute Abend noch auf dem Weg oberhalb meines geplanten Zeltplatzes vorbeispazieren sollte.

Weiter hinten sehe ich eine kleine Kapelle und daneben eine Hütte. Ich wandere auf die Hütte zu, halte Ausschau, ob hier jemand ist – aber Rauch kommt keiner aus dem Kamin, die Fenster sind verschlossen und es ist dunkel. Hm, es scheint niemand hier zu sein, dann kann ich ja gut hier zelten. Wird wohl niemanden stören.

Als ich fast fertig bin mit dem Zeltaufbau, kommt ein grossväterlicher Mann von der anderen Seite des Weges auf mich zu. Ich verstecke mich hinter dem Zelt, tue so, als müsste ich dort noch etwas befestigen, in der Hoffnung, dass er vorbeigeht. Doch er kommt nun auf den Nebenweg, direkt auf mich zu und fragt in einem strengen Ton, was ich hier eigentlich mache. Mist. Ich komme hinter meinem Zelt hervor. Ich frage ihn, ob er hier hinten im Hüttli «wohne» und er bejaht. Dann frage ich, ob ich heute hier schlafen dürfe und er meint: «Klar, aber nichts zurücklassen!» Dass ich nichts zurücklassen werde, ist für mich eine Selbstverständlichkeit. Es ärgert mich gewaltig, wenn ich beim Wandern Abfall am Wegesrand entdecke. Was mich noch mehr nervt, ist, dass Leute sagen: «Ja, klar nehme ich meinen Abfall immer mit.» Aber sobald sie mal aufs Klo müssen, hinterlassen sie ihre Papiertaschentücher unter einem Stein. Es gibt Wanderungen, da wandert man an zig weissen Taschentüchern vorbei. Auch diesen Abfall kann man problemlos in einen kleinen, mitgebrachten Abfallsack packen und in einem Dorf in einen öffentlichen Abfalleimer entleeren.

Phu, ich habe Glück gehabt – für heute habe ich also einen Schlafplatz. Aber mir ist nicht ganz wohl dabei, dass nun jemand weiss, wo ich die Nacht verbringe. Auch der alte Mann ist mir gegenüber noch skeptisch. «Hast du eigentlich keine Angst? Ich könnte ein böser Mann sein?», fragt er mich. Innerlich muss ich mir ein Lachen verkneifen. Ich sage ihm, dass ich notfalls vor ihm davonrennen würde – ich wäre bestimmt schneller als er. Nun lachen wir beide. Er sieht zwar fit aus – aber der Jüngste ist er wirklich nicht mehr.

Der alte Mann stellt sich als Kurt vor und wir plaudern eine Weile. Schlussendlich lädt er mich auf einen Tee in die Hütte ein, wo seine Frau und ein weiteres Paar am Kartenspielen sind. Er ruft sie an und sagt, sie solle Wasser aufsetzen, er bringe jetzt eine junge Wanderin mit. Kurz denke ich daran, dass er jetzt vielleicht doch der böse Mann sein und ich dann in seiner Hütte festgehalten werden könnte. Aber ich habe ein gutes Gefühl und erfreue mich an neuen, spontanen Bekanntschaften. In der Hütte werde ich herzlich von Hedi, Marianne und Hanspeter empfangen und mit Keksen und Tee verköstigt. Mir wird alles Mögliche angeboten: ob Bett, Znacht, Frühstück, wärmere Decke oder Schnaps.

Sicher zwei Stunden lang bleibe ich bei ihnen und sie erzählen mir viel von ihren früheren Reisen mit dem Fahrrad in die Ukraine oder nach China. Da ich aus Flims-Laax komme, fragen sie mich aus, welche Berühmtheiten ich kenne. «Kennst du eigentlich die Schlagersängerin Marianne Cathomen, die ist doch aus Laax?», fragt jemand. Ich verneine – zumindest nicht persönlich, doch als rauskommt, dass mein Bruder der Freeski-Profi Andri Ragettli ist, sind sie ganz aus dem Häuschen. Als seine PR-Managerin freue ich mich, dass wir mit den vielen Interviews dann wohl auch die Zielgruppe 70+ erreicht haben und sein Name kein unbekannter mehr ist. Als ich mich um 21 Uhr verabschiede, geben sie mir noch ein grosses Stück Alpkäse mit. Im Zelt angekommen, lasse ich mein Abendessen aus, nur die Chips verschlinge ich noch, denn sie beanspruchen zu viel Platz im Rucksack. Aber die Kekse haben meinen Magen schon ordentlich gefüllt.

Diese Nacht war die beste, seit ich auf der Via Alpina bin. Noch nie habe ich so gut geschlafen – nicht ein einziges Mal bin ich aufgewacht! Die Sonne scheint und es ist warm, als ich am Morgen zusammenpacke und den Gommer Höhenweg nach Ulrichen wandere. Der Weg ist etwas langweilig, aber lang – fast 30 Kilometer. Auch ist er in einem schlechten Zustand und in den zu überquerenden Bachbetten liegt viel Schnee, sodass die Brücken noch nicht angebracht worden sind. Einmal suche ich lange nach einem Weg, um auf die andere Seite zu kommen und muss an einer Schneewand hochklettern. Ich schaffe es, aber meine Kleidung ist danach verdreckt, da der Schnee voller Erde ist.

Kurz vor Ulrichen treffe ich auf einen Bauern, der mich fragt, woher ich komme. Das geschieht nun öfter, da mittlerweile mehr Menschen in den Bergen unterwegs sind als noch vor zwei Wochen. Die Konversationen laufen eigentlich immer gleich ab – die Fragen kommen wie aus einer «Wanderer-abfragen-Checkliste». Zum Beispiel so:

Bauer: «Woher kommst du?»

Ich: «Aus Vernayaz bei Martigny.»

Bauer: «Aber nicht zu Fuss?!»

Ich: «Doch.»

Bauer: «Was? Wie lange schon?»

Ich: «2 Wochen.»

Bauer: «Also ... aber nicht allein, oder?»

Ich: «Doch eigentlich schon. Ausser ich habe Besuch.»

Bauer: «Hast du keine Angst?»

Ich: «Manchmal schon.»

Bauer: «Wo schläfst du?»

Ich: *Zeige auf meinen Rucksack*

Bauer: «Und Essen?»

Ich: «Auch im Rucksack.»

Bauer: «Uiii ... dann ist der sicher über 20kg oder?»

Ich: «Nein, so 13kg ungefähr.»

Bauer: «Und wohin gehst du jetzt?»

Ich: «Bis zum nächsten Dorf.» (Genaue Angaben mache ich sicherheitshalber nie.)

Bauer: «Gehst du danach noch weiter?»

Ich: «Ja, durch die Schweiz, dann weiter nach Österreich, Slowenien und wenn möglich bis ans Meer in Italien bei Triest.»

Bauer: «Wie bitte?! Das könnte ich nie! Wie lange bist du unterwegs?»

Ich: «Weiss nicht genau, im Herbst muss ich wieder arbeiten ...»

Bauer: «Dann ganz viel Erfolg. Du siehst zäh aus und schaffst das sicher!»

Mittlerweile schäme ich mich auch nicht mehr für meinen Badge auf dem Rucksack. Immerhin ist heute schon mein 14. Tag auf der Via Alpina. Zu Beginn meiner Wanderung hätte ich niemals von meinem grossen Plan, bis ans Meer zu wandern, erzählt. Aber heute fühle ich mich stark und selbstbewusst. Vielleicht ist es der gestrige Abend, der mir Kraft gegeben hat. Der Bauer bedankt sich für die spannende Unterhaltung und widmet sich wieder seinem Zaun. Ich gehe weiter bis nach Ulrichen und gönne mir ein Hotelzimmer. Denn ich will einen ersten Pausentag einlegen. Ich bin am Ende des Kantons Wallis angelangt und habe dabei 320 Kilometer zurückgelegt. Ein Ziel ist somit erreicht, die erste Region habe ich schon durchwandert – und das

Wallis ist kein kleiner Kanton. Ich habe schon mehr als ein Zehntel der gesamten Via-Alpina-Strecke absolviert. Die Dusche im Hotelzimmer geniesse ich in vollen Zügen und verbringe den Rest des Abends mit dem Schreiben des zweiten Blogposts über die Via Alpina.

Am Pausentag muss ich mir eine gute Strategie überlegen. Ich bin in den Tagen davor mehr Kilometer gewandert, als auf dem Plan stand. Somit ist der Pausentag absolut akzeptabel und wirft mich nicht in der Planung zurück. Trotzdem habe ich ein bisschen ein schlechtes Gewissen. Also setze ich mir ein Ziel: Heute gehe ich nicht mehr als 2000 Schritte. Wenn ich ein Ziel habe, dann vergesse ich den Rest. Das Ziel erreiche ich – aber auch nur, weil ich am Vorabend schon einkaufen war, um meinen Proviant für die dritte Woche einzukaufen. Ich bin wieder bereit, meine Powerbank ist aufgeladen, so kann ich mein Handy, welches zwei Tage Akku hat, bis zu viermal aufladen, meine Kleider sind frisch gewaschen, der Rucksack mit Essen gefüllt. Ich freue mich auf den nächsten Abschnitt: das Tessin!

__ *Giftschlangen und Hitze im Tessin*

Erholt geht's wieder los – ich bin topmotiviert, Woche drei in Angriff zu nehmen, denn ich mag das Tessin sehr gerne mit seinen steilen Felswänden und mit der Maggia und Verzasca, zwei schönen Flüssen, die ich in den folgenden Tagen überqueren werde. Überraschenderweise komme ich an diesem Montag trotzdem nicht in die Gänge. Es beginnt damit, dass ich zehn Minuten nach dem Dorf Ulrichen vom Forstwart-Team Goms aufgehalten werde. «Wo willst du hin?», fragt mich einer der zwei Männer. «Erstmal zur Capanna Corno-Gries», gebe ich zurück. Der Mitarbeiter des Forstwart-Teams erklärt mir, dass ich nicht auf dem Hauptweg wandern dürfe. «Es könnten gemäss unseren Messungen viele Kubikmeter Fels runterkommen, direkt oberhalb des Hauptwanderweges. Du musst dieses Stück auf der anderen Seite umgehen», warnt er mich in strengem Ton. Das werde erst in ein paar Tagen signalisiert – die Wandersaison hat ja noch nicht richtig begonnen.

Der Weg, den ich nun gehen soll, ist ein Umweg, aber wenigstens haben sie mich nicht angehalten, um mir zu sagen, dass ich dort nicht durchgehen könne, weil es noch zu viel Schnee habe. Das hätte mich genervt, weil das nun schon mehrfach passiert ist. Grundsätzlich wird mir wenig zugetraut, scheint mir. Obwohl mir die beiden nur helfen wollten, ärgert mich die Tatsache, dass ich nicht meinem Plan folgen kann. Und als ich die erste Steigung in Angriff nehme, komme ich derart ins Schnaufen, dass ich mich entscheide, etwas Wasser aus meinen Vorräten zu entleeren. Der Rucksack drückt mich in den Boden. Nach dem Ballastabwurf geht es besser vorwärts. Etwas später – als ich schon auf dem Umweg bin – merke ich, dass ich mit 400 Metern der Passstrasse entlanggehen unnötige 200 Wanderhöhenmeter Auf- und wieder Abstieg hätte sparen können.

Dann folgt ein mühsamer Aufstieg über grosse Steinplatten im Schnee. Auf einmal kippt ein grosser flacher Brocken um und ich falle über ihn drüber. Mein Knie hat es leicht erwischt, doch das schlimmere Übel ist, dass der Stein auf meinen Wanderstock fällt und dieser bricht. Mein schöner blauer Black-Diamond-Kork-Wanderstock! Ich bin richtig wütend auf den doofen Weg. Jetzt gehe ich diesen blöden Alternativweg, wo es Stellen gibt, die aufgrund des Schnees unangenehm und sogar etwas gefährlich sind, während auf der anderen Seite beim normalen Weg bis zum Schluss keine Steinbrocken runtergekommen sind. Dass dieses Denken keinen Sinn macht, ist mir bewusst, aber in diesem Moment nervt es mich einfach nur, einen Wanderstock weniger zu haben, dafür ein angeschlagenes Knie und zwei Füsse im eiskalten Wanderschuh-Swimmingpool vom vielen Schnee.

Oben angekommen, passiere ich die Grenze vom Wallis ins Tessin und komme zur Capanna Corno-Gries. Ich erkunde sie und spreche ein bisschen mit den Murmeltieren, die vor der Hütte herumtollen. Die Hütte ist geschlossen, aber der Winterraum ist geöffnet. Ich schaue mir die Notbetten und die Küche an. Soll ich den Tag beenden und hier ein Feuer machen und übernachten? Es ist erst Mittag und ich habe gar keine Lust mehr zu wandern. Doch der Winterraum ist ein bisschen dunkel und nicht sehr gemütlich. Deshalb entscheide ich mich weiterzugehen. Vor allem auch, weil das Wetter heute noch gut ist und in den folgenden Tagen immer schlechter werden soll. Ich will Kilometer gutmachen.

Mit dem Entschluss kommt auch die Motivation zurück. Ich wandere zum San Giacomo Pass und passiere ein abschüssiges, hartes Schneefeld. Schritt für Schritt schaffe ich es ans andere Ende. Nach dem San-Giacomo-Pass bin ich in Italien! Wow, mein zweites Land auf der Via Alpina – auch wenn es vorerst nur ein kurzer Aufenthalt ausserhalb der Schweiz sein wird. Denn ich habe noch einen weiteren Pass vor mir, obwohl es schon nach 17 Uhr ist. Von der schönen von Schnee umgebenen Seelandschaft geht es wieder hoch auf die Bocchetta di Val Maggia auf über 2600 Meter. Diese Strecke bis zum höchsten Punkt stapfe ich praktisch nur noch im Schnee, doch das Wetter hat ihn aufgeweicht und ich habe immer gute Tritte und Halt. Leider will der Anstieg nicht enden. Als ich oben bin, ist es kurz vor 19 Uhr. Ob ich die Erste bin, die diesen Sommer diese Strecke wandert, frage ich mich. Ich bin bestimmt der einzige Mensch weit und breit, so viel ist klar. Eigentlich keine schlaue Idee, sich so spät noch auf dieser Höhe aufzuhalten. Aber mit dem Zelt bin ich ja frei und könnte überall schlafen. Mein Ziel ist die Capanna Basodina. Vom Pass kann ich den grössten Teil des Abstiegs runterrutschen. Es ist fast wie Skifahren, sehr effizient und ein Riesenspass, wenn man schon so viel gewandert ist. Der Abstieg ist ungefährlich und nicht steil.

Beim letzten Schneefeld verliere ich beim Rutschen das Gleichgewicht und falle in den Schnee. Bremsen kann ich nicht und so schlittere ich auf dem Hosenboden auf eine auslaufende Fläche zu – direkt vor eine Herde Steinböcke, die mich irritiert anschaut. Nicht einmal fünf Meter vor ihnen bremst mich der Schnee und ich blicke in die Augen dieser stolzen – etwas perplexen – Tiere. «Wo hat sich die denn verirrt?», denken sich die Steinböcke bestimmt. So nah war ich Steinböcken noch nie zuvor und ich freue mich riesig über den Anblick.

Doch sie haben keine Lust auf meinen Besuch und suchen gelassen das Weite. Einer cooler als der andere – Steinbock müsste man sein!

Der Rest des Weges ist auslaufend. Es liegen noch einige Höhenmeter Abstieg vor mir, aber der strenge Teil ist vorbei. Kurz bevor ich in Robiei bei der Capanna Basodina ankomme, treffe ich nochmals eine Steinbockgruppe. Auch bei der Hütte hat es ungefähr 25. So habe ich heute insgesamt 40 bis 50 Steinböcke gesichtet. Als Tierliebhaberin beobachte ich sie gerne und da vor der Hütte wohl Salz verteilt worden ist und sie es genüsslich vom Steinboden lecken, könnte ich sie noch stundenlang betrachten. Doch es ist schon 21 Uhr und ich schaue mir die Hütte genauer an. Zu meiner Überraschung ist sie bewartet! Die jungen Tessiner auf der Hütte zeigen mir mein Bett für die Nacht. Nach diesen 39 Kilometern und den drei Pässen bin ich sehr erleichtert, nicht mehr das Zelt aufstellen zu müssen. Mein Körper ist fix und fertig. Er fühlt sich wie ein hartes, leeres Gestell an – überall knackst es. Auch meine gesamte Fussfläche berührt nun den Boden, so platt sind meine Füsse. Ob ich morgen überhaupt weiterwandern mag? Das war deutlich der strengste Wandertag bisher.

Vor der Hütte koche ich mir noch eine Nudelsuppe und treffe zwei weitere Gäste. Um 22 Uhr bin ich bereit fürs Bett. In meinem Zimmer bin ich allein und lese noch ein Buch auf meinem E-Reader. Um 23 Uhr fallen mir die Augen zu. Doch dann poltert es zum ersten Mal im Nebenzimmer, kurz darauf meine ich ein Stöhnen zu hören. Echt jetzt? Dann wieder. Im Nebenzimmer geht's zur Sache. Das Stöhnen wird lauter und ein Bett rammt im Takt gegen die Zimmerwand. Juhu, das hat noch gefehlt. Meine Wachsohrenstöpsel kommen zum Einsatz, doch sie nützen wenig – die Laute von nebenan werden immer schlimmer. Mittlerweile höre ich nicht nur Gepolter, sondern auch unangenehmere Geräuschdetails, meine Fantasie bastelt ungewollt die Bilder dazu. Die Wände in der Hütte sind extrem dünn und zu zweit wäre die Situation vielleicht lustig, aber ich bin ganz allein und am Ende mit meinen Kräften. Einfach nur schlafen wollte ich. Dafür bin ich extra in die Hütte – komfortabler als im Zelt. Aber hey, es ist jetzt schon 23 Uhr, eine Stunde nach der Hüttenruhe. Eine Frechheit! Ich klinge wie eine richtige Spiesserin. Trotzdem: Irgendwann reicht's mir, ich stehe auf und klopfe an die Wand. Kurz ist Ruhe, dann geht das Gestöhne und Gepolter weiter. Ich klopfe erneut und rufe: «Ich höre jedes kleine Geräusch. Jedes!» Die beiden interessiert's noch immer nicht. Ich gehe ins Bett, höre mit den Kopfhörern laut Musik und irgendwann sind sie fertig. Endlich!

Am nächsten Morgen sitze ich beim Frühstück, als der junge Mann aus meinem Nachbarzimmer, etwa in meinem Alter, auch in den Gastraum kommt. Ich wünsche fröhlich guten Morgen, doch er traut sich kaum, mich anzusehen. Als er sich hinsetzt, denke ich mir: «So, jetzt kriegst du es zurück.» So rufe ich ihm zu: «Hey, wenn ihr das nächste Mal in eine SAC-Hütte geht und euer Programm durchzieht, dann seid wenigstens leiser. Die Wände sind verdammt dünn! Das will echt nicht jeder hören!» Jetzt weiss er, dass ich diejenige bin, die alles mitbekommen hat und er sagt nur «Äh ja, mhm» und wird rot im Gesicht. Als ich mit dem Frühstück fertig bin und aufstehe, kommt noch seine Freundin dazu. Mit einem Augenzwinkern wünsche ich einen schönen Tag, bezahle beim Team und verlasse die Hütte in Richtung des kleinen Dorfes Fontana. Nun bin ich im Valle Maggia angekommen. Beim Abstieg im Schneckentempo – ich hatte es gestern ganz klar übertrieben mit der Etappendistanz – verfolgt mich eine einsame Ziege. Ich versuche sie zurückzuscheuchen. Ihre Euter sind so prall gefüllt, dass sie bestimmt irgendwo ein Kleines hat. Doch sie lässt nicht locker. Es scheint, als wäre ihre Herde ziemlich weit weg.

Im Tal angekommen, sehe ich schon die ersten typischen Tessiner Steinhäuser. Wunderschön! In einigen scheinen auch noch Leute zu wohnen. Alles hier erinnert mich an das berühmte Buch *Die schwarzen Brüder* über Tessiner Kaminfegerbuben. Obwohl, eigentlich spielt die Geschichte im noch schöneren Valle Verzasca – dorthin komme ich noch. Es ist sonniger als erwartet und so mache ich gegen Mittag eine

Pause im malerischen Foroglio, bei einem Grotto direkt neben einem mächtigen Wasserfall. Ich gönne mir meine erste Portion Pizzoccheri, eines meiner Leibgerichte. Nach dem Essen geht es weiter nach Fontana. Das Ende der heutigen Etappe. Doch es ist noch früh und die folgende Etappe ist im Via-Alpina-Führer mit der niedrigsten Schwierigkeitsstufe gekennzeichnet. Ich wundere mich zwar, wo der Weg verlaufen mag, denn die Felswände sind unglaublich steil. Allgemein ist das Tessin eine Gegend mit sehr steilen Felswänden. Ich denke mir aber nichts weiter und entscheide mich, doch noch heute den harten Aufstieg anzugehen, um die Capanna Fiorasca zu erreichen. Diese kleine Selbstversorgerhütte liegt direkt vor dem nächsten Pass. Weil es morgen nonstop regnen soll, nehme ich mir nochmals so viele Höhenmeter vor. Also wandere ich um 15.30 Uhr los. Zu Beginn muss ich alle 20 Minuten pausieren, bis ich mich zusammenreisse und das letzte Stück durchziehe.

Der Weg ist spektakulär und ausgesetzt. Ich wundere mich. Das kann unmöglich als einfacher Weg bezeichnet werden! Da stimmt etwas nicht. Ich muss mich konzentrieren und es ist kein Weg, auf dem man stolpern sollte. Dann beginnt es auch noch zu regnen und zu donnern. Gar nicht gut. Wenn es jetzt rutschig wird, habe ich ein echtes Problem. Ich befinde mich gerade in einem kleinen Waldstück, es ist schon 19 Uhr. Ich setze mich hin, die durchsichtige Plastik-Pelerine über mir ausgebreitet. Zeit, die Route zu checken. Da ich Handynetz habe, erfahre ich, dass der Weg auf anderen Portalen mit einer T4-Schwierigkeit gelistet ist. Bei der Via-Alpina-Webseite entdecke ich im Nachhinein, dass sich in den Leserkommentaren bereits einige Leute über die falsche Information beschwert haben. Weiter oben würden sogar Ketten und Stahlleitern folgen. Ich bin nervös, weiss nicht, wie ich vorgehen soll. Es ist schon die ganze Zeit so steil, es gibt nirgends eine kleine flache Stelle für mein Zelt. Ich muss es durchziehen, oder die Nacht hier sitzend verbringen. Nun blitzt es in der Ferne auch noch. Vielleicht könnte ich auch meine Zeltwand über mich legen? Ich schätze das letzte verbleibende Stück der Strecke auf maximal eineinhalb Stunden. Als es ein bisschen weniger regnet, gehe ich weiter. Der Regen hat noch nicht ausgereicht, um den erdigen Boden aufzuweichen und deshalb wandere ich, so schnell ich kann, die Felswand hoch. Zum Glück blitzt es nicht mehr, denn die Stahlleiter kommt tatsächlich auch noch. Selten bin ich einen derart steilen Weg in einem solch zackigen Tempo hochgelaufen – oder fast schon geklettert. Die Hände waren hin und wieder auch im Einsatz, um mich irgendwo festzuhalten.

Ich schaffe es bei Einbruch der Dunkelheit aufs Plateau. Eine kleine Alp. Dort erkenne ich die Steinhütte Fiorasca. Ich bin unendlich erleichtert! Vor der Hütte ist eine grosse Stahltüre, die man selbst weghieven muss. Als Witterungsschutz. Es ist nicht einfach, doch nach vielem Rumwürgen und -ziehen klappt es. Die richtige Tür kommt zum Vorschein und die Hütte ist offen. Niemand ausser mir ist da und ich bin unendlich glücklich, es geschafft zu haben. Jetzt ist das, was eigentlich ein gemütlicher Tag hätte werden sollen, ein weiterer Kampftag geworden. In der Hütte beruhige ich mich, das Adrenalin lässt nach. Doch ein Rest-Stress bleibt, denn morgen wird es regnen – stark. Und ich muss über den Pass Bocchetta di Fiorasca. Hoffentlich ist es auf der anderen Seite nicht auch so steil.

In der Hütte mache ich im Ofen ein Feuer und trockne meine Schuhe und Klamotten. Sie sind entweder nass vom Regen oder vom Schwitzen. Das Feuer im Ofen beobachte ich genau – denn ich habe erst selten im Ofen Feuer gemacht. Ich bin mir nicht wirklich sicher, ob die Hebel am Ofen alle richtig eingestellt sind und renne mehrmals aus dem Haus, um den Kamin zu prüfen – nicht, dass ich die Hütte einräuchere. Das wäre der krönende Abschluss dieses Tages. Doch endlich, Rauch steigt aus dem Kamin, ich habe wohl alles richtig gemacht.

Zur Ruhe komme ich die ganze Nacht nie. In Gedanken bin ich immer beim bevorstehenden Pass. Wird es stark regnen? Wird es rutschig sein, richtig gefährlich vielleicht? Oder liegt sogar noch Schnee? Ausserdem hat es hier eindeutig Mäuse im Dach. Das Bett steht direkt darunter. Die Nagetiere tanzen wild umher, die ganze Nacht. Es ist schrecklich und doch bin ich froh, in der sicheren Hütte übernachten zu können.

Am Morgen starte ich trotz Schlafmangel motiviert. Es regnet, aber das war ja so prognostiziert worden und ich bin mir sicher, dass ich es heute bis Prato Sornico schaffen werde. Nur noch zwei Tage, dann gibt's eine Pause im Tessin, bei meinem Freund und seiner Familie in Mendrisio. Nach nur 30 Minuten steige ich schon die letzten Höhenmeter im Pass-Weg auf. Der Weg wird immer enger – links und rechts ist rauer Fels und der Regen prasselt unaufhörlich auf meine Pelerine.

Oben angekommen, bin ich erleichtert, aber nur kurz, bis ich den Abstieg erblicke. Mist – ich befinde mich auf einem kaminartigen Weg und darin hat sich Schnee angesammelt, der hartnäckig liegen geblieben ist. Ich gehe, soweit ich komme, und bei einem ersten Teilstück schaffe ich es, unter dem Schnee durchzukriechen. Mit dem grossen Rucksack ist es ziemlich schwierig, aber ich schaffe es, denn der Schnee hat sich zu einem harten Tunnel geformt. Beim zweiten Teil geht es unterirdisch nicht mehr weiter – jetzt muss ich oben drüber und erst mal hochklettern. Allein schon auf das Schneefeld hochzukommen ist herausfordernd. Der Schnee ist hart und rutschig vom Regen. Es ist kalt und grau – hässlicher Nebel verhindert mir die Aussicht.

Auf dem Schneefeld angekommen, arbeite ich mich sehr langsam und Schritt für Schritt nach unten. Mit meinen Schuhen stampfe ich seitlich fünf- bis siebenmal in den Schnee, bevor ich den Fuss belaste. Dann kralle ich meine Finger in den Schnee – sie fungieren als Eispickel. Innerhalb kürzester Zeit sind sie knallrot und gefühlstaub. Langsam geht es bergab – ich fühle mich zittrig, schaue nach unten und denke mir: «Okay, lieber nicht ausrutschen – das könnte schmerzhaft werden!» Diese Abstieg-Technik braucht Kraft, jeder einzelne Muskel ist angespannt. Nach etwa 20 Tritten pausiere ich kurz. «Super Christina, du hast schon die Hälfte. Genau so weitermachen, dann hast du es gleich geschafft. Bleib konzentriert», sage ich mir laut in einem meiner vielen Selbstgespräche. Es geht weiter. Ein Schritt, zweiter Schritt, drittes Mal einhacken, Finger als Eispickel in den Schnee krallen, Gewicht verlagern, den nächsten Fuss anheben für den nächsten Tritt. Ratsch – mein Fuss rutscht ab, ich finde keinen Halt – falle hin. Mein

Sturz bringt mich zum Schlittern und so rutsche ich den Hang hinunter. Mit aller Kraft wehre ich mich – Füsse einhacken, mit dem Stock einstecken, irgendwas muss mich retten. Das Ende des Schneefeldes kommt näher – die darauffolgenden Gesteinsbrocken auch. Shit, shit, shit! Mit den Armen und Händen schütze ich meinen Kopf, bevor das Geröll meinen Fall bremst. Ich überschlage mich und komme sitzend zum Stillstand.

Sofort schiessen mir die Schmerzen in die Glieder. Doch nach einem Check von Fuss, Knie und Hand raffe ich mich auf. Mein Körper bebt, ich atme laut hörbar und hysterisch ein und aus. «Mir geht's gut – nichts ist passiert. Glück gehabt. Komm, geh weiter», sagt meine innere Stimme. Doch ich stehe unter Schock. Alles hat doch eben noch so gut ausgesehen! Ich habe es souverän gemeistert und nur zwei Sekunden später finde ich mich im Schutt wieder.

Nach mehrmaligen Versuchen, mit dem Heulen aufzuhören, schaffe ich es erst, als ich erneut hinfalle, weil ich durch den Tränenschleier kaum aus den Augen sehen kann. «So geht das nicht – jetzt reiss dich zusammen! Du musst sicher ins Tal kommen, verdammt! Du wolltest die Via Alpina machen, jetzt zeig auch, dass du der Herausforderung gewachsen bist!»

Die Situation, in der ich mich nun befinde, verunsichert mich – ich bin doch erst drei Wochen unterwegs! Was wird noch alles auf mich zukommen? Das war erst der Anfang. Würde ich die Via Alpina schaffen? Ja, sogar überleben, frage ich mich. Würde mir vielleicht etwas zustossen? Ist es meine letzte grosse Reise? In solchen Momenten spielt mein Kopf immer ein bisschen Dramaqueen. Kurz stelle ich mir vor, was wäre, wenn ich in den Bergen tödlich verunglücken würde. Man würde mich bestimmt als naiv bezeichnen – dabei war ich gut vorbereitet. Ich habe viele Erfahrungen gesammelt und alles penibel geplant. Aber der Sturz im Tessin erschüttert mein Selbstvertrauen und nimmt mir die Motivation. Neben den Schmerzen stört mich auch die eisige Kälte. Ich bin völlig durchnässt, trotz Regenponcho. Meine Füsse sind taub. Doch ich weiss, ich muss bis ins Tal durchhalten. Jammern nützt nichts. Immer mal wieder überkommt mich auf dem

Weg ins Tal ein Selbstmitleid-Schub. Das heisst, mir kommt in den Sinn, was passiert ist, ich tue mir leid und weine ein paar Minuten vor mich hin. Ich bin ganz allein auf dem Berg. Und gerade jetzt macht das Ganze überhaupt keinen Spass. Irgendwann im Wald habe ich endlich wieder Handynetz. Mein innigster Wunsch wäre es, meine Mama anzurufen und ihr zu erzählen, was passiert ist. Ich würde dann vermutlich hemmungslos heulen und sie hätte noch mehr Angst um mich, als sie sowieso schon hat. Also versuche ich stark zu sein und allein damit klarzukommen. Ich entscheide mich, diesen Zwischenfall nicht im Blog zu erwähnen. Mein Ziel ist es zwar, ehrlich über meine Via-Alpina-Wanderung zu berichten, aber hier muss ich mit der Wahrheit zurückhalten – zum Schutz meiner Mama. Sie musste schon so viel ertragen und wir witzeln immer, dass alle immer meinen, meine Brüder seien die gefährlichen Jungs mit ihren wilden Extremsportarten. Aber mit dem Heli abtransportiert wurde bisher nur ich. Wenn ich erzählen würde, wie heute mein Tag war, dann würde sie die nächsten Monate wohl kaum mehr richtig schlafen können. Das möchte ich nicht.

Ziemlich erfroren erreiche ich das kleine Dorf Prato Sornico. Als ich ankomme, fällt eine grosse Last von meinem Körper. Endlich hier. Eigentlich wollte ich weitergehen und mein Zelt irgendwo im Wald aufstellen, doch ich finde ein kleines Restaurant und entkomme dem mühsamen Dauerregen. Im Restaurant sind nur zwei weitere Gäste, die mich schräg ansehen. Schon bald Normalität, dass ich beobachtet werde mit meinem grossen Rucksack. Ich bestelle Gnocchi und wärme mich an der Heizung neben dem Tisch in der Gaststube auf. Über Google finde ich eine Unterkunft und mache mich nach dem Essen auf den Weg zum kleinen Hotel. Es ist offen und mit zittriger Stimme und gebrochenem Italienisch frage ich nach einem Zimmer. Ich muss fast wieder losheulen – wahrscheinlich vor Erleichterung – als ich den Zimmerschlüssel überreicht bekomme. Im Zimmer gibt's eine Dusche, ich wasche darin meine Kleidung, hänge sie auf und entferne zwei Zecken an meinen Beinen. Die Zecken haben sich an meinen Kniekehlen festgesaugt – da, wo es schön warm ist. Obwohl ich lange

Hosen getragen habe. Mit meiner kleinen Wanderpinzette erwische ich jeweils den Kopf der Zecke und ziehe beide geübt aus meiner Haut. In meinem Leben habe ich meinen Katzen bestimmt schon hunderte Zecken entfernt, daher ist das für mich nichts Besonderes. Es folgt ein Powernap. Die schwere Bettdecke über mir tut unendlich gut – ich fühle mich sofort geborgen. Ich vergrabe mich komplett darin, hülle mich richtig ein, sogar mein Kopf ist unter der Decke. Als ich wieder aufwache, geht es mir tausendmal besser. Der Schock ist vorbei, meine Blessuren sind verarztet, ich reflektiere, was ich heute falsch gemacht habe, und schreibe es in meine Notiz-App.

Erstens: Bei richtigem Scheiss-Wetter wandere ich keine anspruchsvollen Etappen mehr – ich bin ein sinnlos hohes Risiko eingegangen. Wenn ich so weitermache, ist die Tour vielleicht schneller zu Ende, als mir lieb ist.

Und zweitens: Anstrengende und lange Etappen zusammennehmen (ich bin fünf Etappen in vier Tagen gewandert), um Zeit zu sparen, lohnt sich nicht. So überfordere ich meinen Körper und er hat keine Möglichkeit mehr, sich zu erholen.

So nehme ich es mir zumindest vor.

Nach einer Nacht im Hotel geht es mir besser und auch das Wetter zeigt sich freundlich. Deshalb entscheide ich mich, bis Sonogno weiterzuwandern. Doch auch heute gehört ein steiler Pass zur Via-Alpina-Route. Das Tessin hat es echt in sich. Den gesamten Aufstieg über rumort mein Bauch – ich bin nervös! Je näher ich dem Pass komme, desto schlimmer wird es. Ich verspreche mir, dass ich umkehre, wenn es oben nicht gut aussieht. Egal, wie viel Zeit ich verliere. Eine Stunde vor dem Passübergang kommt mir ein Wanderer entgegen. Er meint, der Pass sei wahnsinnig steil, aber auf der anderen Seite komplett schneefrei. Am liebsten würde ich ihn umarmen vor Erleichterung. Danke, du fremder Erlöser! Endlich keine Bauchschmerzen mehr – mein Körper entspannt sich. Glücklich und im Rekordtempo wandere ich weiter bis nach Sonogno. Nur 15 Minuten Pause gönne ich mir heute – bei acht

Wanderstunden. Schliesslich möchte ich einen der wenigen Busse nach Tenero erwischen.

Das Gehetze war für nichts – ich komme sogar zu früh im wunderschönen Dorf Sonogno an. Alles ist aus Stein. Die Strassen gepflastert, die Häuser aus Felsbrocken, die Dächer aus Felsplatten. Mir gefällt's! Bei einem Café gönne ich mir zur Belohnung einen Coupe, also einen Eisbecher. Es ist eine Riesenportion Schoggieis und ich habe ausser dem Frühstück nichts gegessen. Danach ist mir übel. Mit dem Bus reise ich bis nach Mendrisio. Dort holt mich Christians Mutter ab. Für sie habe ich mein Wandershirt mit meinem Pyjama-Merinoshirt getauscht. Das ist weniger verschwitzt. Denn sonst wird ihr bestimmt übel von meinem stinkenden Wandershirt. Obwohl ich es von Hand wann immer möglich wasche, habe ich das Gefühl, dass es nie mehr so frisch riecht wie früher. Bei ihnen zuhause gibt es alles, was mein Herz im Moment begehrt: Dusche, normale Kleider, Salat, ein richtiges Bett – und meinen Freund!

Der Pausentag vergeht schnell. Nach meinem Sturz habe ich viel gelernt und studiere die kommenden Etappen neu. Wo könnte es zu steil werden, wo wird wahrscheinlich noch Schnee liegen? Bei allen Stellen, die ich als kritisch einschätze, prüfe ich, wie ich diese umgehen könnte. Nach der eintägigen Pause geht es mit dem Bus wieder nach Sonogno. Christian ist heute und morgen auch dabei und die hilflose Christina von vor zwei Tagen scheint es nie gegeben zu haben. Ich fühle mich stark und selbstbewusst – weiter geht's. Denn heute ist schon der letzte Tag der dritten Woche. Und trotzdem: ein zweites Mini-Steigeisen habe ich mir von meiner Mutter zusenden lassen. Zwar ist mein Rucksack nun schwerer, aber der Kopf dafür etwas leichter.

Ab Sonogno verläuft der Weg entlang der Verzasca, meiner Meinung nach einer der schönsten Flüsse der Schweiz. Der Aufstieg gefällt mir und nach einigen Stunden erreichen wir einen paradiesischen Bergsee. Ein kleiner Wasserfall füllt den See mit frischem, kaltem Wasser.

Rundherum ist alles saftig grün. Niemand ist hier! Unfassbar, an so einem heissen Tag am Wochenende ist das doch der perfekte Ort für eine Abkühlung. Wir ziehen unsere Kleidung aus, lassen sie an der Sonne trocknen und springen in den See.

Nach dem See ist es nicht mehr weit bis zur Capanna D'Efra. Ich sage Christian, dass wir nun ganz langsam gehen sollten. So, dass wir nicht noch einmal schwitzen. Nur dann kommen wir wie frisch geduscht in der Hütte an.

Die Capanna D'Efra befindet sich im Sommer 2020 im Umbau, aber wir haben angerufen und man darf trotzdem dort übernachten. Was wir dann auch so einplanen, aber bald schon bereuen. Die Hütte ist an einem traumhaft schönen Fleck Erde, das gesamte Gebäude ist aus Stein – wie man es im Tessin eben erwartet. Doch die Gruppe von ungefähr 15 jungen Leuten, die am Umbau beteiligt sind, alle ehrenamtlich, feiern bis nach Mitternacht. Es wird gesungen, gejohlt und getanzt, immer trampeln Leute wie Elefanten in den Schlafbereich. Türen werden aufgerissen, Lichter angemacht. Wir hätten besser einfach mitgemacht, aber wir haben keine Lust auf Party. Irgendwann schlafen Christian und ich trotzdem ein.

Wir stehen als Erste auf – trotzdem so leise, wie es geht. Der Weg führt uns heute nach Biasca. Schon bald kreuzen wir die anspruchsvolle Mehrtagestour Via Alta Verzasca. Auch eine, die ich mir in Gedanken auf meine «Will-ich-unbedingt-mal-machen-Liste» setze. Sie soll fordernd und aufregend sein.

Der Abstieg nach Biasca zieht sich. Im oberen Teil ist der Weg zugewachsen und man sieht wegen der vielen Büsche die Tritte des Wanderweges nicht mehr. Dabei überstreckt Christian sein Knie und ich knicke meinen Fussknöchel unangenehm. Doch wir haben Glück, die Wanderstöcke verhindern heute wahrscheinlich Verletzungen.

Es ist Sommer geworden. Über 30 Grad sind es in Biasca. Auf dem letzten Stück ins Tal wandern wir auf einem komischen Waldweg, der zwar auf der Karte markiert ist, aber wohl nicht mehr gepflegt wird. Er kommt uns etwas unheimlich vor und wir witzeln, dass es uns nicht verwundern würde, falls auf einmal ein Skelett auftauchen würde. Wir nennen den Weg fortan «den gruseligen Mörderweg». Und das, obwohl wir ihn mitten am Tag gehen. In Biasca kommen wir auf einer eingezäunten Baustelle an, wo der Fluss uns den weiteren Weg versperrt. Die Brücke, die hier mal war, ist gerade im Neubau. Also klettern wir zum Fluss runter und können bei der Ankunft dem kühlen Nass nicht widerstehen. Es gibt eine kurze Badepause, bevor wir auf der anderen Seite wieder hochkraxeln und mehrere Kilometer auf heissem Asphalt ins Zentrum von Biasca gehen.

Hier verabschiede ich mich um 16 Uhr von Christian und um 16.02 Uhr steht schon Lara vor mir. Wow, was für ein zackiger Wechsel. Wenn Covid nicht gewesen wäre, hätte ich die Schweiz erst in der Mitte meiner gesamten Via-Alpina-Wanderzeit erreicht. Also in zwei Monaten. Dann hätte ich genau zur Halbzeit meine Besuche von Freunden und Familie gehabt. Denn weitere Anreisestrecken in die anderen Via-Alpina-Länder lohnen sich für ein Wochenende kaum. Und ausserdem ändern sich die Corona-Regeln ständig. Deshalb hat es sich nun so ergeben, dass ich zu Beginn meiner Wanderung viel Besuch habe und danach fast nur noch allein unterwegs sein werde. Etwas schade ist das schon.

Meine nächste Wanderbegleitung Lara kenne ich seit zehn Jahren. Wir haben in der gleichen Firma unsere Ausbildung gemacht. Mit ihr ist es immer lustig und sie ist sogar noch kleiner als ich – und auch eine Blondine. Im Doppelpack geben wir bestimmt ein gutes Bild ab. Ihr Rucksack platzt fast und ist auch nicht mehr der Jüngste. Ein richtiges Vintage-Objekt. Natürlich frage ich sofort, was sie denn alles eingepackt hat – bei einem so schwer aussehenden Rucksack. «Gestern haben wir Spagetti gemacht – ich habe alle Reste mitgenommen für das heutige Abendessen!», erzählt sie mir freudig. «Was, du hast wirklich ein riesiges Tupperware mit bereits gekochten Spagetti dabei? Das ist ja superschwer!» Um mich zwei Tage zu begleiten, hat sie sich sogar extra ein Zelt gekauft. Stolz erzählt sie mir, wie günstig es gewesen ist. «Nur 50 Franken!» Ich gönne ihr die Freude, weiss aber ganz genau, dass dieses Zelt bestimmt viel wiegt und harten Wetterbedingungen wohl nicht gewachsen ist.

Aber die folgenden Tage sollten zum Glück wolkenlos bleiben. Als sich herausstellt, dass Lara keine Schlafmatte dabeihat, bin ich kurz schockiert. «Aber Lara, ich habe dir doch geschrieben, du musst eine mitnehmen.» Doch sie erwidert: «Ach du, das macht nichts, ich schlafe auf meinen Kleidern, das ist doch easy für zwei Nächte.» In mir kommt ein ungutes Gefühl auf: «Aber es geht nicht darum, ob es bequem ist – vom Boden her kommt die Kälte hoch. Die Matte isoliert und ist fast noch wichtiger als der Schlafsack. Denn morgen werden wir auf ca. 2000 Metern übernachten.» Lara kann nichts umhauen: «Ach, es ist doch so warm, das geht schon.» Ein bisschen stresst es mich. Ich weiss, wie kalt es in den vorherigen Nächten war. Es ist ja immer noch Juni. Doch das verunsichert sie überhaupt nicht – ich mag ihre toughe und unbekümmerte Art. Ein richtiger Gute-Laune-Mensch. Als Geschenk hat sie mir ein wunderschönes Stofftaschentuch mitgebracht, das mich fortan jeden Tag begleiten wird.

Wir wandern los, doch wir kommen nur mühsam voran. Da wir eine Abzweigung verpasst haben, müssen wir einen Bach überqueren, der verdächtig schlecht riecht. Doch wir haben keine Wahl und hüpfen barfuss zur anderen Bachbett-Seite. Dort werden wir von vielen stacheligen Pflanzen empfangen, sodass das Schuhe anziehen keine einfache Sache ist. Etwas später bitte ich Lara um eine Pause. Mich plagen nun Blasen – lange hatte ich Glück. Aber Hitze und Asphalt sind nie gut für die Füsse. Und von beidem gab es heute mehr, als mir lieb war. Während dem Notstopp verarzte ich meine Füsse. Ich krame in meinem Rucksack, fische mein minimalistisches Necessaire raus und suche nach Pflaster, Tape und der Nagelschere. Lara versorgt mich gleichzeitig mit M&Ms, doch ich träume von eiskaltem Eistee. Ich hasse Hitze. Alles über 25 Grad ist mir zu viel. Nichts macht mehr Spass, ich fühle mich träge – die Wärme scheint mich in den Boden zu drücken.

Lara und ich beginnen von Pools in allen Formen und Variationen zu fantasieren.

«Also ich muss unbedingt einen Pool haben, wenn ich mal ein richtiges Zuhause habe! Aber er muss nicht gross sein. Lieber tief genug. So eine Art Brunnenbad wäre super, aus schönem Stein!», träume ich Lara laut vor. «Oh ja, dem stimme ich zu. Und dann laden wir uns immer gegenseitig ein, um unsere jeweiligen Pools mit Cocktails zu geniessen!», plant sie weiter. Das wäre doch noch was.

Während wir weitergehen, schauen wir uns im Wald nach potenziellen Zeltplätzen um, finden jedoch nichts. Es ist schon gegen 19 Uhr. Die Waldgrenze ist noch weit entfernt, somit bleibt uns nichts anderes übrig, als im Wald zu übernachten. Nicht so vertrauenerweckend. Doch ich bleibe positiv und wünsche mir vor dem Schlafengehen eine erfrischende Abkühlung. Dann geht es um eine Ecke und auf einmal ist er vor uns: dieser traumhafte Wasserfall, der ein grosses Steinbecken mit Wasser füllt. So ein Pool in meinem Garten (den ich nicht habe) wäre also auch schön! Da es schon spät ist, beeilen wir uns. Erst gibt's eine Erfrischung in unserem privaten Naturpool – die zwei Tage alte Salzkruste wäscht sich im kalten Bad von meiner Haut. Dann folgen die saftigen Tomatenspaghetti von Lara. An diesem schönen Ort schmecken sie sogar noch besser. Wir sind richtige Glückspilze, dass wir diesen Platz ganz für uns allein haben. Schnell wird es dunkel und wir verziehen uns nach diesem magischen Abend in unsere Zelte. Etwas mulmig ist mir trotzdem. Biasca ist nicht weit weg von hier, wer weiss, ob sich in der Nacht hier noch jemand rumtreibt. Bevor ich eingekuschelt einschlafe, hoffe ich, dass Lara diese Nacht nicht frieren wird.

Lara ist schon wach und bestens gelaunt, sie scheint gut geschlafen zu haben. Kalt war ihr überhaupt nicht. Ich fühle mich noch etwas zertrampelt und muss mich erst an das Licht gewöhnen. Da uns heute ein steiler Aufstieg bevorsteht, unterteilen wir diesen in drei Etappen. Es soll ja keine Qual werden, sondern eine schöne Wanderung.

Kurz vor dem Mittag haben wir bereits 1000 Höhenmeter Aufstieg hinter uns und erreichen eine Fläche auf 1300 Metern. Wir sehen in der Ferne schon ein paar kleine Hütten und eine saftige Wiese, um uns eine Pause zu gönnen. Gerade als sich der Wald lichtet, springt Lara auf und schreit: «Daaa! Oh mein Gott!» Gerade noch sehe ich, wie sie sich davonschlängelt und just in diesem Moment eine zweite in einer unglaublichen Geschwindigkeit den Baum, unter dessen Krone wir noch stehen, ansteuert und den Stamm hochklettert! «Was, Schlangen klettern auch in der Schweiz auf Bäume?!», stammle ich. Das machen doch nur die Schlangen im Dschungel, denke ich mir. Wir rennen davon, machen einen grossen Bogen um den Baum. Mir ist nun nicht nur von der Hitze ganz warm im Gesicht, sondern auch vom Schreck. Ein Grund, warum ich den PCT in Amerika nicht wandern wollte, waren die Klapperschlangen. Wir gehen etwas weiter als ursprünglich geplant, um Abstand vom Schlangen-Geschehen zu gewinnen. Mit noch immer wackeligen Beinen nehmen wir am Boden im Gras sitzend unser Mittagessen-Picknick ein. Ganz wohl ist uns hier nun nicht mehr. Was wenn noch eine kommt? Wir googeln die Schlange und finden heraus, dass es sich um schwarze Aspisvipern handelt, eine von nur zwei Giftschlangen in der Schweiz. Sie ist nur für Kinder und ältere, schwache Menschen tödlich. Wir sind beruhigt. Doch dann kommt mir der Gedanke, dass wir beide mit 160cm Grösse fast noch zu den Kindern zählen könnten. Obwohl ich Angst vor Schlangen habe und sie mich erschaudern lassen, habe ich schon öfters Schlangenarten gegoogelt und die Bilder angeschaut. Ich kann das Handy dann fast nicht mehr anfassen und doch ist es eine unerklärliche Anziehung. Für den Rest der Via Alpina wünsche ich mir, keine weiteren Schlangen-Treffen mehr zu haben. Wenigstens hilft der Gedanke, dass die Tiere auch Angst vor mir haben und auch diese beiden Tessiner Exemplare vorbildlich vor uns geflüchtet sind. Brave Schlangen.

Nach der Picknick-Pause geht es weitere 700 Höhenmeter bergauf – insgesamt sind es heute 1800 Höhenmeter Aufstieg. Ein strenger Tag. Doch wir wandern nicht auf dem Originalweg der Via Alpina. Wegen meines Sturzes vor ein paar Tagen habe ich Umwege in die Route eingeplant, um zwei steile Pässe umgehen zu können. Ich erwarte auch dort noch Schnee und will weder mich noch meine Begleitung dieser Gefahr aussetzen. Lieber direkt den Umweg antreten und so keine Zeit verlieren. Am Nachmittag erreichen wir endlich die Brogoldone-Hütte. Da wir nun auf 2000 Metern sind, wollte ich eine Hütte in der Nähe haben – für den Fall, dass es für Lara zu kalt werden könnte in der Nacht, so ganz ohne isolierende Matte.

Die Hüttenwarte sind sehr locker drauf, lassen uns für ein bisschen Geld duschen und wir buchen das Abendessen dazu. So lässt es sich geniessen. Hund und Katz gehören auch zur Hüttencrew und beide erfreuen sich an Streicheleinheiten. Nach dem Abendessen quatschen wir und bewundern den tief orangen Sonnenuntergang. So ein filmreifer Moment muss natürlich festgehalten werden und es entstehen wunderschöne Fotos, bevor der Wind wie verrückt an unseren Zelten ruckelt und wir uns zum Rückzug gezwungen sehen. Es ist bereits jetzt eiskalt. Ich google die Windstärke von heute Nacht. Es werden über 35 km/h gemeldet. Unsere Zelte sind zwar nah nebeneinander, aber ich muss richtig laut rufen, um Lara zu sagen, dass der Wind gegen 23 Uhr abnehmen wird. «Falls dir kalt wird, dann geh einfach mitten in der Nacht in die Hütte. Kannst danach immer noch eine Gebühr zahlen. Die Toilette ist ja geöffnet», schlage ich Lara vor. Auch sie hält das für einen guten Plan und ich bin erleichtert, dass wir neben der Hütte schlafen.

__ *Graubünden – Schweiz durchwandert*

Lara ist dann doch kalt, aber erst am Schluss der Nacht und sie steht es tapfer durch und wärmt sich in den frühen Morgenstunden beim Hütten-WC auf. Wir wandern nach dem Frühstück los, und zwar um den Berg herum, statt oben drüber. Erneut drückt die Hitze uns zu Boden. Auf dem Abstieg nach Graubünden ins Calancatal wird's richtig nervenaufreibend. Mittlerweile bin ich es gewohnt, ungemachte Wanderwege anzutreffen. Völlig zugewachsen – auch dieses

Mal. Einige Regionen sind noch nicht bereit für Wanderer, obwohl es schon gegen Ende Juni geht. Dieses Mal zögere ich. Am liebsten würde ich auf der Strasse bis ins Tal wandern, doch der asphaltierte Weg wäre viel länger und tut den Füssen nicht gut. Lara geht mutig voraus. Denn wir haben nun beide Angst vor weiteren Schlangen. «Was wenn ich im wilden Gewächs, wo ich kaum was sehen kann, auf eine Schlange trete?!», frage ich sie verzweifelt. Sie sagt, ich solle mich jetzt nicht so anstellen, sie schreitet voran, klopft dabei laut mit den Stöcken auf den Boden und ruft immer wiederholend: «Serpente attenzione! Serpente attenzione!» Vor Lachen mache ich mir fast in die Hose. Ich raffe mich auf, atme tief ein und gehe ihr in langsamen, bewussten – und doch lauten – Schritten hinterher. Teilweise verlieren wir sogar den Weg in diesem wilden Gewächs. Es ist ein mühsamer Abstieg und immer wieder kreuzen wir eine Alpstrasse. Als wir erneut die Strasse passieren, sehen wir wieder eine Schlange. Im Wald etwas später die vierte und in mir bricht eine verzweifelte und unentrinnbare Angst aus. Ich muss weitergehen. Schade, nun sind wir auf Bündner Boden, meiner Heimat. Hatte ich doch gehofft, dass die Schlangen im Tessin bleiben würden. Aber sie scheinen die Kantongrenzen nicht zu kennen. Somit gibt es offiziell auch Giftschlangen in Südbünden. Insgesamt bleibt meine Zählung bei den vier Schlangen in zwei Tagen. Vier zu viel.

Gegen Nachmittag kommen wir in Arvigo an und gehen bis nach Selma, ein kleines Dörfchen im Calancatal. Der Fluss Calancasca lockt uns so stark, dass wir die Steinbrücke mitten im Dorf überqueren und zum Fluss hinunterklettern, um uns zu erfrischen. Da Leute um uns herumspazieren, baden wir in T-Shirts und Unterhosen. So ist die Kleidung auch gleich «frisch» gewaschen. Am späteren Nachmittag verabschiede ich mich von Lara und sie steigt in den Bus, um ihren stundenlangen Nachhauseweg anzutreten. Jetzt bin ich wieder allein. Was soll ich nun tun? Im Moment der Unentschlossenheit hilft es einfach, weiterzugehen. Der Weg verläuft entlang der Calancasca. Es ist noch immer so heiss, dass ich nach einer Stunde aufgebe und am Fluss meine Wanderhose ausziehe und die Füsse abkühle. Der Fluss ist verdammt kalt. Trotzdem setze ich mich einmal mehr vollständig ins Wasser und telefoniere mit meinem Bruder Gian.

Er möchte wissen, ob ich mich in den vier Wochen schon verändert habe und was die Wanderung mit mir mache. Er könnte sowas nie, sagt er – viel zu langweilig. Ich erkläre ihm, dass es recht gut läuft und dass ich noch keine Mühe mit dem täglichen Wandern habe. Die Besuche machen die Reise sehr kurzweilig und durch die schnellen Regionen-Wechsel bleibt es immer spannend. Auf eine Erleuchtung warte ich nicht. Ich gehe die Via Alpina nicht, um etwas zu verarbeiten, und befinde mich nicht in einer Lebenskrise. Gian war im Sommer davor zwei Monate in einem chinesischen Shaolin-Kloster. Jeden Tag hatte er physisches Training und war in Topform. Doch den mentalen Aspekt hat er vermisst. Es gab zu wenig Meditationsmöglichkeiten, um sich mit sich selbst auseinanderzusetzen. Meine Wanderung empfinde ich als perfekte Kombination. Mein Körper leistet konstant, doch auch mein Kopf kommt in einen meditativen Zustand. Ich fühle mich frei. Losgelöst von allem. Erstmals seit langem habe ich keine Aufgabe. Es tut unglaublich gut.

Als ich weitergehe, geht es schon viel besser. Ich komme voran und erreiche nach einigen Stunden um 21 Uhr den Ort Valbella, ein Maiensäss zuhinterst im Tal. Einen guten Platz zum Zelten finde ich nicht. So entscheide ich mich unter Zeitdruck – es wird dunkel –, dass ich auf einer Steinterrasse bei einem verlassenen, heruntergekommen Chalet schlafen werde. Dort sieht mich niemand. Trotzdem packt mich immer wieder der Gedanke, ob hier doch noch jemand auftauchen und mich wütend verjagen würde. Aber das Tal wird immer enger und ist zudem stark bewaldet. Es ist einer meiner nicht so tollen Schlafplätze auf der Via Alpina. Es kann nicht immer wie gestern sein. Nach einer Portion Nudelsuppe stopfe ich mir die Wachsohrenstöpsel in die Ohren und schlafe ein.

Es ist schon Mittwoch, am Samstag endet die vierte Woche. Von Valbella geht es über den Trescolmen-Pass. Er solle schneefrei sein – hatte mir der Mann vor Sonogno vor ein paar Tagen gesagt. Sonst wäre ich vorsichtshalber vielleicht nochmals einen Umweg gelaufen.

Aber nun bin ich wieder auf dem originalen Via-Alpina-Weg. Die Gegend hier gefällt mir sehr, und als ich kurz vor dem Pass auf meiner Wanderkarte den Lagh de Trescolmen etwas abseits des Weges entdecke, entscheide ich mich spontan für einen Abstecher. Der See kommt auf meine *Liste der schönsten Bergseen, die man sich vorstellen kann*.

Es ist schon wieder unerträglich heiss, mein Shirt klebt an mir und obwohl ich die letzten Tage schon so oft gebadet habe, hält mich auch heute nichts davon ab. Oben liegt noch Schnee und das Schmelzwasser fällt als Wasserfall in den See. Er ist eiskalt, wie fast alle Bergseen im Juni. Ich gehe einmal kurz rein und gleich wieder raus. Der ganze Körper wird kalt und rot. Doch das Gefühl danach ist eines der besten. Deshalb liebe ich kalte Bergseen – sie sind absolute Stimmungsmacher. Man fühlt sich danach wie neugeboren. So gehe ich noch ein zweites und drittes Mal hinein, nur um nochmals dieses schöne, kalte Gefühl und dann die wärmende Sonne auf meiner Haut zu spüren. Ich bin ganz allein. Solche Momente sind die absoluten Highlights meiner Wanderung. Beim dritten Mal tauche ich ganz unter und schwimme ein paar Züge. Zu weit raus möchte ich nicht, immerhin bin ich allein und kaltes Wasser kann gefährlich werden. Als ich wieder an Land bin, kämme ich mir meine Haare und lasse meine nassgeschwitzte Kleidung auf einem Stein trocknen. Eigentlich denke ich ans Weitergehen, aber es ist so schön an diesem Platz. Am liebsten würde ich gleich hier zelten. Aber ich halte mich an den Zeitplan und breche wieder auf.

Am Nachmittag erreiche ich Pian San Giacomo. Ich kenne den Ort. Hier fährt man immer mit dem Auto durch, wenn man von Graubünden ins Tessin möchte. Ich hoffe auf ein Restaurant oder einen kleinen Shop. Aber es gibt absolut nichts. Langsam wird mein Essensvorrat knapp. Viele Lastwagen donnern vorbei und in der Nähe gibt es einen Rastplatz. Etwas weiter oben finde ich in der Nähe eines Pumpwerkes einen geeigneten Zeltplatz. Die unmittelbare Nähe zum Rastplatz und der Lärm des Pumpwerks gefallen mir nicht, doch ich habe schon neun Blasen an meinen Füssen und vor mir läge ein steiler Anstieg, wo es bestimmt keine Zeltmöglichkeiten geben würde.

Am nächsten Morgen dann ein kleiner Schock: Langsam geht mir alles aus. Das Essen wird knapp und nun scheint auch meine Powerbank leer zu sein. Komisch, gestern hat sie noch drei volle Handyladungen angezeigt. Heute blinkt die Powerbank nur noch und mein Handy hat sie auf knappe 30% geladen. Dabei geht es auf der heutigen Wanderung nach Italien. So werde ich wohl notfalls mit dem gps navigieren müssen. Obwohl ich es immer mittrage und es superschwer ist, finde ich die Handhabung im Vergleich zum Smartphone mühsam. Ich habe es nur als Back-up dabei und weil es einen Not-Knopf hat, um Hilfe zu alarmieren, falls ich in eine doofe Situation komme. Deshalb habe ich es auch griffbereit an meinem Rucksack-Riemen befestigt. Immer wieder fantasiere ich, wie ich stürze, mich irgendwo einklemme und nur Hilfe rufen kann, weil mein gps-Notrufgerät direkt greifbar ist. So ein bisschen im Stil des Filmes *127 Hours*, der von einer wahren Begebenheit erzählt, wo sich ein Mann den Arm in einem Felsen einklemmt.

Der Aufstieg heute ist lange, steil, waldig und sehr nebelig. Ich schwitze wie noch nie zuvor in meinem ganzen Leben. Es ist schwül. Bis ich nach dem steilen Aufstieg wieder pausieren kann, dauert es ein paar Stunden, aber dann blicke ich auf ein wunderschönes Hochtal und sehe in weiter Ferne schon den Passo di Baldiscio. Überall blühen pinke Blumen und ein Bach fliesst vom Pass hinunter. Da will ich hoch.

Auf dem Pass angekommen, bin ich bereits in Italien. Bis jetzt waren die Wanderwege immer bestens markiert. Hier hört dieser Luxus auf. Es gibt keine Wegweiser mehr und keine Zeichnungen des Wanderzeichens auf den Steinen. Man sieht mehrere Spuren – es sieht aus, als verlaufen hier drei Wanderwege direkt nebeneinander, einfach auf verschiedenen Höhenlinien. Das ist verwirrend. Normalerweise wäre ich nun alles mit meiner App gewandert. So kann ich sichergehen, dass ich den richtigen Weg treffe. Doch ich spare meine Batterie und lasse mich treiben. Trotzdem komme ich am richtigen Ort an. In Isola.

Wegen der mühsamen Handysituation buche ich spontan ein Hotel – mit meinen letzten Handyakkureserven. Da ich mich so sehr auf ein Hotelzimmer freue und jede Minute davon geniessen möchte, renne ich die letzten Höhenmeter ins Tal. Als ich ankomme, ist das Hotel aber noch geschlossen. Etwas weiter unten entdecke ich das Cardinello, wo ich einen Salat mit Käse bekomme – etwas Warmes gibt es nicht mehr, der Koch ist schon weg. Martino, der ältere Herr und Gastgeber, fängt an mit mir zu plaudern. Für ihn bin ich die *bella signorina*. Martino kennt sich aus. Er fragt mich, woher ich komme und wohin ich gehe. Diese zwei Eckdaten verraten ihm, dass ich auf der Via Alpina unterwegs bin. «Dann hast du jetzt Halbzeit, oder?», fragt Martino. Ich antworte in gebrochenem Italienisch, dass ich erst in der Schweiz gestartet bin, womit die Halbzeit noch fünf Wochen entfernt ist. Er erzählt, dass letztes Jahr auch ein Via-Alpina-Wanderer hier angehalten hat. Aus Frankreich war er und anscheinend von Kopf bis Fuss mit Sponsorenlogos übersät. Nach dem Zmittag checke ich im Hotel ein. Ein altes, aber gemütliches Zimmer. Ich versuche, mein Handy an der Steckdose zu laden und merke erst jetzt, dass das Ladekabel das Problem ist. Es lädt nur noch in einem ganz speziellen Winkel und die meiste Zeit muss ich dazu das Kabel halten. Ein neues Ladekabel muss so schnell wie möglich her! Meine Kleidung darf ich zum Waschen abgeben und nach einem leckeren Abendessen plane ich die kommenden Strecken und schreibe am nächsten Blogpost, bis sich meine Finger so verkrampfen, dass ich aufhören muss. Am Handy zu schreiben ist keine angenehme Sache. Aber die portable Tastatur, die ich dabeihabe, finde ich nicht praktischer.

Von Isola in Italien geht es heute zurück in die Schweiz. Die Strecke folgt der bekannten Via Spluga, einem alten Säumertrek, der seit etwa 2000 Jahren existiert. Der Weg ist teilweise in den Felsen gehauen. Wer hier wohl in den vielen Jahrhunderten schon alles durchgegangen ist? Beim Stausee angekommen, verlasse ich die Via Spluga und wandere in Richtung Innerferrera – zurück nach Graubünden. Beim Rifugio Bertacchi (Rifugio heisst Hütte auf Italienisch, in der Schweiz wird die Hütte im Tessin Capanna genannt) halte ich an und muss meine Schutzmaske anziehen. In der Schweiz haben wir (im Sommer 2020) noch immer keine Maskenpflicht, in allen Nachbarländern wird diese strikt umgesetzt. Der Hüttenwart meint, dass es nur 2,5 Stunden von hier bis nach Innerferrera seien. Später kommt er nochmals zu mir und sagt, es dauere vier Stunden. Die erstgenannte Zeit wäre für Trailrunner. Mist, dann werde ich zu spät ankommen. Wegen meines kaputten Ladekabels musste ich nämlich umplanen. In Innerferrera gibt es nicht viel, daher muss ich noch heute nach Thusis, in einen grösseren Ort, um ein neues Ladekabel zu kaufen. Der Bus fährt jedoch nur wenige Male am Tag. Aber ich will es versuchen und breche darum sofort auf. So schnell wie nur möglich wandere ich über den Niemet-Pass und kaum bin ich über der Grenze, ist der Wanderweg wieder markiert. Ein wohliges Gefühl breitet sich in mir aus. In meinem Heimatland bin ich am freisten. Nach genau 2,5 Stunden komme ich in Innerferrera an – also in Trailrunning-Zeit laut Hüttenwart. Ich war so schnell, dass ich nun sogar ganze 40 Minuten auf den Bus warten muss. Glücklicherweise gibt es ein kleines Restaurant und da der Koch schon weg ist (ein immer wiederkehrendes Problem), gibt es einen Eis-Coupe für mich als Stärkung. Mit dem Bus fahre ich nach Thusis und besorge mir ein Ladekabel. Der Wechsel fällt nicht zu meinen Gunsten aus. Es gibt nur ein einziges Ladekabel für mein iPhone und es ist ein extra langes – drei Meter! So viel unnötiges Gewicht. Aber ich habe keine Wahl. Als ich mit meinem Bruder Gian telefoniere, entscheidet er sich spontan, mich zu besuchen. Ich bin nur 40 Minuten Autofahrt von Flims, meinem Zuhause, entfernt. Er kommt, um mit mir ein Abendessen einzunehmen. Als mir der Kellner der Pizzeria aus Versehen den ganzen Eistee über meine Kleidung schüttet, treffe ich eine Entscheidung. Heute schlafe ich zuhause. Eigentlich wollte ich mit dem Bus noch zurück nach Innerferrera fahren und im Wald zelten. Doch das lange Ladekabel, meine Eistee-verklebte Kleidung und dass Gian gerade hier ist, machen die Entscheidung leichter. Ausserdem wäre für heute Nacht ein Gewitter gemeldet und da ich den ganzen Tag so schnell gelaufen bin, habe ich vergessen, mich einzucremen, und nun erstmals einen heftigen Sonnenbrand. Ich fahre mit Gian nach Flims, wasche in meiner Wohnung alle meine Sachen, tausche das Ladekabel mit einem anderen, leichteren und vor allem Multifunktions-Ladekabel (wichtig für E-Book und Powerbank), creme mein rotes Gesicht und die Arme mit Aloe-Vera-Creme ein und geniesse eine Nacht in meinem Bett. Und doch, es fühlt sich ein kleines bisschen wie Betrug an. Was denken wohl die Leute, die meinen Blog lesen?

Zur Hölle mit der Meinung der anderen – das sagt mir meine Grossmutter schon seit vielen Jahren (ohne dabei zu fluchen natürlich). Immerhin bin ich gerade zwölf Tage ohne Pause gewandert.

Wunderbar erholt steige ich schon früh morgens in Flims in den Bus und wechsle darauf in den Zug nach Thusis, um meine Wanderung fortzusetzen. Mein Genick schmerzt. Es ist feuerrot und die Reibung des Rucksacks äusserst schmerzhaft. Heute habe ich eine gemütliche Strecke vor mir – denke ich noch. Doch ich täusche mich. Obwohl ich gut geschlafen habe, mag ich heute gar nicht. Mich plagen Bauchkrämpfe und mein Energielevel ist so tief, dass ich einen Guarana-Notfall-Energie-Shot zu mir nehme. Der schmeckt mir zwar nicht, aber hilft tatsächlich. Um mich zu motivieren und auch abzulenken, höre ich ein Hörbuch der Autorin Jojo Moyes, das startet aber so traurig, dass ich selbst in eine tieftraurige Stimmung verfalle. Ich wandere und mir laufen die Tränen runter. Warum, weiss ich nicht genau. Irgendwann akzeptiere ich, dass heute wohl einfach nicht mein Tag ist. Solche Tage gibt es auch zuhause. Was dann jeweils hilft, ist der Gedanke, dass man sich abends auf sein Bett freuen kann und nichts tun muss. Auf der Via Alpina erwartet mich heute wahrscheinlich eine kalte Zeltnacht.

Auf der alten Averserstrasse quäle ich mich bis nach Juf. Juf ist das höchstgelegene, ganzjährig bewohnte Dorf in Europa – auf über 2000 Metern. Hier angekommen, warte ich auf Nadine, eine ehemalige Arbeitskollegin. Sie wird mich zwei Tage lang begleiten. Als sie ankommt, entscheiden wir spontan, im Dorfrestaurant «Gasthof Alpenrose» zu essen. Es ist unglaublich lecker und günstig. Nach dem Essen gehen wir noch knapp eine Stunde, bis wir im Hochtal einen perfekten Zeltplatz am Fluss finden. So nimmt der grundlos doofe Tag doch noch ein schönes Ende.

Die Nacht ist eisig! Und doch ist mir warm genug in meinem minimalistischen Quilt, während meine Freundin Nadine mit einem super dicken und flauschigen Schlafsack auf einer dünnen Matte schrecklich friert. Als ich aufwache, ist sie schon draussen. Die Sonne ist auf dem Hügelspitz hinter uns angekommen und Nadine wandert hoch, um sich oben aufwärmen zu können. Ich trödle heute, es ist so schön, manchmal einfach liegen zu bleiben. So kann ich die Erlebnisse der letzten Tage in meinen Smartphone-Notizen nachtragen. Nachdem wir den Morgen genossen haben, packen wir Zelte, Schlafsäcke und Matten wieder in den Rucksack und sind bereit, um vom eindrücklichen Hochtal bei Juf in eine noch schönere Gegend einzutauchen: den östlichsten Teil der Schweiz, das Engadin. Ich freue mich auf den heutigen Tag und bin über Nacht emotional und auch körperlich wieder zu Kräften gekommen.

Der Start gestaltet sich trotzdem nicht so unbeschwert wie gedacht. Wir überqueren den Fluss, um zur Aufstiegsroute zu gelangen, und kommen dabei mitten in eine Kuhherde. Als Bergmädchen weiss ich natürlich, wie man sich unter Kühen verhalten sollte. Ich sehe keine Kälber, somit sind es wohl keine Mutterkühe, trotzdem gehen wir in einem möglichst grossen Bogen um die Herde. Doch zwei Kühe entdecken uns und kommen freudig auf uns zu. Sie verwechseln uns wahrscheinlich mit dem Bauer, denn sie wirken, als würden sie von uns etwas erwarten. Die eine Kuh macht vor uns Halt und wechselt in unkontrollierte Sprünge. Da ist es uns nicht mehr wohlig zu Mute. Wir versuchen so schnell wie möglich den Zaun zu erreichen und dahinter in Sicherheit zu gelangen. Doch die zwei Kühe lassen sich nicht abschütteln und folgen uns – rennend! Kein Spass mehr! Kühe, die mich rennend verfolgen – der Vorsatz, Ruhe zu bewahren, ist dahin und so suche ich, so schnell ich kann, das Weite. Nadine macht das Gleiche. Das führt dazu, dass ich durch den Sumpf renne und schon zum ersten Mal an diesem Tag nasse Füsse bekomme. Nadine hat eine andere Fluchtroute gewählt, doch schliesslich schaffen wir es beide unversehrt auf die andere Seite und sind dankbar, endlich vom Zaun geschützt zu sein. Mein Herz rast und mein Brustkorb hebt sich zügig, ich brauche eine Pause. Jetzt sehen wir bei der Kuhherde eine Frau, die zu jeder Kuh hingeht und mit jeder einzelnen spricht und ihr etwas zu Essen gibt. Nun wird uns klar, dass die Kühe uns wohl mit ihrer Besitzerin verwechselt haben. Deshalb auch die Freudensprünge, als sie uns gesehen haben ...

Der Aufstieg bis auf den Pass Forcellina auf 2600 Metern geht danach leichtfüssig weiter. Immerhin sind wir am Morgen schon bei 2000 Metern gestartet. Die Gegend ist rau und in meinen Augen wunderschön. Ich liebe karge und alpine Gebiete. Hier gibt es Felsen und Steine in allen Grautönen, manchmal auch eine violette Bergblume. Wir queren einfache und flache Schneefelder und steigen nach der Forcellina wieder ab, um den bekannten Septimerpass zu kreuzen. Dort gönnen wir uns eine Pause im saftig grünen Gras und nicken beide kurz weg.

Ich wache auf, als deutsche Touristen laut diskutierend an uns vorbeigehen. Was im ersten Moment als unangenehmer Wecker wirkt, ist schlussendlich jedoch perfektes Timing – denn wir müssen weiter. Es folgt ein letzter Aufstieg auf den Pass Lunghin auf 2645 Metern, den wichtigsten Wasserscheidepunkt des europäischen Festlandes – so steht es auf einer Infotafel auf dem Pass geschrieben. Ein Regentropfen, der auf dem Pass Lunghin zu Boden fällt, hat drei Möglichkeiten ins Meer zu fliessen. Entweder über den Fluss Mera in den Po in die Adria, über den Fluss Julia in den Rhein in die Nordsee oder mit dem Fluss Inn, welcher in die Donau fliesst, ins Schwarze Meer. Dass hier drei Flüsse entspringen, ist in Europa einzigartig. Solche spannenden Fakten habe ich mir in der Vorbereitung nicht herausgeschrieben. Deshalb ist es sehr eindrücklich, an solchen geografisch wichtigen Orten vorbeizuwandern und regelmässig von der Natur überrascht zu werden.

Hinter dem Pass liegt der Lägh dal Lunghin. Ein weiterer Bergsee, bei dem Worte nicht ausreichen, um seine blaue Schönheit zu beschreiben.

Um ihn herum liegt noch viel Schnee. Doch Tagestouristen sind bereits ums Seeufer verteilt, sodass ich mich gegen ein Bad im See entscheide. Einen Bikini habe ich nicht dabei, nacktschwimmen vor so vielen Zuschauern mag ich nicht und in Unterwäsche wäre ungünstig, da ich dann mit den nassen Sachen weitergehen müsste und mir wohl meine Schenkel wundreiben würde. Den bekannten Reisswolf, also eine geschundene Stelle zwischen den Oberschenkeln, gilt es so lange wie möglich zu vermeiden. Schon viel habe ich davon gehört und gelesen. Glücklicherweise habe ich ihn trotz kräftigen Oberschenkeln noch nicht kennengelernt.

Wir steigen ab ins Dorf Maloja und ich kann an nichts anderes mehr denken als an Erdbeeren mit Schlagsahne. Ich träume Nadine über eine Stunde vor, wie fantastisch es doch wäre, wenn wir im Dorf fruchtige, süsse, kräftig rote Erdbeeren essen könnten. Sie versteht meine Gelüste noch nicht, aber als wir Maloja erreichen, hilft sie mir, einen Ort zu finden, wo ich mein Verlangen stillen kann. Doch auch nach umfassender Recherche von Menükarten und Nachfragen beim Servicepersonal reicht es schlussendlich nur für einen gewöhnlichen Fruchtsalat. Besser als Nichts. Wir entspannen und haben keine Eile weiterzuwandern. Das Tagesziel wäre erreicht. Mit dem Restaurant-WLAN kann ich einen Blogpost hochladen und nach 19 Uhr brechen wir nochmals auf, um den Lagh da Cavloc zu erreichen.

Nachdem wir den letzten Aufstieg des Tages hinter uns haben, campen wir versteckt am See und kochen gerade unser Abendessen, als mich meine Mutter anruft. Ohne mich vorzuwarnen platzt sie mit einer Schocknachricht heraus. Ein Freund unserer Familie hat eine Krebsdiagnose bekommen und nur noch wenige Wochen zu leben. Ich kann meine Tränen nicht zurückhalten. Ich bin geschockt und komplett überrumpelt von der Nachricht. Ich dachte, sie würde wie gewohnt um ein kleines Via-Alpina-Update bitten: «Wie geht's, wo bist du?» Ich versuche mich zusammenzureissen, beende das Gespräch, nachdem sie gefragt hat, wie es bei mir beim Wandern läuft, und bin wütend. Es fühlt sich nicht richtig an, jetzt einfach gleichgültig das Thema zu wechseln und über meine Erlebnisse zu berichten. Ich bin wütend auf diese unfaire Welt, auf die Krankheit Krebs, auf meine Mama, mich so zu überfallen. Aber wie übermittelt man schon korrekt solch traurige Nachrichten? Meine Familie ist mein Ein und Alles. Eine meiner grössten Sorgen auf der Via Alpina ist, dass ihnen etwas zustossen könnte. Gerade jetzt, wo wir noch so wenig über das Coronavirus wissen, bin ich besonders unsicher. Dass ich, wenn es meiner Familie schlecht ginge, sofort abbrechen und heimreisen würde, steht für mich ausser Frage. Schon zu viel habe ich in meinem Leben verloren und ich habe schreckliche Angst vor einem weiteren Schicksalsschlag. Ich denke an die junge Tochter unseres Familienfreundes – es bricht mir das Herz, dass sie vielleicht bald das Gleiche durchmachen muss wie ich, als ich meinen Vater verloren habe. Obwohl unsere Eltern alle einmal sterben werden, ist die Vorstellung, meine Mama eines Tages auch verlieren zu müssen, unaushaltbar. Seit ich denken kann, bereitet mir die Angst davor Albträume. Lebenslange Verlustängste sind anscheinend keine Seltenheit bei Kindern, die früh einen Elternteil verloren haben.

Nach der Schocknachricht mag ich nicht wirklich weiteressen und bin mit den Gedanken zuhause. Die Via Alpina erscheint mir jetzt gerade unwichtig und sinnlos. Was mache ich hier überhaupt? Und doch, vielleicht habe ich genau aufgrund meiner Geschichte früh gelernt, meine Träume zu leben und nicht lange damit zu warten. Schnell kann alles vorbei sein.

Mein Vater wurde nur 35 Jahre alt.

Nadine versucht, mich zu trösten. Diese Kombination aus Wut und Trauer ist tief in mir drin und kommt jetzt ungewollt zum Vorschein. Ich versuche, den Kloss in meinem Hals loszuwerden und mich abzulenken. Doch manchmal kann man nicht einfach alles wieder geradebiegen und sich zum Glücklichsein zwingen. Wir gehen beide schlafen. Ich denke viel an unseren langjährigen Familienfreund und seine Familie, hoffe, dass die Diagnose ein einziger grosser Irrtum ist, dass ein Wunder passiert. Traurig döse ich schlussendlich weg – gleichzeitig auch nervös wegen des kommenden Tages.

Am Morgen ist mein Kopf wieder klarer. Meine Stimmung ist gedämpft, doch ich bin überzeugt, dass mein Via-Alpina-Projekt für mich Sinn ergibt und ich von den Erinnerungen auch in Zukunft noch lange zehren kann. Unserem erkrankten Familienfreund schicke ich geistig viel Kraft – die Hoffnung stirbt zuletzt.

Nadine verabschiedet sich um 6.30 Uhr, sie wandert zurück nach Maloja, um wieder nach Hause zu fahren. Ich gehe zügig los in Richtung Italien, denn ab 9 Uhr erwartet mich starker Regen. Doch erst muss ich den Murettopass von Graubünden nach Italien überwinden. Schon gestern Abend versuchte ich am Berg die Route zu erkennen und sah nur weiss. Schnee. Von Weitem ist es schwierig, die Lage richtig einzuschätzen. Die Wanderung zum Pass ist weniger gefährlich als erwartet. Die Schneefelder sind flach und erst ganz am Ende wird es sehr steil auf einem felsigen Weg zum Passübergang. Ich bin wieder schnell unterwegs, doch kaum bin ich auf dem Pass, fallen die ersten Regentropfen. Sie lassen mir nicht einmal Zeit, die Regenjacke und den Plastik-Poncho anzuziehen. Nur zwei Minuten später prasselt gefühlt ein ganzer See auf mich nieder. Der Wind gibt sein Bestes, um mich auch von unten nass zu peitschen. Querregen! Meine Laune war schon heute Morgen mies. Nun ist sie richtig schlecht. Ich bin traurig und wütend auf das Wetter. Der Misere kann ich aber nur entkommen, wenn ich tapfer weiterwandere. Nach ein paar Stunden erreiche ich das Dorf Chiareggio in Italien. Mit einem Hörbuch in den Ohren funktioniert das Weiterkommen am besten, das lenkt mich in solchen Momenten von negativen Gedanken ab.

In Chiarreggio erblicke ich eine Pension, bestelle ein warmes Mittagessen, ziehe unter dem Tisch heimlich meine Schuhe und Socken aus und hoffe, dass sie trocknen mögen. Nach über zweistündigem Rumtrödeln frage ich, wie teuer die Zimmer sind. 30 Euro! Wow, ein Hotelzimmer mit Bad für 30 Euro kann man als Schweizerin unmöglich abschlagen. Dafür bekommt man in der Schweiz gerade mal eine Pizza mit Getränk. Der noch immer anhaltende Regen bestätigt meine

Entscheidung – aufs Weiterwandern habe ich null Bock! Meine Socken nehme ich direkt mit in die Dusche und auch die Hosen sind vom Matsch dreckig. Am Boden der Dusche sitzend schrubbe ich meine Sachen mit Seife ein, während über mir das warme Wasser von der Brause herunterprasselt. Mit dem Wifi rufe ich über WhatsApp meine Mama an, um nochmals über gestern zu sprechen. Es tut gut, richtig darüber zu reden, und ich finde meine Ruhe.

Am Morgen nach einem typischen italienischen Frühstück – meistens Zwieback oder andere harte Biscotti anstatt Brot – alles andere als ich es gerne mag, geht es in die Höhe. Ich erreiche den Lago di Palu auf 1800 Metern, einen See, der mich an mein Zuhause Flims erinnert. Er sieht aus wie der Caumasee. Nach dem Regenwetter von gestern ist heute wieder ein prächtiger Tag und so tummeln sich hier viele Leute. Ein Grund für mich, nicht anzuhalten. Nach einer Pause oberhalb des Sees verlaufe ich mich im Abstieg zum ersten Mal. Der Weg ist nicht mehr zu sehen und ich versuche mit meinem GPS-Signal wieder auf die Route zu kommen. Ich irre durch ein steiles, dicht bewaldetes Gebiet und hoffe, dass ich diesen Weg nicht zurückgehen muss. Als ich nach 40 Minuten Kampf durch den Wald den Weg entdecke, atme ich erleichtert auf. Geschafft – weiter geht's!

Nachdem ich eine Alp passiert habe, kommt der Weg an eine Felswand. Dort geht es in grossen Absätzen den Hügel hoch. Endlich erreiche ich am Stausee das Rifugio Zoia: eine schöne und saubere Hütte, hier esse ich Polenta mit Käse. Kurz überlege ich, hier zu schlafen. Doch als ich mit Hilfe des Hütten-Wifis herausfinde, dass das Wetter heute Abend trocken bleiben wird, breche ich auf. Es folgt ein zweiter Stausee und ein Blick auf mir bekannte Berggipfel. Hinter dem massiven Gletscher sehe ich den Piz Bernina – den östlichsten 4000er der Alpen – und den Piz Palü. Die Engadiner Berge lassen mein Herz höher schlagen. Auf dem Gipfel des Piz Palü bin ich schon gestanden.

Ich fühle mich frei und glücklich, ich bin schon über 30 Tage unterwegs und auf dem Weg von Italien zurück in die Schweiz, nach Poschiavo. Mein letzter Tag in der Schweiz! Die Zeit rast und obwohl ich jeden

Tag das Gleiche tue, wird mir nicht langweilig. Zu realisieren, was ich schon geleistet habe, lässt mich immer befreiter weitergehen. Es fühlt sich an, als hätte ich in den Füssen Federn, die mich hüpfend den Berg hochtragen. Auch der Rucksack verliert an Gewicht. «Wow, jetzt hast du die Schweiz im Juni durchquert!», spreche ich meine Gedanken laut aus. Unfassbar, das war eines meiner ersten grossen Ziele der Via Alpina. Schon das schien mir am Starttag des 31. Mai 2020 unmöglich.

Ich komme an einer weiteren Alp vorbei und erreiche am späteren Abend den Pass Cancian mit dem Grenzübergang in die Schweiz. Direkt beim Pass gibt es einen kleinen See. Ich befinde mich aber in einer Höhe, wo ich in der Nacht wohl frieren würde. Die Sonne ist auch schon verschwunden. Deshalb entscheide ich mich, weiterzuwandern und Höhenmeter zu verlieren, um in der Nacht nicht zu schlottern. Kein Schweiss-Abwaschen im See also. Nach einer Stunde wandern vorbei an Blumenwiesen, schlage ich auf 2200 Metern in der Nähe eines kraftvollen, rauschenden Bergbaches mein Lager auf. Mit dem dünnen, blauen Stofftuch von Lara wasche ich Gesicht, Beine, Arme und Füsse. Dank der späten Stärkung im Rifugio Zoia kann ich mein Abendessen heute auslassen. Mit dem E-Reader in der Hand setze ich mich auf einen Stein, staune über die Aussicht, höre den Glocken der entfernten Kühe zu und fokussiere mich auf die nächste Gebirgskette. «Da drüben, da geht es nach Italien, dann nach Österreich und weiter nach Slowenien», sage ich mir leise. Die Schweiz war eine Härteprüfung. Es war alles andere als ein gemütlicher Start in das Via-Alpina-Projekt. Und das im Juni. Wenn ich die Schweiz meistern konnte, dann schaffe ich den Rest auch! Diese positiven Gedanken erfüllen mich mit Stolz. Mein letzter Schlafplatz in der Schweiz liegt auf einem kleinen Vorsprung, umgeben von viel Grün, pinken Alpenrosen, dem Bach und Nebelschwaden, die immer wieder über mich hinwegziehen. Es könnte nicht schöner sein. Der Ort ist so perfekt, dass ich mir die Route aufschreibe, um hierher zurückzukommen.

Mit nur noch einem Ohrenstöpsel im Ohr erwache ich aus dem Tiefschlaf. Den zweiten finde ich im Schlafsack. Heute ist eine kurze

Strecke angesagt. Auf dem Weg nach Poschiavo treffe ich eine Katze, die mir um die Beine streicht, sodass ich mich direkt auf den Weg setze und die Schmuseeinheiten geniesse. Mit einem Stock spiele ich mit ihr. Irgendwann wird es Zeit, weiterzugehen. Ich will den Bus nicht verpassen. In Poschiavo angekommen, kaufe ich mir im Supermarkt Süssigkeiten und Früchte und warte, bis der Bus mich nach Samedan bringt. Von Samedan geht es weiter mit dem Zug. Nachdem ich die Schweiz durchwandert habe, mache ich einen Stopp bei mir zuhause. Denn ich muss meine Route ab dem kommenden Stelvio-Pass umplanen, um Zeit zu sparen. Die rote Via-Alpina-Route führt demnächst Richtung Liechtenstein und Deutschland. Auf der Karte ist dieser grosse Bogen in den Norden auch über Südtirol abkürzbar. Mit dieser direkteren Route werde ich meine Wanderzeit um zwei Wochen reduzieren können. Meine Chancen, noch bis Triest und später nach Monaco zu wandern, würden sich erhöhen. Zu Fuss an der Adria ankommen und danach auch noch am Mittelmeer, das ist mein Hauptziel. Dass ich eine Abkürzung nehme, hätte ich vor dem Coronavirus nie gedacht. Doch wegen des späteren Starts und den geschlossenen Grenzen haben sich meine Prioritäten geändert. Ausserdem wird meine Mama mich ab Poschiavo für fünf Tage begleiten.

__ *«Wie weit geht es noch?»*

Schon zwei Tage später sitzen Mama und ich gemeinsam im Zug. Als ich wieder in Poschiavo ankomme, bin ich nervös. Bisher hatte ich nur gleichaltrige Freundinnen dabei. Sie waren alle belastbar und fit. Meine Mama ist das zwar auch, aber ich möchte ihr keine Tortur zumuten. Deshalb haben wir entschieden, die nächsten Tage in Hütten zu übernachten. So müssen wir – und vor allem sie – nicht noch Zusatzgewicht für Essen und Zelt schleppen.

Die nächsten Tage teste ich also, wie es wäre, die Via Alpina als Hüttentour zu durchwandern. Als ich meine Wanderung geplant habe, habe ich nur wenige Informationen gefunden, wie die Route mit dem

Zelt machbar ist und welche Schwierigkeiten zu erwarten sind. In den Kommentaren auf der Via-Alpina-Webseite drehen sich die meisten Informationen um Unterkünfte. Wie das Frühstück in der Herberge X schmecke und dass die Gastgeber in der Hütte Y unfreundlich seien, dass die Pass-Unterkunft Z nicht mehr betrieben werde und man auf die Hütte Q ausweichen könne. Es scheint, als würden die meisten Wanderer jede Nacht in einer Unterkunft schlafen. Das ist meiner Meinung nach etwas entspannter – weniger tragen, immer ein sicheres Dach über dem Kopf, richtiges Essen. Dafür ist man aber auch unflexibel und muss immer schauen, dass man eine geöffnete Unterkunft findet. Gerade in diesem ersten Coronasommer gibt es viele Hütten, die erst gar nicht öffnen.

Zwei Etappen an einem Tag werden in der nächsten Woche nicht auf dem Programm stehen. Ich freue mich auf die etwas gemütlicheren Tage mit meiner Mutter. Obwohl, es stehen die bisher höchsten Pässe auf der Routenliste an. Bis auf 2843 Meter werden wir steigen.

Der Weg ab Poschiavo nach Malghera ist verwirrend. Zwei Mal verpassen wir eine Wegkreuzung. Einmal müssen wir umkehren und finden die Kreuzung, jedoch wundert es uns nicht mehr, dass wir sie verpasst haben. Der Weg ist zugewachsen. Wir kämpfen uns trotzdem durch. Über stachelige Pflanzen und umgefallene Baumstämme geht der Weg. Doch schon bald kommen wir wieder auf einen einfacheren Weg und pausieren im Schatten einer Alphütte. Die Hitze macht uns zu schaffen. Von dort führt der Weg zum Pass. Die Steine hier sind nicht mehr in einem gewöhnlichen Grau, sondern gelblich. Als ich ein Bild mache, staune ich, wie schön es hier ist. Längst ist die Schönheit der Natur alltäglich geworden, sodass ich sie nicht mehr bewusst wahrnehme. Doch dann mache ich ein Foto und auf einmal merke ich, wie traumhaft die Umgebung ist.

Der Aufstieg auf den Passo die Malghera gelingt mir mühelos, doch meine Mama kämpft. Ich warte oben auf sie. Im steilen letzten Stück fällt sie hin. Sie rappelt sich wieder auf und ich steige ohne Rucksack zu ihr ab. Doch sie schafft es ohne meine Hilfe auf den Pass und wir gönnen uns eine grosszügige Trinkpause. Mit meiner Mama zu wandern ist für mich eine neue Herausforderung. Einmal sagt sie ohne Vorwarnung: «Jetzt kann ich nicht mehr weiter.» Dann müssen wir an Ort und Stelle pausieren. Mir wäre es lieber, sie würde mich vorwarnen: «Ich kann bald nicht mehr, können wir demnächst an einem passenden Ort eine Pause einlegen?» Sie ist zäh und macht es gut, aber auf dem Pass gibt sie zu, dass sie die Route weniger anstrengend und steil erwartet hat. Sie sieht müde aus. Ich mache mir Sorgen, dass ich ihr zu viel zumute. Immerhin ist sie fast 30 Jahre älter als ich. Ausserdem sind wir nicht auf einer Tagestour, sondern auf jeden strengen Tag wird noch ein weiterer folgen.

Als wir absteigen, kommt uns ein Vater-Sohn-Gespann entgegen. Der junge Mann geht locker voraus, während der Vater sich hinter ihm hochkämpft. Sie sind aus Poschiavo und sagen uns, dass sie ziemlich geschafft sind. Die tapferen Mütter und Väter, die sich abkämpfen, um mit ihren Kindern in den Bergen eine schöne Tour zu machen. Das mag ich so sehr an meiner Mama: Sie ist bereit, aus ihrer Komfortzone herauszugehen.

So war es auch, als wir zusammen in Nepal waren. Ich wollte unbedingt eine Route mit einem 6000er-Gipfel machen. Sie hätte lieber einen einfacheren Trek gewählt. Schlussendlich haben wir eine Tour gefunden, welche für uns beide passte. Sie konnte in der Lodge warten, als ich den 6000er bestieg. Die restlichen drei Wochen waren wir immer gemeinsam unterwegs. So auch auf einem 5500 Meter hohen Pass. Auch da merkte ich, dass sich unsere Rollen zu verschieben beginnen. Früher schaute sie, dass es mir gut ging. Langsam ändert sich das, ich fühle mich mehr und mehr verantwortlich für sie. Aber sie ist eine Kämpferin und hat mir ihr Abenteurerinnen-Gen weitergegeben. Das kleine Medaillon *Lebe deinen Traum*, das sie mir für die Via Alpina geschenkt hat, hängt immer an meiner Halskette. Ich bin so dankbar, dass sie mich unterstützt und nicht sagt, ich solle lieber vernünftig sein, arbeiten, Geld verdienen, Karriere machen. Dafür ist das Leben zu kurz – das wissen wir.

Deshalb fand sie es auch bewundernswert, als mein Bruder Gian zwei Monate in ein Kloster nach China ging, um Shaolin zu praktizieren. Oder unterstützt meinen anderen Bruder Andri, der Profi-Sportler geworden ist und ebenfalls jeden Tag seinen Traum lebt. Nie hat sie uns gepusht, aber dennoch immer unterstützt, es ist ihr egal, was wir machen und ob wir klassisch beruflich erfolgreich sind. Hauptsache, wir sind glücklich.

Auf dem Abstieg kommen wir nach kurzer Zeit zum Malghera-See. Mittlerweile habe ich schon einige schöne Bergseen auf der Via Alpina kennengelernt. Doch dieser dunkelblaue See mit den kantigen Steinen am Ufer steigt direkt in die Top Drei auf. Ich ziehe mich sofort aus, um mich zu erfrischen. Seit meinem kurzen Abstecher zuhause habe ich nun trotz des Zusatzgewichts einen Bikini dabei. Es gibt nichts Besseres, als nach einem strengen Aufstieg bei heissem Wetter in einen eiskalten Bergsee zu steigen. Ein paar Züge schwimme ich. «Du gehst eh nicht rein, oder?», provoziere ich Mama. Sie hält den Fuss ins Wasser: «Uhh, das ist schon sehr kalt! Aber gib mir noch etwas Zeit, ich gehe schon noch baden!», sagt sie. Ich mache mich immer ein bisschen lustig darüber, dass sie nicht so gerne kaltes Wasser mag. Aber mittlerweile wird sie mutiger! Da staune ich immer wieder. Schliesslich überwindet sie sich und kühlt ihren Körper im See ab.

Ich gehe ein zweites Mal in den See und als ich rauskomme, schmerzt mein Fuss. Ich prüfe, was los ist und finde einen fünf Zentimeter langen Schnitt in meiner Fusssohle. Es sieht fast aus, als wäre ich in eine Scherbe getreten, aber es waren wohl die kantigen Steine. In der Wunde ist etwas Dreck. Doch auch mit dem Seewasser werde ich ihn nicht los. Als wir weiterwandern spüre ich die Wunde bei jedem Schritt. Unangenehm.

Die 45 Minuten vom See ans Tagesziel sind jedoch schnell vorbei und die Hütte ist ein Luxus. Das Bad ist schöner als meines zuhause und es gibt sogar eine Dusche. Als ich die Wunde nach dem Duschen prüfe, ist der Dreck noch immer nicht verschwunden. Mit Pinzette und Desinfektions-Spray von Mama bin ich schliesslich erfolgreich und wir gehen zum Abendessen. Nach den Pizzoccheri bin ich schon satt, doch es gibt noch Salat, Käse und italienischen Kuchen. Völlig überessen legen wir uns in zwei der vielen Kajütenbetten im Zimmer, es gibt keine weiteren Zimmergenossen. Für die Betten haben wir zwei Vliess-Überzüge bekommen. Diese kommen auf die Matratze und um den Schlafsack. Ein riesiger Materialverschleiss, um die Verbreitung von Covid-19 einzudämmen. Ich bin aber froh, dass die Hütte überhaupt geöffnet hat.

Am Morgen bin ich verspannt. Das Bett war hart wie ein Brett. Meine mit Luft gefüllte Schlafmatte im Zelt wäre da um einiges bequemer gewesen. Heute wandern wir auf den bisher höchsten Via-Alpina-Pass. Schon beim Frühstück bin ich nervös: Wie die Wegqualität sein wird, wie viel Schnee oben noch liegt, ob meine Mama genügend Kraft in den Beinen hat. Aber es geht bestens. Wir wandern vorbei an weiteren Bergseen. Auf dem Passo di Vermolera auf 2732 Meter angekommen, sehen wir Gämsen und auch, dass hinter dem Pass noch einiges an Schnee liegt. Aber erst müssen wir grosse Gesteinsbrocken überwinden. Wir brauchen die Hände als Stütze und kommen nur langsam vorwärts. Beim Schneefeld angekommen, rutsche ich geübt bergab, als würde ich Ski fahren. Meine Mama versucht es auch. Ich filme sie dabei. Sie ist noch etwas zittrig, rutscht immer kleine Stücke und fällt zweimal hin. Zum Glück ist die Schneelandung weich.

Nach den Schneefeldern erreichen wir einen weiteren Bergsee. Einen der schönen. Wir entscheiden uns, eine Pause zu machen, vielleicht wieder zu baden. Doch der gesamte kleine Bergsee ist mit einer Mückenschicht überzogen. Ein klares Nein zum Bad im Bergsee. Wir wandern nach Eita zum nächsten Rifugio. Wieder können wir duschen und ich kümmere mich um meinen Fuss. Und noch etwas bleibt gleich: die Pizzoccheri zum Abendessen, der Vliesüberzug und das harte Bett. In der Nacht heult der Wind so sehr, dass er an den Fensterbalken rüttelt und immer wieder gegen die Hauswand donnert. Trotz der Ohrenstöpseln kann ich kaum schlafen. Ausserdem plagt mich ein Gedanke. Ich habe vor ein paar Tagen zufällig einen Bericht des Schweizer Alpenclubs gelesen. Die Überschrift lautete «Bettwanzen auch in Schweizer Hütten». Davor hatte ich mich nie mit dem Thema beschäftigt. Aber jetzt kann ich neben dem lauten, heulenden Wind auch noch wegen meiner neuen Bettwanzen-Paranoia nicht schlafen. Immer wieder juckt es mich irgendwo. Ich finde keine Ruhe, und wünsche mich in mein Zelt. Die Hütten-Pizzocheri sind zwar ein Genuss, doch nach drei Mal in Folge könnte ich auch mal wieder eine Gaskocher-Nudelsuppe vertragen. Ich jammere, obwohl alles komfortabler geworden ist. Das zeigt mir, dass es richtig war, die Via Alpina mit dem Zelt zu wandern – und dass ich eine echte Jammerin bin ...

Auch der nächste Tag bringt uns zu einem glasklaren Bergsee. Leider schon eine Stunde, nachdem wir losgewandert sind, also zu früh für ein Bad. Die Route ab Poschiavo wird in meinem Kopf als Bergseen-Paradies abgespeichert. Auf einer gemütlichen Steinstrasse gehen wir über den Passo di Verva, steigen wieder ab und erreichen gegen Mittag unser Etappenziel Arnoga. Für heute haben wir keine Unterkunft gebucht und so entscheiden wir uns, weiterzuwandern. Die Strecke ist etwas langweilig und zäh, deshalb gebe ich meiner Mama ein kurzes Update über das Hörbuch, welches ich gerade höre, sodass wir gemeinsam weiterhören können. Nach fast vier Stunden und am Ende unserer Kräfte erreichen wir den Stausee Lago di Cancano, oberhalb von Bormio. Im Rifugio Monte Scale finden wir einen Schlafplatz. Das Highlight unseres Abends ist die herzige Familie, die die Hütte führt. Der kleine Junge Mattia bringt uns stolz sein Kätzchen Molly. Es ist noch ganz klein – die beiden sind ein unglaublich süsses Duo. Wir sind hin und weg! Mattia gibt es mir auf den Schoss und so darf ich Baby-Molly auch streicheln. In der Monte-Scala-Hütte hängt auch stolz das Bild eines Bären, der in der Nähe der Hütte fotografiert wurde.

Heute ist bereits der letzte Mutter-Tochter-Wandertag. Meine Mama ist froh. Am vierten Wandertag haben wir drei Passüberquerungen vor uns und sogar einen Aufstieg zur Dreisprachenspitze oberhalb des dritten Passes: des berühmten Stelvio. «Aber so streng wie die letzten Tage ist es schon nicht immer auf der Via Alpina, oder?», möchte Mama an ihrem letzten Tag von mir wissen. «Doch, eigentlich ist es jetzt sogar etwas gemütlicher, weil wir weniger tragen müssen und nicht zelten. Die Etappen sind normal, nur die Pässe sind zurzeit etwas höher», erkläre ich ihr. Sie ist enttäuscht. Allgemein war ich in den letzten Tagen nicht immer die perfekte Tochter. Einmal habe ich ihr vorgerechnet, dass ich allein eigentlich noch anderthalb Stunden brauchen würde, wir zu zweit aber wohl eher zweieinhalb benötigen würden. Das hat sie gekränkt. «Mama, ich bin mittlerweile trainiert – die Strecke, die wir in den letzten Tagen gemeinsam gemacht haben, würden die wenigsten Mamas durchziehen. Ich bin so stolz auf dich!», sage ich ihr, um sie aufzumuntern. Und das meine ich auch so.

Wir wandern zum ersten Pass. Schon bald treffen wir einen Bagger an. Wegen des Regens gab es viel Erdrutsch. Der Weg wird immer mal wieder von Schuttmaterial zugedeckt, sodass man darübersteigen muss. Der Bagger räumt den Schutt weg. Zu Fuss ist das Übersteigen des Schuttes gut machbar, doch dann kommt uns ein Fahrradfahrer entgegen. Mama ist die Kommunikative von uns beiden und verwickelt ihn in ein Gespräch. Es kommt raus, dass Patrick aus München von Salzburg nach Grenoble radelt. Auch mit Biwak-Ausrüstung. Er ist der erste Abenteurer, den ich antreffe. Mama erzählt stolz, dass ich auch auf einer langen Tour unterwegs sei, und holt mich ins Gespräch dazu, sodass ich ein paar Schritte zurückgehen muss. Wir quatschen ein bisschen und als wir aufbrechen, treffen wir etwa 20 Minuten später die Nächsten an.

Händchenhaltend kommen uns zwei Wanderer entgegen. Ihre Rucksäcke sehen aus wie Türme und es baumeln Tassen und diverse Gegenstände mit Karabinern am Rucksack. Ich erkenne sofort, dass sie nicht nur zwei Tage unterwegs sind, und spreche sie an. Die beiden sehen frisch verliebt aus, sind aber keine Teenies, sondern im Alter meiner Mama. Sie sind im Pustertal gestartet und wollen über 600 Kilometer wandern, bis nach Finale Ligure ans Meer. Sie werden von Juli bis September unterwegs sein, erklären sie mir. Die ersten Weitwanderer, die ich treffe! Ich freue mich. Doch ich sehe offensichtlich nicht wie eine Weitwanderin aus. Sie fragen mich nicht, wohin wir gehen, sodass Mama es ihnen einfach erzählt. Die beiden staunen nicht schlecht, ich werde etwas rot. «Aber in deinem Rucksack hast du nicht auch Zelt und Gaskocher, oder?», fragt mich die Frau. «Doch, doch, alles drin», antworte ich. Als sie weiterwandern, muss ich erneut einen Blick auf ihre Rucksäcke werfen und bin stolz. Mein Rucksack ist etwa halb so gross und ausserdem kann ich meine Ausrüstung auch mit niemandem teilen, um weniger zu schleppen. Mein Rucksack sieht ein bisschen wie ein zu grosser Tagesrucksack aus. Die intensive Recherche und meine Ausrüstungsoptimierungen vor dem Start haben sich schon mehrfach gelohnt.

Als wir auf dem ersten Pass ankommen, haben wir nicht mehr viel Wasser. Wir haben vergessen, unsere Flaschen in der Früh aufzufüllen und müssen Wasser sparen. Auf dem Pass hat es sechs Fahrräder und überall liegen Rucksäcke. So, dass es kaum Platz gibt, sich noch irgendwo hinzusetzen. Die Leute, denen die Sachen gehören, sehen uns und erkennen unser Platz-Problem, aber ignorieren es. Etwas genervt setzen wir uns hin und schieben einen Rucksack auf die Seite. Nach der Fuorcola steigen wir ab und kommen zum Umbrailpass, einem Grenzübergang zur Schweiz. Von hier ist es nicht mehr weit zu unserem Tagesziel. Doch Mama mag nicht mehr auf ihr Wasser warten und spricht fremde Leute an. Mir ist es peinlich – vor allem, weil ich nicht zugeben will, dass wir zu wenig Wasser dabei haben –, aber sie ist erfolgreich. Glücklicherweise kann ich mit sehr wenig Wasser auskommen und hätte es auch ohne noch bis ans Ziel geschafft.

Als ich ihr sage, dass der originale Weg nun von hier beim Umbrailpass zur Dreisprachenspitze führt, hat Mama keine Lust mehr. «Nein, da gehe ich nun nicht auch noch hoch – ich gehe über die Strasse direkt zum Stelvio-Pass!», entscheidet sie. Ich erhebe Einspruch: «Sicher nicht! Du wanderst nicht auf dem Asphalt der Passstrasse zum Stelvio, du hast ja vorhin selbst gesehen, wie die hier fahren. Die Autos, Fahrradfahrer und Töffs – das wäre lebensgefährlich als Wanderin auf der Strasse!» Mama ist kaputt und trotzt. Doch ich schaffe es, sie zu motivieren mit mir gemeinsam den Wanderweg zu gehen. Ich gebe ihr die Option, weiter oben kurz vor dem Pass querfeldein zur Strasse abzubiegen. Als wir so weit kommen, sieht die Abkürzung nicht ideal aus. Mama zieht weiter durch und kämpft. Endlich kommen wir bei der Dreisprachenspitze auf 2843 Metern an. Der neue höchste Punkt meiner Wanderung. Im Rifugio Garibaldi besorge ich ihr eine Cola. Sie hat das Ende ihrer Kräfte erreicht; kann nicht mehr lächeln, spricht nicht mehr – ich glaube, sie ist ein bisschen wütend auf mich, dass ich sie hier hochjagen musste. Ich rechne ihr vor, dass sie in vier Tagen 90 Kilometer und über 5000 Höhenmeter Aufstieg geschafft hat. Doch es dauert eine halbe Stunde, bis sie sich von den körperlichen Strapazen erholt hat.

Wir gehen die wenigen Minuten vom Gipfel zum Pass runter, checken in einem Hotel ein und geniessen ein Abendessen in einem Restaurant. Wir stossen auf Mama an und sie sagt, dass sie die Via Alpina niemals machen könnte. Doch ich glaube das nicht. Die Via Alpina wäre auch für sie ein machbares Projekt. Man kann sich die Etappen auch anders einteilen – beispielsweise strenge Tage halbieren und die Via Alpina in längerer Zeit abschliessen. Ausserdem findet man beim Wandern irgendwann seinen eigenen Rhythmus. Der Anfang ist immer schwer. Als ich nach dem Abendessen im Bad noch meine Kleidung von Hand wasche und zurück ins Zimmer gehe, schläft Mama schon tief und fest.

__ *Drama fürs Schweizer Fernsehen*

Am nächsten Tag geht Mama auf der Passstrasse zum Umbrailpass zurück und macht Autostopp. Ich bin nervös. Es nimmt sie aber niemand mit, denn so früh fahren kaum Autos über den beliebten Stelvio-Pass. Sie wandert etwa 45 Minuten bis zum Umbrailpass und dort kann sie per Anhalter bis Santa Maria in die Schweiz mitfahren, von wo sie mit den öffentlichen Verkehrsmitteln nach Hause reist. Ich verbringe einen Pausentag auf dem Stelvio-Pass, weil ich am nächsten Tag ein Treffen mit einem Reporter des Schweizer Fernsehens habe. An meinem freien Tag habe ich ausserdem ein Radio-Interview mit dem Bündner Radiosender *Südostschweiz.* Die Fragen für mein erstes Via-Alpina-Interview bekomme ich via WhatsApp. Beantworten darf ich sie als Sprachnachricht. Das ist super. So kann ich meine Antworten mit Stichworten vorbereiten, ganz so, wie ich es davor in meinem Job als Mediensprecherin gelernt habe. Jedoch ist es mein erstes persönliches Interview. Nervös bin ich trotzdem nicht, es macht mir Spass.

Am nächsten Tag gegen Mittag kommt Sandro, der TV-Reporter, an. Er ist mir mit seiner lockeren und unkomplizierten Art auf Anhieb sympathisch. Das Ziel wäre, dass wir draussen übernachten und er das Ganze mit der Kamera festhalten kann und mit Interview-Aussagen kombiniert. Doch es kommt alles anders.

Schon beim Packen sehe ich, dass Sandro ein typisches Festival-Wurfzelt dabeihat, es ist rund und mühsam zu tragen. Wir clippen es ihm an den Kamerarucksack. Bei einem Fernsehdreh muss man vieles immer wiederholen. Deshalb habe ich eine kurze Wanderstrecke eingeplant. Sandro stellt mir Fragen und filmt mich beim Wandern über Stock, Stein und Schneefelder. Auch mit der Drohne. Ich wandere hin und her – für perfekte Aufnahmen. Leider entpuppt sich der angedachte szenische Schlafplatz mit Bergsee als kleiner Bach mit ein bisschen Sumpf rundherum. Trotzdem kann man sich dort frisch machen und wir finden zwei schöne Zeltplätze. Mein ganzer Ablauf – meine tägliche Routine auf der Via Alpina – wird von Sandro fleissig dokumentiert. Eigentlich ist für heute Abend ein Gewitter gemeldet. Das hiess es in den letzten Tagen immer, doch es ist trotzdem nie zu einem Gewitter gekommen. Da ich weiss, dass das Fernsehen gerne eine Szene mit Zelt möchte, ignoriere ich die Wetterinfo – es wird schon nichts passieren. Im Interview mit Sandro rede ich selbstbewusst, wie einfach es oft ist. Man muss nur einen Fuss vor den anderen setzen, immer weitermachen. Nicht nur träumen, sondern leben.

Es läuft alles perfekt. Wir kommen zur Abendszene, wollen filmen, wie ich mein Abendessen vor dem Zelt zubereite. Den Blick auf die

Berge gerichtet, wo sich sogar ein kitschiger Regenbogen inszeniert. Da beginnt es zu stürmen und innerhalb von Sekunden bricht ein richtiger Platzregen über uns herein. Sandro rettet sich in sein Zelt und auch ich verschliesse meinen Zelteingang. Erst regnet es stark, dann beginnt es so hart auf mein Zelt herunterzuprasseln, dass ich stutzig werde. Ich öffne das Zelt einen Spalt und sehe zu meiner Überraschung, dass es hagelt – und wie es hagelt! Schnell wieder alles dicht machen. Ich hoffe, mein Zelt meistert diese Herausforderung. Was für ein Härtetest! Gleichzeitig mache ich mir Sorgen um Sandro im billigen Wurfzelt.

Ich liege angespannt auf meiner Matte. Es fühlt sich an, als würde das Zelt demnächst abheben und davonfliegen. Kurz überlege ich, ob das möglich wäre?! Wohl nicht, dafür bin ich zu schwer, aber vielleicht könnte sich die Zeltplane lösen und davongeweht werden. Dann würde es mir direkt ins Innenzelt regnen. Der Wind drückt die Zeltwand flach über mich hinweg. Die Zeltstangen drohen zu brechen. Dann der erste grosse Donner und Sekunden später blitzt es. Minuten vergehen. Es donnert und blitzt weitere Male. Als es eine kurze Unterbrechung gibt, renne ich aus dem Zelt zu Sandro. Ich krieche in sein Zelt, es ist schon überall nass und er sieht ziemlich geschockt aus über das, was da draussen gerade abgeht. «Sandro, wir müssen abbrechen. Ich habe hier kein Netz, aber wir müssen weg von hier. Wir sind zu ausgesetzt, mitten auf dieser Bergwiese. Pack deine Sachen zusammen, ich komme gleich wieder zu dir!», beauftrage ich ihn zum Rückzug.

Zurück in meinem Zelt wird alles notdürftig verstaut. Doch das Zelt kann ich bei diesem starken Wind nicht allein einpacken. Wir helfen uns gegenseitig. Der Regen setzt wieder stärker ein, als wir hilflos versuchen das Wurfzelt auf die richtige Grösse zusammenzufalten. Nach mehrmaligen Versuchen und mit der Anleitung in der Hand haben wir es immer noch nicht hinbekommen und geben auf. Es klappt nicht, wir sind zu gestresst. Wir müssen einfach nur weg hier. Sandro packt das Zelt irgendwie unter den Arm und wir flüchten in den Wald. Nach etwa 30 Minuten kommen wir zu einem Berggasthaus. Wir hoffen, dass es offen ist. Doch wir haben Pech. Es ist geschlossen.

Doch ich habe wieder Handynetz. Das Wetter beruhigt sich und ich telefoniere mit meinem Freund, er solle mir die nächstmögliche Unterkunft heraussuchen. Denn auch wenn ich eine Verbindung habe, so hat es trotzdem nicht genügend Empfang, um etwas zu googeln. Telefonieren funktioniert jedoch. Christian ist etwas überrumpelt, aber nennt mir nach nur wenigen Sekunden ein paar Hotels, die etwa zwei Wanderstunden entfernt sind, davor habe es aber nichts. Sandro macht noch ein Interview mit mir und danach wandern wir ins Tal. Um 22 Uhr kommen wir im Dorf Stelvio an. Der Regen hat ganz aufgehört, doch wir sind beide nass und freuen uns auf das Hotel. Als wir ankommen, verzieht sich jeder in sein Zimmer, duscht und danach treffen wir uns zu einem Eistee an der Bar. Als ich mich gegen Mitternacht schlafen lege, denke ich darüber nach, was das wohl für ein TV-Beitrag wird. Die doofe kleine Blondine, die Naturgefahren ignoriert und dann ins gemütliche Hotel flüchtet. Dass ich, wenn ich allein gewesen wäre, bei Gewitter-Meldung nicht diesen Zeltplatz gewählt hätte, sondern vielleicht einen neben der geschlossenen Unterkunft, um durch die zusätzliche Hauswand besser geschützt zu sein, ist mir eine Lehre. Auch wenn das Fernsehen dabei ist, muss man immer auf sein Bauchgefühl vertrauen. Die Zeltszene wäre dann zwar nicht so romantisch rübergekommen, aber dafür hätte sich wohl nicht dieser dramatische Rückzug abgespielt. Dass der TV-Beitrag jedoch bestimmt nicht langweilig wird, das ist klar. Nervlich erschöpft schlafe ich ein.

— *Direkter Weg in die Dolomiten*

Sandro nimmt am nächsten Tag den Bus zurück zum Stelvio-Pass, um von dort aus mit seinem Auto nach Zürich zu fahren. Es regnet ununterbrochen und ich breche in meiner Regenmontur auf. «Ich kann nicht glauben, dass du in diesem Regen weiterwanderst!», sagt er. Für mich ist es nicht so schlimm. Die heutige Etappe findet im Tal statt, da macht mir der Regen nur wenig aus, er wird auch nicht zur Gefahr. Wir umarmen uns zur Verabschiedung, ich bedanke mich bei Sandro und hoffe, er hat keinen zu grossen Schock bekommen. Er sagt immer wieder, wie tough ich sei, das einfach so durchzuziehen. Nach meinem ersten Zeltabbruch und der Nacht im Hotel komme ich mir aber alles andere als tough vor.

Als ich loswandere, weiss ich, dass mich nun viele langweilige Kilometer im Vinschgau erwarten. Ich verlasse die Via-Alpina-Strecke, um zwei Wochen Wanderzeit zu sparen, und wandere direkt nach Meran. Nach knapp 36 Kilometern wandern bei Regen stoppe ich bei einem Café und bestelle ein Sandwich. Dort spricht mich die Kellnerin Nora an. Sie fragt mich, ob ich eine Weitwanderin sei, und ich bejahe. Sie ist begeistert, sie habe eben das Buch von Cheryl Strayed, der Frau auf dem PCT, gelesen und es fasziniere sie unglaublich. Wir quatschen ein bisschen und sie erzählt mir von der schlimmen Trennung von ihrem Mann, den zwei Kindern und vom Traum, auch so etwas zu machen, obwohl sie bisher erst sehr selten wandern war. Ich erzähle ihr von meinem Blog und schreibe ihr weitere Buchtitel auf einen Zettel, die sie inspirieren könnten. Via Instagram bleiben wir künftig in Kontakt. Ich wünsche mir für Nora, dass sie auch mal etwas so Schönes erleben kann. Als ich das Café verlasse, fühle ich mich frei und glücklich. Es tut gut, nach einem langweiligen Wandertag bei Regen ein schönes und auch persönliches Gespräch führen zu können. Die Geschichten, die sich hinter jedem Menschen verbergen, sind berührend.

Den Abend verbringe ich auf einem Campingplatz in Latsch, da überall Zivilisation ist und ich mich nicht mehr traue, wild zu zelten. In drei Tagen wandere ich 90 Kilometer bis nach Meran. Es ist heiss und jeden Abend plagt mich ein Ausschlag an meinen Unterschenkeln und Füssen. Ich sehne mich nach Kühlung. Am letzten Abend vor Meran ist mein Highlight, dass der Campingplatz neben einem Freibad ist und ich im Pool den Abend ausklingen lassen kann. Ausserdem gibt es im Vinschgau unfassbar leckeres Essen in den kleinen Restaurants am Weg – somit genügend Optionen für stärkende Pausen. Aber die flache Strecke gefällt mir gar nicht. Ich wandere die meiste Zeit auf einem Fahrradweg. Als ich am dritten Tag morgens um 9 Uhr in Meran ankomme, bitte ich meinen Arzt in Flims telefonisch um ein Rezept für meinen Ausschlag. In der Apotheke im Zentrum kaufe ich mir danach eine Cortisonsalbe, die meine Beschwerden lindern soll. Die Hitze und die langweilige Asphaltstrecke haben mir zugesetzt. Ich komme zum Schluss, dass mir 30 Kilometer pro Tag leichter fallen, wenn sie in den Bergen zu meistern sind. Trotz ständigem Auf und Ab.

In einem Café mitten in Meran gönne ich mir ein Frühstück, schreibe ein paar Postkarten und warte auf meine nächste Wanderbesucherin: Selina. Selina ist in der gleichen Gegend wie ich aufgewachsen und wir kennen uns schon seit 15 Jahren. Als ich ihr vor Monaten von meinen Via-Alpina-Plänen erzählt habe, war sie die Erste, die sich sofort für einen Besuch angemeldet hat. Sie reichte eine Ferienwoche im Juli bei ihren Vorgesetzten ein. Ursprünglich war der Plan, dass sie mich im Tessin begleiten würde. Doch wegen Corona kam die ganze Routenplanung komplett durcheinander, da ich ja nicht in Monaco starten konnte. Deshalb ist sie nun mit dem Zug bis nach Meran gereist, um ab hier fünf Tage mitzuwandern. Es freut mich sehr, dass sie ihr Wort gehalten hat und sogar die lange Zugreise auf sich genommen hat. Um 10 Uhr kommt sie an und eine Stunde später wandern wir bereits los. Es ist wieder ein absoluter Hitzetag und kurz bevor wir aus der Stadt rauswandern, entscheide ich mich, ein Deo zu kaufen. Erneut wird mein Rucksack ein kleines bisschen schwerer. Bikini, Flip-Flops habe ich bei der einen Nacht in Flims neu dazu gepackt – und nun ein Deo. Dafür keinen Wasserfilter mehr, keine Steigeisen (es ist jetzt Hochsommer) und keine portable Tastatur. Diese drei Gegenstände habe ich aussortiert und in Flims gelassen, da ich dafür keine Verwendung hatte.

Selina hat ihre gesamte Ausrüstung von ihrer Arbeitskollegin ausgeliehen, die den PCT gewandert ist. Doch die beiden sind unterschiedlich gross und schnell wird klar, dass der grosse rote Wanderrucksack Selina noch Schwierigkeiten verursachen würde. Wir wandern am ersten Tag von 300 Metern auf über 2000 Meter. Selinas Hüften werden vom Hüftgurt des zu langen Rucksacks schon bald wundgerieben. Gegen 20 Uhr finden wir etwas oberhalb des Sarntals eine Grasfläche abseits der Forststrasse in der Nähe einer Skiclubhütte. Wir sind ziemlich fertig und kochen auf den kleinen Gaskochern jeder für sich selbst ein Abendessen. Selina hat ein ultraleichtes Z-Packs-Zelt dabei. Das Aufbauen ist nicht ganz einfach, denn damit es aufrecht steht, muss ein Wanderstock als Zeltstange verwendet werden und die Zeltblache perfekt gespannt sein. Im Vergleich zu ihrem Zelt habe ich ein Luxuszelt. Ich war immer sehr neugierig, wie es wäre, mit so einem Zelt zu wandern. Diese Zelte kommen meistens aus den USA und sind nicht im Schweizer Handel erhältlich. Daher kann man sie nicht anschauen und sich eine Meinung darüber bilden. Endlich habe ich den Vergleich und bin froh, dass ich mit meinem Hubba-NX-Zelt von MSR bestens ausgerüstet bin. Es ist zwar schwerer, aber auf jeden Fall gemütlicher, wenn man so lange in einem Zelt wohnt.

Wir haben bereits geschlafen, als um 22 Uhr ein Auto anhält und uns mit seinen Scheinwerfern anleuchtet. «Selina, bist du wach?», rufe ich durch die Zeltwand. «Ja, Mist, was machen wir jetzt?», fragt sie. «Gar nichts, einfach nicht aus dem Zelt raus. Der geht schon wieder», antworte ich. Es dauert ein paar Minuten, bis das Auto wieder verschwindet. Mit einem mulmigen Gefühl schlafe ich wieder ein und erwache erneut, als um 4 Uhr früh ein Töfffahrer mit Vollgas die Strecke vor unseren Zelten hoch- und runterrast. Merkwürdig, was suchen die Leute mitten in der Nacht auf dem Berg?

Selina hat miserabel geschlafen. Die erste Nacht allein in einem Zelt ist oft etwas gewöhnungsbedürftig und dann wird man bei der Premiere auch noch zwei Mal in der Nacht geweckt. Wir wandern talwärts bis nach Sarnthein und steuern auf direktem Weg die Dorf-Apotheke an. Ich brauche eine andere Salbe, mit der Cortisonsalbe erziele ich keine Besserung für meinen hartnäckigen Ausschlag und Selina braucht eine Wundsalbe für ihre Hüften. Wir verbringen fast eine Stunde in der Apotheke und ich bekomme neben der neuen venoaktiven Salbe auch Thrombose-Strümpfe. Mittlerweile habe ich mit Recherche und durch mein Telefonat mit meinem Arzt in der Schweiz herausgefunden, was mich plagt. Es sind Kapillarblutungen. Sie werden auch «Purpura d'Effort» oder «Wanderkrätze» genannt: ein Ausschlag, der vermehrt bei Frauen ab 50 Jahren auftritt. Im Normalfall bei andauernder Überbelastung und Hitze. Eine Durchblutungsstörung, die einen Ausschlag verursacht, der zu jucken beginnt. Anscheinend nichts Besorgniserregendes, aber mühsam.

Nach Sarnthein geht es in der Hitze auf die 2468 Meter hohe Sarner Scharte. Sie will nicht näherkommen und ich beginne zu schwächeln und zu jammern, während Selina noch fit ist. Nach der Sarner Scharte wandern wir nach Klausen, ein Dorf direkt an der Brenner-Autobahn. Bereits der Aufstieg war heute anstrengend, aber bei einem Abstieg von 2400 Höhenmeter an einem Tag ist auch für Selina Schluss mit lustig. Um 17 Uhr erreichen wir eine Berghütte, wo wir noch feine Kasnocken zur Stärkung essen, bevor die Bedienung uns demotivierend mitteilt, bis nach Klausen dauere es bestimmt noch drei Stunden. Hilfe, wir sind beide schon so fertig! Wir würden noch bis fast 21 Uhr unterwegs sein. Wir jammern den ganzen Weg bis ins Tal, die brennenden Füsse sind längst plattgelaufen. Mein Ausschlag hat zudem ein neues Level erreicht und auch Selinas Hüfte geht es gar nicht mehr gut.

Als wir beim Campingplatz in Klausen unter der Autobahn ankommen, schaffen wir es gerade noch, das Zelt aufzubauen, bevor die ersten Regentropfen fallen. Unsere roten und heissen Köpfe freuen sich über eine ausgedehnte Camping-Dusche und danach werden alle schmerzenden Stellen verarztet. «Selina, hey, das wirst du nicht glauben, wir sind heute 41 Kilometer gewandert!», lese ich die Daten aus meiner Sportuhr laut vor, als ich meine Haare trocken föhne. «Das ist ein neuer Rekord und du bist dabei!», lobe ich sie. Selina ist zäh, nicht mit jedem Besuch hätte ich mein Programm so durchziehen können. Jetzt verstehen wir auch beide, weshalb wir so erschöpft sind. Mit den 2500 Höhenmetern Abstieg und 1500 Aufstieg war das eine echte Killer-Etappe. Doch Pause ist nicht in Sicht. Morgen geht es weiter ins Villnösstal.

Nach einer Regennacht auf dem Campingplatz überqueren wir unterirdisch die Brenner-Autobahn und gehen einen grossen Teil auf Asphalt ins Villnösstal. Es gibt keine guten Wege, die Strasse ist gefährlich und wir fühlen uns unwohl. Nach einem Tipp einer Einheimischen wandern wir einen Umweg von Teis nach St. Peter, aber kommen so zumindest auf einen Forstweg, wo die Autos nicht mehr mit 80 km/h an uns vorbeidonnern. Schon seit einer Woche kämpfe ich mit Motivationsproblemen. Seit dem Stelvio-Pass bin ich sehr viele Kilometer gewandert und es war ständig sehr heiss.

Wir spazieren an mehreren Briefkästen vorbei, die mit *Messner* angeschrieben sind. In St. Peter angekommen, dämmert es mir, dass dies die Gegend des bekanntesten noch lebenden Bergsteigers ist: Reinhold Messner. Was für eine coole Überraschung! Wir pausieren in einem Restaurant und während Selina sitzen bleibt, erkundige ich mich bei der Gästeinfo. Ich erfahre, dass Reinhold Messner in St. Peter aufgewachsen ist. Sein Bruder Günther, der auf einer gemeinsamen Expedition gestorben ist, hat hier sein Grab. Wir gehen zur Kirche, schauen den Friedhof an, aber finden das Grab nicht.

Wir wandern weiter und steuern das Dorf St. Magdalena an. In der Gästeinformation bin ich nämlich auf den Geschmack gekommen. Dort hat es Hotelbroschüren gegeben und eine Unterkunft gefiel mir ganz besonders gut: ein modernes Hotel, alles aus Holz und mit einem Pool. Dort will ich hin! Auch Selina findet die Idee gut und so entscheiden wir, zwar noch einige Kilometer zu wandern, uns aber als Belohnung eine schöne Hotelnacht zu gönnen. Ein weiterer Grund ist, dass ich meine bisherigen Wanderkilometer zusammengezählt und bereits die 1000-Kilometer-Marke geknackt habe. Perfekt, das muss mit einem bequemen Hotelbett und einem Sprung in den Pool gefeiert werden. Wir lassen uns im Hotel «Tyrol Dolomites» nieder und relaxen im warmen Whirlpool draussen im Garten, lassen unsere Wäsche waschen, duschen ausgiebig und essen feine Gnocchi zum Abendessen.

Wir sind wieder bei bester Laune und ich merke, wie meine Motivationskrise immer kleiner wird. Ich freue mich sogar auf den nächsten Wandertag, denn bald stosse ich wieder auf die originale Via-Alpina-Strecke. Die Strecke der letzten Tage hat mitunter zu meiner Krise geführt. Es war zu Beginn im Vinschgau bei Meran sehr flach, danach brütend heiss und darauffolgend streng mit steilen Auf- und Abstiegen – und zusätzlich vermisse ich die Via Alpina. Es fühlt sich anders an, nicht auf dem Originalweg zu wandern. Irgendwie wird der Trail zu einem Zuhause; das Einzige, was jeden Tag gleich ist, ist meine Route, die Via Alpina. Die Konstante. Ich freue mich so sehr, bald wieder dort zu sein!

Nach der erholsamen Nacht im Hotel muss ich mich überwinden, aufzubrechen. Ich könnte locker eine Woche hierbleiben. Relaxen mit dem traumhaften Ausblick auf die Geislerspitzen ... Tapfer brechen wir trotzdem auf und wandern zuerst bei warmen Temperaturen. Doch um 12 Uhr gibt es einen drastischen Wetterwechsel. Ein richtiges Sommergewitter. Ein Glück, das wir direkt vor einem Bergrestaurant sind. Das Wetter zwingt uns zur Einkehr und so gibt es einen Brombeer-Strudel zum Teilen. Wir wandern wieder weiter und nur zwei Stunden später das exakt gleiche Spiel. Wir kommen auf einen Pass für Ausflugstouristen mit dem Auto oder Fahrrad, als es erneut wie aus Eimern zu schütten beginnt. Wir entscheiden uns für eine weitere Pause. Der dritte Anlauf, endlich ein paar Stunden am Stück zu wandern, endet auch im Regen. Wir starten im Trockenen, doch kurze Zeit später wechselt es schon wieder in einen Platzregen. Wir setzen uns bei einem Stall unter ein Dach. Nach der dritten Pause schaffen wir es endlich in einem Stück bis San Martino in Badia. Selina hat sich entschieden, von hier aus am nächsten Tag nach Hause zu reisen: etwas früher als geplant, denn ihre geschundene Hüfte schmerzt immer mehr. Deshalb steuern wir das kleine 300 Jahre alte Hotel Dasser an. Für die Zeltplatzsuche wären wir ohnehin schon zu spät dran und einen Campingplatz gibt es nicht. Das Spezielle an San Martino ist seine Dreisprachigkeit. Hier wird deutsch, italienisch und ladinisch gesprochen. Fast wie bei mir zuhause in Graubünden, wo man deutsch, romanisch und italienisch spricht. Ladinisch und romanisch sind miteinander verwandte Sprachen. Bevor wir schlafen gehen, kümmere ich mich um meine neue tägliche Tagesroutine. Ich creme meine Beine ein und halte sie einige Minuten in die Luft. So, dass das Blut aus den Beinen auch mal wieder in eine andere Richtung fliessen kann.

Nach einer ruhigen Nacht und dem Frühstück verabschiede ich mich von Selina. Aber nicht ohne Aufregung. Wäre der Hotelgastgeber nicht gewesen, hätte sie den Bus wohl verpasst. Die Bushaltestelle ist nämlich nicht dort, wo wir dachten. Die richtige Bushaltestelle liegt ausserhalb des Dorfes und so fährt Herr Dasser Selina mit dem Auto dorthin. Wir können uns nur noch kurz umarmen und schon ist sie weg.

Ich bin wieder allein. Ein weiterer anstrengender Tag steht auf meinem Programm. Fast zehn Wanderstunden und zwei grosse Aufstiege mit insgesamt 1700 Höhenmetern. Heute Abend werde ich am Pragser Wildsee wieder die Via Alpina erreichen. Trotzdem bin ich nicht sehr motiviert, wieder so einen strengen Tag vor mir zu haben. Es hat mich bereits am Vorabend so sehr geplagt, dass ich sogar in der Nacht davon geträumt habe, dass mich jemand mit dem Auto mitnimmt. Ich bin im Traum per Anhalter ein paar Kilometer in die Richtung des Pragser Wildsee gefahren. Noch während ich im Auto gesessen bin, bin ich zur Vernunft gekommen. Eine Fehlentscheidung. So habe ich noch im Auto sitzend bereits die mühsame Rückreise nach San Martino in Badia geplant, um die Strecke doch zu Fuss zu gehen. Immerhin wollte ich meine eigenen Prinzipien nicht über Bord werfen. Als ich aufgewacht bin, war ich so erleichtert, dass es nur ein Traum war. Mein Ziel war es nämlich, nie Auto, Bus, Zug, Schiff, Bergbahn oder Fahrrad zu benützen. Alles zu Fuss, ohne Ausnahmen. Und wenn ich mal in einen Bus gestiegen bin aus organisatorischen Gründen, dann bin ich am nächsten Tag wieder an den Ausgangspunkt zurückgegangen und wieder exakt von da weitergewandert.

— *Menschenmassen in den Dolomiten*

Obwohl ich nicht bei vollen Kräften bin, komme ich auf der heutigen Tagesstrecke gut vorwärts. Ich beisse auf die Zähne, im Wissen, dass nach heute kürzere Etappen folgen. Ausserdem habe ich bald Besuch von jemandem, den ich täglich vermisse. Mit diesen positiven Gedanken erreiche ich mit Leichtigkeit den ersten Pass. Ich steige ab nach San Vigilio, ein kleines Dorf, mache eine Trinkpause und steige nach dem Mittag auf der anderen Hangseite wieder auf.

Ich treffe einen E-Biker, der mich über mein Projekt ausfragt und begeistert ist. Danach sehe ich unterwegs einen Weitwanderer vor mir. Er stützt sich immer wieder mit seinem gesamten Brustkorb über seine Stöcke und schaut zu Boden. Ich hole ihn ein und bin mir nicht sicher, ob es ihm gut geht. Deshalb frage ich, ob alles okay ist. Er meint, es sei einfach sehr anstrengend. Er sei nun seit zwei Wochen unterwegs. Er fragt mich, wo es Wasser gebe, und ich erkläre ihm, dass nach dem Pass eine Berghütte komme. Dort könne er einkehren. Für den Moment habe er noch genug dabei, aber abends finde er es schwierig, Orte zu finden, wo er seine Wasserreserven auffüllen könne.

Nach dem Gespräch gehe ich weiter und bin ganz aufgeregt. Nur noch wenige Meter und ein Pass trennen mich von den Dolomiten. Ich war noch nie hier. Als ich die Passhöhe erreiche und die Berge sehe, ist das ein unbeschreibliches Gefühl. Ich bin zu Fuss von der Schweiz bis in die Dolomiten gewandert. Die Berge hier sind viel heller, fast ein bisschen weisslich. Kalkstein. Es gefällt mir sehr. Vom Pass wandere ich zur Berghütte, trinke ein Almdudler und gehe danach bis zum Pragser Wildsee, der durch Instagram an Bekanntheit gewonnen hat.

Doch als ich unten ankomme, wird mir alles zu viel. Es hat massenweise Leute und es ist laut. Es sind keine Wanderer, sondern meist Tagestouristen, die sich perfekt gestylt an jeder schönen Ecke einer nach dem anderen ablichten. Posenwechsel, und wieder ein Foto. Egal, wo ich auch hinsehe, überall ist ein Selfie-Arm ausgestreckt. In der Nähe des Sees hat es eine eingezäunte Kuhherde. Ich schaue zu, wie Touristen unter dem Zaun durchklettern, sich mit den Kälbern ablichten lassen, die Mutterkühe nur ein paar Meter daneben. Kaum aushaltbar, wie unwissend und teilweise respektlos die Besucher sich verhalten. Ich will einfach nur weg, steuere den Bus an, doch der fährt gerade ab. Also muss ich auf den nächsten warten. Der See wäre so schön, aber er verliert seine ganze Magie. Ich fühle mich unwohl. Als der Bus kommt, bin ich erleichtert, endlich davonzukommen. Mit dem Bus fahre ich ins Tal nach Niederdorf runter. Dort schlafe ich im Hotel, pausiere einen Tag, damit ich hier Christian abholen kann und wir danach gemeinsam die Dolomiten erwandern können. Die Pause ist nötig, ich bin in einer Woche 225 Kilometer gewandert und das hat Spuren hinterlassen.

Nach einem Pausentag ist es endlich soweit: Christian kommt in Niederdorf an. Mein Herz macht Luftsprünge. Er wird seine Ferien mit mir verbringen. Zehn Stunden ist er Zug und Bus gefahren, um mir hinterherzureisen. Mit dabei hat er neue On-Schuhe für mich. Meine blauen sind durchgelaufen. Da die blauen in meiner Grösse ausverkauft sind, gibt es zur Abwechslung braune. Das Schweizer Unternehmen On hat mir, nachdem sie von meinem Via-Alpina-Abenteuer erfahren haben, das zweite Paar Schuhe geschenkt. Ausserdem hat Christian mir eine kurze Hose und richtige Kompressionswanderstrümpfe mitgebracht. Die Kapillarblutungen an meinen Beinen sind leider noch immer nicht besser geworden. Eigentlich mag ich kurze Hosen gar nicht, und zwar wegen dem Dreck, der sich in Schichten an den Beinen sammelt, und den Zecken. Doch ich habe die Hoffnung, dass eine gute Lüftung mir helfen könnte, den Ausschlag zu verringern.

Wir nehmen den Bus und fahren wieder zum Pragser Wildsee, wo ich vor dem Pausentag angekommen bin. Einmal um den See herumwandern und dann folgt der Aufstieg zur Seekofelhütte. Da in den Dolomiten ein Zeltverbot gilt, haben wir für die nächsten Nächte immer in Berghütten gebucht. Das ist gar nicht mal so einfach. Die Dolomiten sind angesagt und die Hütten oft ausgebucht. Die Route ist wunderschön und kaum sind wir etwas weiter weg vom See, werden es auch immer weniger Leute. Die Seekofelhütte gehört zum italienischsprechenden Teil der Dolomiten. Die Hütte ist nicht besonders schön. Die Toiletten: ein Loch im Boden und das war es. Dort, wo man sich bei diesen Loch-Toiletten hinstellen muss, sind überall Urinspritzer und danach verteilt man diese in der ganzen Hütte. Ekelhaft. Die Nacht verbringen wir in einem Viererzimmer im Kajütenbett. Er oben, ich unten, romantischer Paarurlaub geht anders. Eigentlich wollten wir bei Sonnenaufgang noch auf den Seekofel-Gipfel. Doch wir entscheiden uns dagegen. Christian hat Knieschmerzen und ich bin sowieso immer noch erschöpft von den letzten Tagen, trotz des Pausentags.

Der heutige Tag ist gemütlich, nur fünf Wanderstunden. Der Weg führt entlang einer Felswand, immer auf der gleichen Höhe. Solche Wege liebe ich. Etwas ausgesetzt, nicht so streng und luftige Aussichten. Kurz nach der felsigen Passage treffen wir auf zahlreiche Wanderer. Viele, die uns entgegenkommen, fragen, wie lange es noch hochgehe. Es ist wieder alles dabei. Von Gucci-T-Shirts bis zu glitzernden Caps und natürlich sind die drei Generationen – Kinder, Eltern und Grosseltern gemeinsam – vertreten. Die Outfits der Leute sind so schrill und meiner Meinung nach unpassend für einen Ausflug in die Berge. Auch wenn die Kleidung kunterbunt und vielseitig ist, etwas haben fast alle gemeinsam: Sie haben hochrote, teilweise auch wütend-rauchende Köpfe und es sieht nicht aus, als würden sie genussvoll wandern. «Warum tun sich die Leute das an, wenn es offensichtlich ein Kampf ist?», rätseln Christian und ich. Wir schlussfolgern, dass Corona einen Wandertrend ausgelöst hat und es nun jeder ausprobiert. Es geht so weit, dass wir alle 15 Minuten angehalten werden, um eine Streckenauskunft zu geben. Haben die Leute denn keine Wanderkarte oder App, um selbst nachsehen zu können?

Nach einem Mittagessen bei der Plätzwiese wandern wir noch ein ganz kleines Stück bis zur Dürrsteinhütte. Ich frage mich, ob es heute alle Wanderer sicher an ihr Ziel geschafft haben. In der Dürrsteinhütte spielen wir zu zweit Brettspiele und werden von der lieben Hüttenwartin umsorgt. Es ist erholsam, den Nachmittag so ausklingen zu lassen.

Nach dem Essen heisst es für uns schon früh: Bettzeit. Doch einer der beiden weiteren Schweizer in unserem Nachtlager schnarcht wie ein Walross. Ich schlafe schlecht.

Um 5.30 Uhr stehen wir zwei draussen bereit. Heute gibt es einen strengen Tag, wir wollen möglichst früh in Sexten ankommen. Da die Dreizinnenhütte und alle anderen umliegenden Berghütten ausgebucht waren, haben wir ein Hotel im Tal bei Moos in Sexten gebucht. Da ich mich riesig auf das schöne Hotel freue, wandern wir in Rekordtempo bis zu den Drei Zinnen. Ich schnaufe stark, schwitze viel. Aber das ist egal, heute gibt es sowieso eine Dusche. Um 10 Uhr erreichen wir die Dreizinnenhütte. Es hat unglaublich viele Wanderer. Wir bleiben nicht lange, auch wenn der Anblick wirklich spektakulär ist.

Auf dem Abstieg erleben wir das gleiche Spiel wie am Vortag. Ganze Schulklassen kommen uns in der Mittagshitze entgegen. Junge, halbnackte Menschen, übergewichtige, ältere. Noch nie habe ich beim Wandern so viele Menschen gesehen. Alle fragen: «Oh Gott, wie lange geht es noch?!» Wir finden es ziemlich lustig. Wenn ich antworte: «So zwei Stunden etwa, vielleicht auch zweieinhalb», dann verschlimmert sich der Gesichtsausdruck sofort. Wieder denke ich mir, wie wenig die Wanderer über ihre Route wissen. Man sollte doch ungefähr eine Ahnung haben, wie lange der Aufstieg dauert. Die Hitze ist aber auch echt brutal heute, auch wir leiden. Unserem Tempo tut das jedoch keinen Abbruch. Um 13 Uhr kommen wir im Berghotel Sexten an. An der Rezeption werden wir gefragt, wie wir hier hergekommen seien und ob wir einen Parkplatz brauchen würden. Als ich mit «zu Fuss» antworte, meint die Rezeptionistin, dass sie sich verhört habe. «Also von wo?», fragt sie nach. «Von der Schweiz», antworte ich ihr.

Nachdem wir eingecheckt haben, baden wir im Outdoorpool. Eine herrliche Abkühlung mit Blick auf die Dolomiten mit den Massen an Menschen, die sich da oben wohl gerade tummeln. Ich bin längst nicht mehr enttäuscht, dass die Dreizinnenhütte keinen Platz für uns hatte. So haben wir in unseren gemeinsamen Ferien eine Nacht in einem schönen Hotel. Nach dem Wellnessen gibt es ein Fünf-Gänge-Abendessen und einen alkoholfreien Mojito an der Bar mit Live-Musik. Am Abend erreichen mich viele Nachrichten. Der TV-Beitrag über mich auf der Via Alpina inklusive Zeltabbruch wegen Gewitter wurde gezeigt. Ich bin ganz aufgeregt, als ich den Beitrag endlich auf der Replay-Seite des Schweizer Fernsehens nachschauen kann. Es ist ein schöner Beitrag geworden und meine Befürchtungen, als naive Idiotin dargestellt zu werden, sind glücklicherweise nicht eingetroffen.

Am nächsten Tag brechen wir erst um 14 Uhr auf; möglichst lange möchten wir das schöne Berghotel geniessen. Am Nachmittag steigen wir in einem gemütlichen Tempo zur italienisch-österreichischen Grenze auf und wandern direkt zur Sillianer-Hütte. Ab heute sind wir auf dem Karnischen Höhenweg. Eine Strecke, von der man nicht mehr absteigt, sondern fast zehn Tage auf einer Krete wandert. Darauf hatte ich mich riesig gefreut. Als Christian und ich vor zwei Jahren unseren ersten Urlaub gemacht haben, sind wir auf dem Sardona-Trek – vom Walensee nach Flims, zu meinem Heimatort – gewandert. Dort haben wir am letzten Abend in Elm eine Schafhirtin aus Sexten kennengelernt, die uns den Karnischen Höhenweg empfohlen hat. Dass die Via Alpina auf dieser Strecke verläuft, war mir dann aber lange gar nicht bewusst gewesen.

Die Sillianer-Hütte ist im Sommer 2019 renoviert worden und wunderschön. Wir sitzen gerade beim Abendessen, als wir eine lustige Szene beobachten: Ein Mann über 50 Jahre ist verschwitzt gegen 19 Uhr in der Hütte angekommen. Schnaufend wie eine Dampfmaschine schaut er sich suchend um, niemand interessiert sich für ihn. Ich denke, der hat wohl noch nie was vom Hütten-Knigge erzählt bekommen. Ich habe gelernt, dass man sich erst draussen etwas abkühlt, sich erholt und dann eintritt. Zuerst spricht er die Hüttenangestellte flirtend an, doch diese blockt schnell ab. Dann verwickelt er zwei junge Frauen, die beim Abendessen sind, in ein Gespräch, in dem er seine Höchstleistungen rühmt. Er erzählt, wie viele Minuten er nur zu diesem und jenem Gipfel benötigt. Die jungen Frauen stellen kaum Fragen, doch er hört nicht auf, setzt sich dann zu ihnen an den Tisch und erst als eine der beiden sagt, sie sei sehr müde und gehe ins Bett, muss er wohl oder übel seinen Monolog unterbrechen.

__ *Neue Freunde auf dem Karnischen Höhenweg*

Wenn man sich als Paar so selten sieht, dann soll – nein muss! – die gemeinsame Zeit so perfekt sein wie nur möglich. Man schwebt auf Wolke sieben und wenn es einmal nicht läuft, wie man will, wird man nervös, denn ein Streit ist kostbare Zeitverschwendung. Unser Streit auf dem Karnischen Höhenweg ist so unendlich belanglos, es ist fast lächerlich. Erst geht es um das Wandertempo – der Klassiker. Ich habe mittlerweile einen sehr gleichmässigen Schritt und kann so stundenlang ohne Pause gehen. Christian ist trotz allem immer noch fitter als ich, was mich ehrlich gesagt ein bisschen wurmt. Wie kann das sein, ich habe immerhin schon 1000 Wanderkilometer hinter mir! Jedenfalls geht er vor mir und wandert sehr schnell, sodass ich sage, ich möchte nicht schon um 12 Uhr in der nächsten Hütte ankommen. Er verlangsamt seinen Schritt dann – meiner Meinung nach provokativ – und ich steige ihm fast auf die Füsse. Wir sind nämlich dabei, eine andere Gruppe zu überholen und er hält nun ständig an. Gehen, anhalten, gehen, anhalten. Wer wandert, kennt das Problem des hinterherwandernden Wandernden. Man schaut auf den Boden und läuft fast in den Vordermann rein. Ich rege mich auf und sage irgendwas Giftiges. Wir überholen die Gruppe und gehen danach getrennt weiter. Christian steigert sein Tempo und ich schleiche hinterher. Es wäre eigentlich bald einmal Zeit gewesen für eine Pause, aber er hält nicht mehr an. Aus Protest mache ich dann meine eigene Pause – hinter einem Stein, wo er mich nicht sehen kann. Er soll sich nur sorgen, wo ich denn stecke.

Eine Stunde später etwa komme ich in die Nähe des Gipfels, wo er auf mich wartet. Ich ignoriere ihn. Der Wanderweg führt unter dem

Gipfel durch, also werde ich jetzt bestimmt nicht zu ihm aufsteigen. Er ruft mir zu: «Hey, hier ist ein weiterer Gipfel!» Ich: «Okay ...» und gehe einfach weiter. Eigentlich liebe ich es, jeden möglichen Gipfel unterwegs einzusammeln, aber heute nicht. Dann wandert er mir hinterher. So trotten wir wortlos zur Hütte und kommen um 12 Uhr an. Das war nicht mein Plan. Wir bestellen etwas zu essen und schweigen uns an. Jeder macht am Nachmittag sein eigenes Programm: Ich lege mich hin wegen Kopfschmerzen und schreibe danach an einem Blogpost. Gegen Abend ist die Stimmung immer noch eingefroren und wir starten einen Versuch, darüber zu diskutieren. Es ist eine dämliche Diskussion, eigentlich geht es doch nur darum, dass wir uns so selten sehen, sodass der Druck dann, wenn wir uns sehen, einfach zu gross ist.

Christian sagt mir, dass es nicht so angenehm sei, mir immer hinterherreisen zu müssen – nur um seine Freundin überhaupt zu sehen – und dass er einsam sei, allein in Zürich. Er hat mich bei meinen Plänen immer unterstützt, wohlwissend, dass dieser Sommer für ihn nicht werden würde, wie er ihn sich wünscht. Wir unterbrechen unsere Diskussion und schweigen weiter. An einen versöhnlichen Punkt gelangen wir nicht. Die anderen Leute in der Gaststube, fröhlich lachend und kartenspielend, beobachten uns sicher und denken, dass wir ein ganz komisches schweigendes Paar sind.

Dann wird das Abendessen serviert und ich habe gar keinen Appetit. Es gibt Spinatknödel. Doch ich bin so traurig, dass mir irgendwann einfach die Tränen übers Gesicht laufen. Ich fühle mich schlecht und rücksichtslos, dass ich einfach mein Ding durchziehe, während ich genau weiss, dass es Christian dabei nicht gut geht. Es macht mich traurig, dass wir überhaupt so eine sinnlose Diskussion gestartet haben und es nicht schaffen, uns einfach zu versöhnen. Und ich bin enttäuscht, dass er – obwohl er das gar nicht so mag und immer nur mir zuliebe mitkommt – im See vor der Hütte baden war. Heute Nachmittag, ohne mich, ganz heimlich. Ich kämpfe mit aller Macht gegen meine Tränen an und würge den Knödel runter, also einen von dreien. Mehr schaffe ich nicht. Ich starre auf meinen Teller und hoffe, dass rundherum alle mit sich selbst beschäftigt sind und meine Tränen nicht sehen. Christian sieht auch traurig aus und ich weiss, es tut ihm genauso weh.

Schliesslich kann ich mich etwas beruhigen und kaum habe ich mich einigermassen gefangen, spricht uns Elisabeth vom Nachbartisch an. «Woher seid ihr denn?» «Aus der Schweiz», sagt Christian. Ich bin noch nicht so in Plauderlaune und gebe keine Antwort. Es entsteht ein gewöhnlicher Wandersmalltalk, der bei der Frage «Wo habt ihr gestartet?» kompliziert wird. Christian sagt – wie schon des Öfteren zuvor: «Ich gehe seit dem Pragser Wildsee mit ihr mit, aber Christina ist schon länger unterwegs ...» und übergibt somit das Wort an mich. Jetzt muss ich dann wohl wieder reden. Die Leute am Nachbartisch schauen mich neugierig an und fragen, wo ich denn gestartet bin. «In der Schweiz, ich wandere die Via Alpina.» Da steigen auch Sophia und Jenny, zwei junge Frauen aus Deutschland ins Gespräch mit ein. Und so endet erstens der Streit von Christian und mir und zweitens lernen wir grossartige Menschen kennen, die wir später als unsere Crew auf dem Karnischen Höhenweg bezeichnen werden. Genauer gesagt, die «krassen Oldies», Michel, Ulli, Elisabeth und Christoph, und die «Ladies», Sophia und Jenny.

__ *Die schönste Woche und mein traurigster Tag*

Entlang des Karnischen Höhenweges sind ganz viele alte Schützenmauern des Ersten Weltkrieges zu erkennen. Man wandert auf der Grenze zwischen Italien und Österreich, ein früherer Kriegsschauplatz. Wir kommen auch an einem Soldatenfriedhof vorbei. Ein aufregender Weg mit ein paar ausgesetzten einfacheren Stellen, die für Abwechslung sorgen.

Am nächsten Morgen steht zur Abwechslung ein Aufstieg auf dem Programm. Es geht der Krete entlang bis zum höchsten Punkt des Wanderweges – der Pfannenspitze auf 2678 Meter. Mir gefällt diese Art des Wanderns. Endlich wieder ein bisschen anspruchsvoller und

etzte Nacht in der Schweiz – oberhalb von Poschiavo

Knapp sieben Kilogramm Basisgewicht für vier Monate wandern

Schwieriger Start in der Schweiz mit viel Schnee

erausforderungen durch Schnee und Gewitter in Adelboden

Dreamteam Domenica, ich und Lisa am Ende der Regenwoche im Wallis

Drei schneereiche, steile Pässe an einem Wandertag vom Wallis ins Tessin

Steinböcke – meine ständigen Begleiter und grossen Vorbilder auf der Via Alpina

Wunderschöner Bergsee im Tessin – insgesamt 17 Mal in Bergseen und Flüssen «geduscht»

ussicht aus dem Zelt in Graubünden/Tessin

chöne Wegabschnitte und weniger gute Zeltplätze – die Via Alpina ist vielseitig.

Ein unfassbar heisser Tag im Calancatal – doch die nächste Duschmöglichkeit ist in Sicht, juhu!

Zelt trocknen, wenn das Gras noch nass ist.

Mama ist bereit, ihre Komfortzone zu verlasse

Vanderausschlag 1 – Kompressionsstrümpfe 0

Unterwegs mit meiner guten Freundin Selina

ilometerrekordwoche und 1000 VA-Kilometer werden in einem Wellnesshotel «gefeiert».

Power-Wanderung durch die überfüllten Dolomiten, vorbei an den Drei Zinnen

Meine Lieblings-Via-Alpina-Woche auf dem Karnischen Höhenweg

itze, Gewitter und viel Regen, Einsamkeit und Traurigkeit: Slowenien

ie arme Kuh erwischt den Apfel leider nicht.

Gelächelt wird hier wirklich nur fürs Foto.

Vorher/Nachher in Triest: Zwischen den zwei Aufnahmen liegen keine 24 Stunden.

Der zweite Teil der Via Alpina beginnt; hier auf einem Passübergang von Italien nach Frankreich.

Nacht in Frankreich auf dem Mont Thabor auf über 3000 Metern

Ich warte auf Hermann im traumhaften Nationalpark Vanoise.

Als die Via Alpina einsamer wird, sehe ich mehr Tiere und freue mich über jede Begegnung.

Flauschiger geht kaum mehr: Baby-Steinböcke an der italienisch-französischen Grenze.

ie Alpen enden – keine neue Bergkette in Sicht, das Meer ist nah. Monaco, ich komme!

Erstes Bad im Meer bei Monaco

Weitere Fotos zu Hagelsturm-Tagen, Regenbogen, Wasserfall-Duschen, Horror-Biwak – sowie das Schlussfoto mit Hermann in Monaco beim Piña-Colada-Trinken finden Sie online:
https://wildmountainheart.ch/2022/01/12/va-hidden-page-buch/

immer mit einem fantastischen Ausblick. Nach der Pfannenspitze sehen wir den Wegweiser zur Großen Kinigat, die noch etwas höher liegt, auf 2689 Meter abseits unseres eigentlichen Weges. Da diese Route als Klettersteig markiert ist, bleiben wir auf der Normalroute, wegen unserer grossen Rucksäcke. Auf der anderen Seite der Großen Kinigat ergibt sich eine weitere Aufstiegsmöglichkeit. Genau da wandert uns die junge Hüttenwartin von der vorherigen Nacht – der Obstanserseehütte – entgegen. Ich schäme mich etwas für unser komisches Verhalten von gestern und hoffe, dass sie es gar nicht bemerkt hat.

Veronica ist sehr freundlich und offen – so schliessen wir uns zusammen und gehen gemeinsam auf den höchsten Gipfel des Karnischen Höhenweges. Der Weg ist in einem top Zustand und mit Stahlketten gesichert. Schon nach einem kurzen Aufstieg kommen wir oben auf dem Gipfel an. Dort hat es ein riesengrosses, meiner Meinung nach etwas zu prunkvolles, Gipfelkreuz.

Wir bleiben nicht lange, denn die Hütten sind die nächsten Tage ausgebucht. Wir wollen als Erste ankommen und uns ein tolles Zimmer sichern. Wir verabschieden uns von Veronica und gehen zügig zur Filmoor-Hütte, dort gibt's für mich einen Schokoladenkuchen und für Christian eine Gemüsesuppe. Ich höre am Nebentisch einen Mann reden, der zwei älteren Frauen seine Bilder aus Slowenien zeigt und viel über seine bisherigen Erlebnisse erzählt. Ich habe da bereits eine Vermutung. Später kommen wir mit den zwei Gästen an unserem Tisch ins Gespräch. Es sind Wanderer aus Innsbruck und sie kennen sogar die Terrihütte in Graubünden, meiner Heimat, da der Mann die Kläranlage für die Hütte installiert hat. Ein cooler Job, der ihn von Hütte zu Hütte in den gesamten Alpen führt. Wir reden auch über meine acht Via-Alpina-Wochen und dann dreht sich der Mann vom anderen Tisch freudig um und meint, er sei vor drei Wochen in Triest gestartet. Habe ich es mir doch gedacht: ein Via-Alpina-Wanderer! Wir tauschen uns danach über das Rucksackgewicht aus, die Schlafsack-Komforttemperatur und die Strecken, die wir bereits hinter uns haben.

Gregory ist aus dem französischen Teil des Wallis – auch ein Schweizer. Er hat sogar den Eispickel dabei und sein Rucksack wiegt über 20 Kilogramm. Aber er ist auch viel grösser als ich. Mein Rucksack wiegt maximal 13 Kilogramm mit Essen und Trinken.

Wir können leider nicht allzu lange reden, denn da ein Gewitter aufziehen soll, wandern Christian und ich weiter. Nach einem Abstieg zu einem schönen Bergsee geht es zur nächsten Bergkuppe. Am Nachmittag kommen wir in der Porzehütte an, die zu diesem Zeitpunkt in den letzten Zügen einer umfassenden Renovation ist. Die Zimmer sind genial – mit einem cleveren Kapsel-System für die Betten. So hat man den gesamten Platz gut ausgenutzt, und trotzdem bietet dies den Gästen viel Privatsphäre, da es fast immer Doppelbett-Kapseln gibt. Beim Abendessen spielen wir eine Mischung aus Christians Scala 40, das ist ein Kartenspiel aus Italien, und Rummy von den Österreichern. Mittlerweile kennen wir fast alle in den Hütten. Im Wanderführer des Karnischen Höhenweges steht, dass man in der ersten Hütte die Leute sieht, in der zweiten Hütte erstmals plaudert und in der dritten Hütte schon gemeinsam am Tisch sitzt. So ist es tatsächlich. Es gibt viele kleine Gruppen, beispielsweise die Tschechen, die Geologen, die Ladies aus Deutschland und eben unsere «krassen Oldies». Wir werden von allen «die Schweizer» genannt.

Da für den nächsten Tag sehr schlechtes Wetter angesagt ist, entscheiden wir uns, nicht über die Krete des Karnischen zu wandern, sondern einen Umweg über die italienische Seite zu machen. Das sind viel mehr Kilometer und auch Höhenmeter, aber wir wollen bei Gewitter unter keinen Umständen auf dem Grat sein. Andere fragen in der Hütte nach, wie wir mit der Situation umgehen würden, und als wir sagen, wir gehen den Umweg, heisst es: «Was, sogar die Schweizer wandern den Umweg!» Schlussendlich wandern aber doch vier Gruppen über den Grat, während wir auf dem Umweg Kilometer sammeln. Von den vier Gruppen ziehen es zwei durch und die anderen zwei brechen in der Mitte ab und steigen mühsam zu unserem Weg auf der italienischen Seite ab. Eine Gruppe verläuft sich dabei und so kommen beide erst nach dem Abendessen klitschnass an. Auch wir finden am Schluss den Weg kaum, da wir uns auf der italienischen Seite durch einen regelrechten Dschungel kämpfen müssen, wo natürlich auch keine Markierungen mehr zu sehen sind. Wir, die Schweizer, waren bisher immer die Vordersten. Wir sind zwar in den letzten Tagen nie als Erste gestartet, aber haben immer alle überholt.

Da der Weg immer schlechter zu finden ist, versuche ich unserer Crew, also den «Ladies» und «Oldies», die mittlerweile hinter uns sind, mit Markierungen zu zeigen, dass wir auch hier vorbeigewandert sind. Ich habe nämlich ein GPS, welches mich im Notfall immer ans Ziel führt. Die anderen wandern nach Karte, was teilweise echt anspruchsvoll ist. Was bin ich doch dankbar für die neuen digitalen Optionen, wie eine digitale Karten-App mit GPS-Anzeige, mit der man herausfinden kann, wo man sich gerade befindet. Mit meinem Schuh drücke ich extra fest meine Sohle in den Schlamm, mache bewusst dicke Abdrücke. So hinterlasse ich eine Spur. Mit der Zeit kennt man nämlich die Sohlenabdrücke der Mitwanderer und alle wissen, dass ich in On-Schuhen aus der Schweiz wandere.

Christian und ich kommen müde auf dem Pass an, sind aber noch immer trocken. Danach folgt ein Abstieg zum Hochweißsteinhaus. Wir duschen und sind erleichtert, dass wir über den langen Umweg vor dem grossen Regen angekommen sind. Aber wir sorgen uns auch um den Rest unserer Gruppe. Ständig gehe ich zur Eingangstür, halte Ausschau, ob ich denn jemanden im Abstieg erkennen kann. Haben sie sich vielleicht in Italien verirrt? Endlich entdecken wir die Ladies im Abstieg mit ihren Pelerinen und freuen uns riesig, sie vor der Hütte begrüssen zu können. Etwa eine Stunde später kommen auch die Oldies an, welche wir mit Schweizer Schokolade in Empfang nehmen. So ein Unwetter schweisst die Gruppe zusammen. Den Abend verbringen wir gemeinsam am Tisch sitzend mit wilden Geschichten über den Tag und gehen danach alle früh schlafen.

Am Freitag verläuft die Route wieder durch Italien. Erst kommt ein Aufstieg, dann eine Fläche durch den Wald und darauffolgend geht es hoch zu einem See. Im Aufstieg ist mir sehr heiss, aber ich freue mich darüber, dass wir so viele Schafe antreffen. Besonders die süssen

Lämmchen haben es mir angetan. Beim See angekommen, gibt es für mich eine kleine Erfrischung. Nach dem Bad im See wandern wir über ein schönes Hochtal wieder nach Österreich und dann kommt ein anstrengender und steiler Abstieg, nur um darauffolgend wieder zur Wolayerseehütte aufsteigen zu müssen.

Am Nachmittag esse ich nach der Ankunft in der Wolayerseehütte leckere Käsespätzle. Christian und ich konnten uns in der vollen Hütte einen der besten Plätze ergattern und schauen nun durch die riesige Fensterfront auf den See. Nur kurz zuvor hatten wir uns trotz des sich verdunkelnden Himmels und der vielen Zuschauer zu einem eiskalten Bad im See – ich nenne es mittlerweile oft Dusche – überwunden. Wir sind als Erste aus unserer neuen Gruppe hier angekommen. Die anderen sind noch immer nicht da. Und obwohl es laut ist in der Hütte, werde ich ruhiger. Denn: Mir ist nicht mehr nach sprechen zumute. Es war heute der letzte ganze Wandertag auf dem Karnischen Höhenweg mit der Gruppe. Es war eine der allerschönsten Wochen, seit ich auf der Via Alpina gestartet bin. Ich habe mich so sehr in diese Gegend verliebt und ich bin zudem unendlich glücklich, diese Erlebnisse mit meinem Freund teilen zu dürfen. Nun wird mir aber klar, dass wir uns morgen verabschieden müssen. Das habe ich bis zu diesem Moment erfolgreich verdrängt. Seit acht Wochen bin ich nun unterwegs und die Reise wird noch weitere zehn dauern. Ein erneuter Besuch von Christian liegt nicht mehr drin – drei Mal hat er mich schon begleitet. Zuerst an den Wochenenden von Adelboden nach Leukerbad und im Tessin von Sonogno nach Biasca. Für diese Woche auf dem Karnischen Höhenweg hat er lange Zugfahrten auf sich genommen und wir haben unsere Zweisamkeit genossen. Der Streit von vor fünf Tagen kommt mir wieder in den Sinn. In meinem Hals bildet sich ein immer grösser werdender Kloss.

Der letzte Abend in der Gruppe bricht an, ich bin aber nicht in Feierlaune, denn ab morgen werde ich wieder allein sein. Wir spielen *Eile mit Weile*, zu Deutsch *Mensch ärgere dich nicht*, und essen alle zusammengepfercht an einem Tisch unser Abendessen. Wir sind eine richtige kleine Wanderfamilie geworden. Wir quatschen noch über Michels wilde Vergangenheit – er baute sich sein eigenes Kajak, war Bergführer und flog mit Delta-Seglern, wobei er auch einen heftigen Crash hinlegte – und trinken einen Schnaps. Der Hüttenwart hat überall Himalaya-Bilder aufgehängt. Ich frage ihn, ob er wirklich auf dem Shisha Pangma und dem Everest war, und er bejaht. Unsere gesamte Gruppe fragt ihn danach übers Höhenbergsteigen aus.

Dann gibt's noch einen spendierten Schnaps und der Wirt fragt mich, wo ich gestartet bin. Ich erzähle ihm, dass dies vorerst meine letzte Nacht in einer Hütte sei und dass ich über 1000 Kilometer gewandert bin. Die Leute neben uns am Bezahltresen sind beeindruckt, drücken mir ihren grossen Respekt aus und wünschen weiterhin viel Erfolg. Der Wirt meint noch, solche Leute wie mich brauche es auf dieser Welt. Das finde ich etwas lustig, denn eigentlich bin ich gerade arbeitslos und irgendwie auch obdachlos.

Als wir zu Bett gehen, steht es immer schlimmer um mich. Während Christian langsam wegdämmert, laufen mir die Tränen übers Gesicht. Ich kuschle mich an ihn und hätte mir so sehr gewünscht, er könnte einfach bis ans Meer mit mir mitgehen. Obwohl ich die Entscheidung, die Via Alpina allein zu wandern, ganz bewusst getroffen habe, ist es manchmal echt hart. Es gibt, wie bei allem, Vor- und Nachteile. Beim allein Wandern fehlt mir besonders, dass man sich gegenseitig aufbaut, Aufgaben aufteilt und gemeinsam bespricht, was man als Nächstes macht. Andererseits stellt man eine Beziehung mit so einem Projekt auch ordentlich auf die Probe. Das wollte ich nicht. Ausserdem hat Christian erst vor kurzem eine neue Stelle angetreten. Nun merke ich aber, dass ich durch mein Via-Alpina-Projekt unsere bisher stabile Beziehung ins Wanken bringe. Wird alles noch beim Alten sein, wenn ich im Oktober zurück bin? Hält unsere Beziehung das aus? Diese Gedanken sind erst ein kleiner Vorgeschmack auf den kommenden Tag.

— Liebeskummer vor der Grenze

Wir frühstücken ausgiebig an unserem Gruppentisch und als alle startklar sind, gibt es noch einmal ein Gruppenfoto – wir wollen eines draussen machen, in Wandermontur. Alle strahlen und nachdem das Foto im Kasten ist, starten wir mit dem Aufstieg zum Valentintörl an der Grenze zu Italien. Es ist schon bald Ende Juli und doch überqueren wir wieder einmal ein Altschneefeld. Auf dem Pass machen wir eine kurze Pause und dann folgt der Abstieg zur Valentinsalm. Zwei Stunden später, als die Alm – oder wie wir Schweizer sagen: Alp – in Sicht ist, halten wir an, um den Haselnussschnaps von Jenny zu trinken. Das ist nämlich Jennys und Sophias Wanderroutine geworden. Immer wenn das Ziel in Sicht ist, gibt es einen Schluck Haselnussschnaps. Bei der Alm angekommen, setzen wir uns draussen zusammen an einen Tisch und blicken auf die Tour zurück. Für alle am Tisch, ausser für mich, ist der Karnische Höhenweg hiermit zu Ende. Elisabeth, Ulli, Christoph und Michel nehmen das Alptaxi ins Tal und Christian wird mit Sophia und Jenny die restlichen paar Minuten zur Bushaltestelle gehen.

Die Minuten verstreichen und der Abschiedsmoment rückt immer näher und näher, bis die Ersten aufstehen, um den Rucksack wieder abmarschbereit – oder eben taxifahrbereit – zu machen. Ich sage allen Tschüss, ausser Christian. Mir wird von allen Seiten viel Glück gewünscht und ich höre mehrmals, wie beeindruckend mein Vorhaben sei. Ich bin nicht mehr ganz bei mir und total durcheinander. Jenny meint dann: «Sophia und ich wandern schon vor, dann könnt ihr euch noch in Ruhe verabschieden, falls es traurig wird.» Ich krächze möglichst tough und trotzdem leicht zittrig: «Nein, nein, das schaff ich ohne Heulen!»

Eine Minute später stehen Christian und ich an der Wegkreuzung und ich heule schon wie ein Schlosshund. Okay, das ging schnell. Ich hatte null Chance, gegen die Gefühle anzukämpfen. Wir umarmen uns mehrmals und er sagt mir liebe Worte. Dass er stolz auf mich sei und dass wir uns bald wiedersehen würden. Wie schön es gewesen sei und dass wir ja telefonieren können. Dann reisse ich mich los, es gibt einen letzten Kuss und ich gehe heulend den Forstweg entlang. Ich weiss, dass ich gehen muss, denn sonst würde er den Bus, der nur wenige Male am Tag fährt, verpassen. Und somit alle weiteren Anschlüsse – und morgen muss er ja bereits wieder arbeiten. Nach ein paar Schritten halte ich an und schaue ihm hinterher. Später nochmals. Doch er ist weg – ich sehe ihn nicht mehr. Das ging mir zu schnell. Wieso kann ich ihn nicht mehr sehen? Soll ich ihm einfach nachrennen und abbrechen? Nein, abbrechen geht nicht. Ich gehe heulend weiter – nicht so sehr heulend wie bei meinem Sturz in der dritten Woche, aber ausdauernder. Ich reisse mich zusammen und denke nach, heule wieder los, sehe Menschen, die mir entgegenkommen, und reisse mich kurzzeitig erneut zusammen.

Beim Plöckenpass angekommen, habe ich das erste Mal seit einigen Tagen wieder Netz. Meine Mama hat länger nichts von mir gehört, aber ich schreibe als Erstes Christian. Es beginnt zu regnen und ich setze mich auf den Boden beim Grünsee. Ich checke das Wetter, es sieht nicht gut aus. Am späteren Nachmittag ist ein Gewitter gemeldet und ich plane deshalb die heutige Etappe bis zur Zollnerseehütte. Als ich weiterwandere, kommt eine Wanderweg-Kreuzung und in Richtung Nassfeld geht es bereits jetzt den Berg hoch. Mein GPS meint aber, ich solle einen anderen Weg nehmen, bei dem der Aufstieg erst später folgt. Durch das viele Weinen fühle ich mich kraftlos, also will ich den Aufstieg erst später in Angriff nehmen und entscheide mich gegen die Wandermarkierung und für die GPS-Route. Ein grosser Fehler, der mir erst später bewusst werden wird.

Der Weg führt mich in ein Tal und ich lenke mich erfolgreich ab. Da ich Netz habe, höre ich die eingegangenen Sprachnachrichten meiner Freunde ab. Diese beantworte ich auch gleich und so bin ich eine Weile beschäftigt. Nach über einer Stunde komme ich zu einem Bauernhof. Die Kühe sind riesig und nicht eingezäunt. Aber es sind nur etwa vier oder fünf. Auf einmal hört die Forststrasse auf. Sie endet bei dieser Alp. Ich versuche, einen weiterführenden Weg zu erkennen, aber da ist nichts. Seltsam. Also hole ich mein Handy aus dem Rucksack und prüfe mit dem GPS-Signal, wo ich stehe. Gemäss der eingezeichneten

Route bin ich gar nicht vom Weg abgekommen. Schon wieder schiessen mir Tränen in die Augen und ich kann sie erneut nicht unterdrücken. Ein paar Minuten sitze ich gedankenverloren auf meinem Rucksack. Gestern war alles noch perfekt. Aber jetzt muss ich nach vorne schauen und weitermachen. Deshalb folge ich der GPS-Route, welche mich querfeldein führt. Es wird steiler und als ich ein paar Höhenmeter weiter immer noch nichts von einem Wanderweg erkennen kann, packt mich ein Gefühl der Hilflosigkeit. Ich setze meinen Rucksack ab, checke erneut die Route, versuche vorausschauend etwas zu erkennen und überlege, wie ich weitergehen soll. Noch fast nie bin ich in eine Sackgasse gewandert. Aber genau heute, an meinem bisher emotional instabilsten Tag mit zusätzlicher Gewitterwarnung, ist es so weit gekommen.

Ich sammle ein weiteres Mal meine Kräfte und sage mir, dass ein bisschen querfeldeinwandern jetzt nicht der absolute Horror sein muss. Also folge ich dem Signal. Es wird steiler und steiler und doch erkenne ich bald ein erstes verblichenes Wanderwegzeichen. Immer wieder verliere ich die Spur. Mittlerweile ist mir klar, dass ich auf einem alten, nicht mehr instand gehaltenen Wanderweg unterwegs bin. Ich klettere über einen Stacheldrahtzaun und es wird zwischenzeitlich so steil, dass ich auch meine Hände für den Aufstieg zur Hilfe nehmen muss. Der Weg, den ich nicht mehr sehen kann, führt durch einen Hang mit vielen umgestürzten Bäumen. Trotz allem komme ich vorwärts und gewinne an Höhe. Schon bald kann ich weit weg den richtigen Trail erkennen, welcher oberhalb von mir verläuft. Ich sehe eine Tafel und freue mich. Doch bevor ich diese Wandertafel erreiche, muss ich durch ein letztes Grasfeld, durch Matsch und Schlamm und dann setzt bereits der Regen ein. So heftig, dass das Gras schnell nass wird und es gemeinsam mit dem Regen meine Hose und die Schuhe mit Wasser tränkt. Oben angekommen, bin ich erst einmal erleichtert. Ich wandere zackig weiter, denn bis zum Pass dauert es noch eine Weile. Der Himmel klart ein letztes Mal auf. Als ich den Pass erreiche, ist es unheimlich windig und der Wegweiser verwirrt mich. Er ist abgebrochen und liegt am Boden. Ich hoffe, dass mir nicht erneut ein Fehler passiert. Denn mein GPS will mich einen komischen Weg einschlagen lassen. Ich gehe hin und her und prüfe beide Varianten. Dann kommen mir zwei junge Männer von der anderen Seite her entgegen und nach einem kurzen Gespräch entscheide ich mich für den markierten Weg und nicht den des GPS. Sie meinen, da sei nichts gemäht und der Weg sei ziemlich mühsam. Sie fragen mich, wohin ich wolle, und als ich die Zollnerseehütte als Ziel nenne, meinen sie leicht vorwurfsvoll, das sei aber noch weit.

Ich eile den Berg hinunter und 15 Minuten später ertönt das erste Donnerkrachen. Der Regen setzt erneut ein, nur dieses Mal noch viel heftiger. Das Grollen macht mich unheimlich nervös und schon bald sehe ich den ersten Blitz. Ich bin am Abhang des Berges, in einem grossen steilen Feld, dem Gewitter vollkommen hilflos ausgesetzt. Es gibt keinen Schutz, weder grosse Steine noch ein Gebüsch. Innerhalb kürzester Zeit bin ich durchnässt und hoffe nur, dass ich hier heil rauskomme. Nach weiteren 20 Minuten entdecke ich eine ganz kleine Hütte und hoffe auf Schutz. Die Hütte ist in Privatbesitz und verschlossen. Aber unter einem kleinen Vordach presse ich mich aufrecht an die Hauswand und warte, bis das Schlimmste vorbei ist. Handyempfang habe ich keinen mehr. Das Gewitter ist früher eingetroffen als vorausgesagt. Bis 17 Uhr verharre ich dort, fast ganze zwei Stunden, während es fürchterlich regnet, donnert und blitzt. Ich kann mich nicht entscheiden, wie es weitergehen soll, schliesslich aber baue ich mein Zelt im minimalen Schutz der Hütte auf. Ich bin noch nicht einmal fertig mit dem Zeltaufbau, als die schwarze Wolkenschicht in einem grossen Tempo weggeweht wird. Es wird etwas heller und der Himmel sieht nicht mehr so furchteinflössend aus. Da ich vor Regen triefe, packe ich schnell wieder alles in den Rucksack und ändere meinen Plan. Doch bis zur Zollnerseehütte! Dort wäre es warm und ich in Sicherheit. Natürlich ist die Entscheidung dennoch mit grossen Zweifeln verbunden. Vor allem, was den Weg betrifft. Aber trotz grosser Nässe ist dieser in einem guten Zustand und die Absturzgefahr ist bei guten Wegen weniger gross. Auf der linken Seite geht es nämlich steil in die Tiefe.

Aber ich habe keine grosse Mühe und nach über einer Stunde komme ich vom aufregenden Wanderweg auf eine Forststrasse. Dort muss ich wegen meiner Angst vor Mutterkühen zwar ein paar Umwege machen, aber ich komme gut voran. Um 20 Uhr erreiche ich unbeschreiblich erleichtert die Zollnerseehütte.

Als ich eintrete, bin ich nicht nur körperlich, sondern auch emotional am Ende. Mit zittriger Stimme frage ich den Wirt – wohlwissend, dass ich spät dran bin und alles andere als vernünftig wirke – nach einem Bett. Alle anderen Gäste beobachten mich. Ich schäme mich. Ich weiss genau, was sie denken. Was macht die um diese Uhrzeit noch da draussen, das ist gefährlich, die hat sicher keine Ahnung, was sie da tut. Genau für solche Leute muss dann die Bergwacht ausrücken. Der Wirt der Zollnerseehütte ist trotz allem unglaublich nett. Er sagt noch, mit dem Abendessen werde es jetzt schwierig. Alle anderen Gäste sind nämlich schon beim Nachtisch. Ich entschuldige mich sofort und sage, dass ich nur ein Bett brauche und mir klar sei, dass ich das Abendessen verpasst habe. Doch seine Frau meint dann, dass sie noch irgendetwas zubereiten würde.

Obwohl ich sage, das wäre nicht nötig – ich wolle doch keinen zusätzlichen Aufwand machen –, bekomme ich nach einer Dusche Kaspressknödel mit Salat und eine Suppe serviert. Die Kommunikation fällt mir schwer. Ich bin so emotional, dass mir vor Erleichterung immer wieder Tränen in die Augen steigen. Dieses Mal aber werde ich Chefin über die Situation und esse langsam mein warmes Abendessen. Dann werde ich vom Nachbartisch aus angesprochen. Dort sitzen drei Personen, die auch auf dem Karnischen Höhenweg waren. Als ich ihnen antworte und erzähle, wo ich heute gestartet bin, glauben sie mir kaum. «Was, so weit bist du gewandert?! Das sind ja zwei Etappen! Dabei sind die beide ja schon anstrengend genug!», meint Karin. «Und wie schwer ist eigentlich dein Rucksack? Der sah so gross aus! Was hast du denn da drin?», ergänzt ein Paar ihre Fragen. Noch immer ist meine Stimme unsicher und zittrig, aber die Ablenkung tut gut. Ich erzähle knapp, worum es geht und dass ich auf der Via Alpina sei. Die Reaktion ist immer gleich: Unverständnis, dass ich das allein mache, und viel Anerkennung, wenn sie erfahren, wie weit ich es ja immerhin schon geschafft habe.

Die neunte Woche ist angebrochen und ich habe weit mehr als 1000 Kilometer hinter mir. Ich habe mich bereits ein kleines bisschen erholt von diesem schrecklichen Tag. So gerne hätte ich aber noch von Christian gehört. Doch es gibt kein Netz auf der Hütte. So schlafe ich allein in der Ecke des Massenlager-Schlafsaals ein, aber nicht ohne dass mir noch ein paar letzte Tränen übers Gesicht laufen, die den Tag besiegeln.

Als ich aufwache, komme ich mir ein bisschen lächerlich vor. «Wow, gestern warst du ja maximal dramatisch!», sage ich mir selbst. «Ist doch alles gar nicht so schlimm, du hast dich einfach nur reingesteigert und das schlechte Wetter hat dir den Rest gegeben», fasse ich meine Krise zusammen. Doch als ich aufstehe, allein Zähne putze und an Christian denke, sind die Tränen einmal mehr gar nicht so weit entfernt. So ganz über den Berg des emotionalen Heimweh-Dilemmas bin ich nicht. Doch heute ist ein neuer Tag und ich entscheide mich, ihn mit voller Kraft und Motivation anzugehen.

Im Gastraum erwartet mich ein reich gedeckter Frühstückstisch. Die Familie Taurer, das Gastgeberpaar der Zollnerseehütte, ist wirklich ausserordentlich bemüht um seine Gäste. Fast alles auf dem Tisch ist selbstgemacht. Als der Wirt an meinen Tisch kommt, spricht er mich mit meinem Namen an und mich überkommt ein warmes Gefühl. Noch immer fühle ich mich einsam nach dem abrupten Wechsel vom Wandern in der Gruppe und der schönen Zeit mit meinem Freund. Vorher hatte mir das Alleinsein selten Mühe bereitet. Aber jetzt schlägt die Einsamkeit ziemlich zu. Doch diese kleine Geste des Hüttenwarts gibt mir heute Halt. Wir sprechen ein bisschen und ich sage ihm, dass ich nach meiner Ankunft in Triest noch geplant habe, in die andere Richtung, also nach Monaco zu wandern. «Aber ehrlich gesagt weiss ich nicht, ob ich es wirklich noch machen will», platzt es aus mir raus. Ich bin selbst kurz überrascht, dass ich das sage. So richtig darüber nachgedacht habe ich nämlich noch nicht. Er macht mir Mut und sagt, dass die Via-Alpina-Wanderer von der Zollnerseehütte ungefähr 16 bis 18 Tage bis ans Meer brauchen. «Triest wirst du bald erreichen!», meint er und erzählt weiter, dass er vermute, dass Österreich bald die Grenze zu Slowenien schliessen werde. Das wäre richtig schlecht für meine gesamte Planung. Und trotzdem, die Gedanken an geschlossene Grenzen beschäftigen mich seit dem Start meiner Wanderung. Ein doofes Jahr, um die Via Alpina zu gehen.

Als ich nach dem Frühstück als Letzte losgehe, beschäftigt mich diese Problematik. Doch als ich endlich wieder Netz habe, telefoniere ich mit meiner Mama. Sie beruhigt mich und erklärt mir, dass man im Normalfall, wenn ein Land die Grenzschliessung ankündigt, noch 48 Stunden Zeit hat, zu reagieren und auszureisen. Ich bin gemäss der Wanderplanung zwar nicht in zwei Tagen in Slowenien, aber wenn es sein müsste, könnte ich einen Gewaltmarsch einlegen und es vor der Schliessung bis nach Slowenien schaffen. So wäre ich zumindest schon im nächsten Land.

Es trudeln nun auch viele besorgte Nachrichten von gestern Abend ein. Da ich gestern Mittag ein Häufchen Elend war und meinen Freunden mein Leid geklagt habe, mich danach aber gar nicht mehr melden konnte, werde ich besorgt gefragt, wo ich bin, wo ich geschlafen habe und wie es mir geht. Doch ich bin wieder die Alte, wandere in einem sportlichen Tempo und hole meine Bekanntschaften vom gestrigen Abend schon nach kurzer Zeit ein. Immer wieder passiere ich an diesem Tag die Grenze zwischen Italien und Österreich. In Italien sind die Markierungen wie gewohnt spärlich, doch die Aussicht ist heute auf der italienischen Seite ein bisschen schöner. Es fühlt sich kurz vor dem Nassfeld nochmals an, als wandere ich in den Dolomiten. Im Nassfeld, zurück in Österreich, ist viel los, viele Wanderer, Familien, Fahrradfahrer – ein Touristen-Hotspot. Ich platziere mich gemütlich auf einer Holzliege an einem sehr kleinen Badesee auf meinem Weg. Nach dem Bad im kalten Wasser fühle ich mich frisch, die Sorgen werden immer kleiner. In mir wächst das Gefühl, dass ich stark bin und es nach Triest schaffen werde. Von wegen! Es ist ein Privileg, überhaupt so etwas Schönes erleben zu dürfen. Das muss ich mir wieder vor Augen führen. Zu sehr versinke ich an schlechten Tagen in meinem Selbstmitleid. Die Entscheidung, was nach Triest passieren soll, verschiebe ich auf später.

Auf der Holzliege gefällt es mir so gut, ich könnte ewig so liegen bleiben. Als ich bemerke, dass sich meine Haut rötet, creme ich mich ein und breche auf ins Nassfeld. Dort kaufe ich mir vegetarische Gummibärchen und wandere hoch zum Gugga-Übergang auf 1928 Meter. Es ist später Abend, doch ich finde keinen geeigneten Schlafplatz. Kurz vor der Grenze zurück nach Italien stelle ich missmutig mein Zelt im Wald auf. Es ist bereits 21 Uhr und ich muss mit dem Aufbau starten. Wenn ich jetzt weiterwandere und noch immer auf einen besseren Platz hoffe, dann kann es auch sein, dass der Tag in der Dunkelheit endet. Wandern im Dunkeln – nein, dafür bin ich zu ängstlich. Ausserdem sind die Kühe gerade wieder überall anzutreffen. Wohl fühle ich mich an diesem Ort nicht. Aber für einen besseren Platz ein Risiko einzugehen nehme ich nicht in Kauf. Lieber bei Dämmerung alles aufbauen und im Dunkeln schon im Schlafsack liegen. Anstatt Suppe esse ich meine Gummibärchen und höre ein Hörbuch, um meine Gedanken von in Angstmomenten immer wiederkehrenden fiktiven Kettensägen-Mördern abzulenken. Denn immer wieder höre ich ein Knacksen in der Nähe meines Zeltes. Um 22 Uhr wird es so laut, sodass ich trotz Ohrenstöpsel aufschrecke und den Reissverschluss meines Zeltes hastig aufschliesse. Für so ein lautes Knacken muss hier eben ein Mensch oder ein schweres Tier durchgelaufen sein. Doch ich kann nichts erkennen, höre nur, wie etwas panisch weghuscht. Ein Mensch wird es wohl nicht gewesen sein, eine Kuhherde wäre auch nicht so flink. Ich bin beruhigt und schlafe ein. Hauptsache keine Menschen.

Als ich wieder aufwache, bin ich erleichtert, dass die Nacht vorbei ist, aber mich plagt ein Sonnenbrand. Meine Arme sind feuerrot. Ich habe auch nicht mehr viel Sonnencreme, daher habe ich mich gestern wohl zu sparsam eingecremt. Schon vor 7 Uhr wandere ich los zur Egger Alm. Es ist fürchterlich heiss und die Sonne strahlt gnadenlos auf meine geröteten Stellen an Genick und Armen. Bei der Egger Alm angekommen, werde ich unfreundlich bedient – doch ich bekomme mit, wie die Wirtin hektisch telefoniert, und verstehe aus Gesprächsfetzen, dass sie panisch jemanden sucht, der ihre Wohnung checkt, da sie eventuell vergessen hat ihr Bügeleisen auszustecken. Ihre Sorge dreht sich vor allem um ihre zwei Katzen in der Wohnung. Und obwohl ich mich erst nicht willkommen gefühlt habe, kann ich ihre Sorgen nachvollziehen. Nachdem sie die Gewissheit hat, dass bei ihr zuhause alles okay ist, kommt sie zu mir und entschuldigt sich. Sie habe heute einen wirklich miesen Tag. Ich antworte nur, dass alles okay sei und ich sie verstehe. Schlechte Tage hat jeder mal, ich erinnere mich an meinen schlechten Tag vor 48 Stunden.

Nach meiner Pause geht es in der prallen Sonne weiter. Es ist zäh und langweilig. Da der Weg auf der Karte hier nicht ersichtlich ist – ich sehe nur viele umgestürzte Bäume und stacheliges Gestrüpp –, bleibe ich auf einer Forststrasse, einem Riesenumweg. Hinzu kommt, dass ich auch noch auf eine Warntafel stosse, die einen grossen Bären zeigt. «Achtung, Bärengebiet!» Jawohl, das ist ja perfekt ... Mit Bären habe ich erst in Slowenien gerechnet, aber die slowenischen Bären kennen wie die Tessiner Schlangen wohl die Grenzen nicht. Ein wenig hoffe ich, einen Bären zu sehen, das wäre der Wahnsinn. Andererseits hoffe ich natürlich das Gegenteil. Welche Bären gibt es hier wohl? Wahrscheinlich sind es Braunbären. Grizzlys gibt es hier zum Glück nicht.

Als ich auf einen kleinen Bach am Wegrand stosse, setze ich mich in die Nähe eines Gebüsches auf ein paar Steine und ziehe meine Schuhe aus. Meine Füsse tauche ich in das bisschen Wasser ein, das da an mir vorbeiplätschert. Sie schmerzen heftig, seit es so heiss ist. Durch die Hitze sind sie etwas angeschwollen und die neuen Schuhe hätte ich darum grösser kaufen müssen. Auch das viele Gehen macht die Füsse platter und somit grösser. Zudem schmerzen seit kurzem meine Schienbeine.

Gerade als ich aufbrechen will, kommen zwei Wanderer bei meinem Pausenplatz an. Da ich bisher niemand anderes hier wandern gesehen habe, haste ich nicht sofort davon. Beide haben grosse Rucksäcke und so kommen wir ins Gespräch. Es ist ein gegenseitiges Ausfragen: «Wo gehst du hin, wo kommst du her, wo schläfst du, was für Ausrüstung hast du dabei?» Als Bettina aus Stuttgart und Markus aus Köln stellen sie sich vor. Beim Wandern vom Norden bei Salzburg über die Alpen nach Süden bis Triest haben sie sich kennengelernt und gehen nun eine Weile gemeinsam. Eigentlich waren beide erst solo unterwegs. Markus hat sogar einen Instagram-Account, der «SoloToTriest» heisst. Beide sind um die 45 Jahre alt – schätze ich. Mittlerweile haben sie die Hälfte der vierwöchigen Wanderung geschafft. Markus ist sprachlos, als er hört, dass ich schon seit fast neun Wochen unterwegs bin. «Wow, da ist meine Wanderung ja nichts mehr dagegen!», sagt er. Ich hingegen finde es so mutig, mitten im Leben stehend nochmals so aus der Routine auszubrechen.

Gemeinsam wandern wir bis zur Dolinza-Alm. Die Hitze ist so drückend, dass sie uns alle schwächt. Bei einer kleinen privaten Hütte springen wir über den Zaun und gönnen uns im Schatten des Hüttendachs auf einer kleinen Bank eine Pause. Es ist sowieso niemand dort. Danach folgt ein Aufstieg. Wir kommen oben an und sehen zum ersten Mal den Triglav. Slowenien. So nah. Wow, ich bin schon bis hierhergekommen. Unfassbar!

Beim Abstieg gehe ich voraus und komme als Erste bei der Alp an. Ich gönne mir einen Kaiserschmarren und warte, bis Bettina und Markus die Hütte auch erreichen. Die beiden werden die Nacht hier verbringen, während ich noch ein paar Stunden weiterwandern will. Als ich mich verabschiede und aufbrechen will, kommen genau in diesem Moment Lise und Frederic an. Lise und Frederic habe ich schon im Hochweißsteinhaus angetroffen, damals mit Christian auf dem Karnischen Höhenweg. Stolz haben sie damals allen im Massen-Schlafzimmer erzählt, dass sie schon fünf oder sechs Wochen unterwegs sind. Sie sind sparsam unterwegs und sind in dieser Nacht nur wegen eines Gewitters spät abends noch in die Hütte gekommen. Erst jetzt sprechen wir auch über mein Wanderprojekt. Sie erinnern sich nicht mehr an mich, obwohl ich sie in der Hütte schon ausgefragt habe. Ihre

Reise führt sie von Frankreich nach Wien, um in Georgien ihr Auto abzuholen, welches sie bei der letzten Reise von Japan nach Georgien dort überwintert haben. Sie sind richtige Lebenskünstler, drehen jeden Rappen zweimal um und finden alles zu teuer. Es ist spannend zu sehen, wie weit man mit einem sparsamen Lebensstil kommen kann. Für mich wäre es aber nichts. Sie erzählen, dass sie besonders in den ganz armen Ländern immer überall eingeladen werden. Es gibt auch Bücher über weltreisende Europäer mit möglichst wenigen Ausgaben. Die Kernaussage: Mit wenigen Euro um die Welt. Es sind spannende Geschichten dieser mutigen Abenteurer, aber ich werde den faden Beigeschmack nicht los. Ich kann nachvollziehen, dass die Begegnungen mit fremden Menschen bereichernd sind, aber als jemand aus der Mitte Europas, der arbeiten und mit ausreichend Geld losziehen könnte, finde ich es nicht bewundernswert, sich so oft einladen zu lassen und auf die Gastfreundschaft Fremder zu zählen. Ich würde mich schlecht fühlen dabei. Denn auch wenn man seinen Gastgebern spannende Geschichten erzählt und beim Geschirrspülen hilft, erscheint es mir irgendwie nicht fair. Die Menschen mit tieferen Lebensstandards sind oft grosszügig. Aber würden wir das Gleiche auch tun, würde man in Europa auch so viel Nächstenliebe aufbringen? Wahrscheinlich kann ich es auch nicht verstehen, weil ich selbst noch nie in diesem Stil gereist bin. So spannend ich die Geschichten von Lise und Frederic finde, eine Lebenskünstlerin – oft auf die Grosszügigkeit Fremder angewiesen – möchte ich nicht sein.

Bei der Feistritzer Alm trennen sich unsere Wege. Ich trinke ein Skiwasser, Sirup mit Sprudelwasser, und gehe weiter. Heute bin ich erfolgreich. Ich finde einen sehr schönen Platz auf einer Waldlichtung. In der Nähe sehe ich einen Brunnen und sorge mich – wie fast täglich –, ob hier noch Kühe auftauchen werden. Doch über die Nacht bleibt es glücklicherweise ruhig.

Am Morgen wache ich ohne Schlafsack auf, er liegt neben mir. In der Nacht habe ich ihn abgestrampelt – so warm ist es. Meine Laune ist heute besonders gut! Ich werde nur fünf Stunden wandern und dann gibt es einen Pausentag in Villach, einer etwas grösseren Stadt in Kärnten in Österreich, bevor ich die slowenische Grenze überschreiten werde. Es fühlt sich an, als stünde ich kurz vor einem Strandurlaub – ein Tag Pause, herrlich! Doch auch wenn es heute ein kurzer Tag werden sollte mit nur einem Anstieg von 700 Höhenmetern, geht es nur mühsam vorwärts. Ich schnaufe schon nach den ersten Metern schwer und träume von einer Dusche. Es ist so heiss. Zu heiss.

Endlich in Thörl-Maglern stelle ich fest, dass der Bus erst in zwei Stunden fährt, nachdem ich in der Mittagshitze den halben Ort nach der Bushaltestelle abgesucht habe. Dafür finde ich ein geöffnetes Restaurant und setze mich draussen hin. In meinen kurzen Shorts muss ich mich an einem Männerstammtisch vorbeiquetschen. Obwohl ich alle freundlich grüsse, schauen mich die Männer grimmig an und antworten nicht. Von oben bis unten werde ich abgescannt. Sichtlich unwohl nehme ich möglichst weit weg von ihnen Platz. Ich bestelle einen Holundersirup, als der 78-jährige Antonio auftaucht und ebenfalls im hinteren Bereich der Terrasse Platz nimmt. Er ist aus Italien und beginnt freundlich mit mir zu plaudern. Er erzählt mir über sein Leben – als Maurer habe er schon in Zürich und Genf und als Plattenleger in Venezuela und in Nigeria gearbeitet. Er ist ein fröhlicher, interessanter Mann und will unbedingt meinen Sirup bezahlen. Mein Unwohlsein löst sich in Luft auf, obwohl die Männergruppe mich immer noch grimmig anstarrt. Warum wohl, frage ich mich. Nach dem Gespräch fährt Antonio nach Udine zurück, ich nehme den Bus nach Villach.

Als der Bus ankommt, treffe ich nochmals auf Lise und Frederic. Sogar sie haben sich für die Nacht eine Unterkunft gebucht. Wir sprechen darüber, dass gemäss der Wetterprognose heute noch ein richtig schlimmes Gewitter kommen sollte. In Villach angekommen, kümmere ich mich um Essensnachschub, die Wäsche und den nächsten Blogpost und lasse es mir gut gehen mit einem Fusspflege-Beutel um die Füsse und einer nährenden Gesichtsmaske. Ausserdem telefoniere ich mit meinem Bruder Andri. Er hat mitbekommen, dass ich psychisch

Mühe mit dem Weiterkommen habe und möchte mir helfen. Seine Tipps nehme ich mir zu Herzen – denn wenn einer weiss, wie man durchbeisst, wenn es hart wird, dann er. Den Abend lasse ich in der Badewanne ausklingen. In der Nacht blitzt es vier Stunden lang ununterbrochen. So etwas habe ich noch nie zuvor erlebt.

Nach einem ganzen Pausentag in Villach geht es nach zwei Nächten im Hotelzimmer weiter, um endlich über die Grenze nach Slowenien zu wandern. Im Bus zeigt es bereits um 6.45 Uhr 22 Grad an. Schon bevor ich loswandere, sehne ich mich nach einer Pause und setze mich auf eine Bank vor der Kirche. Ich fühle mich mies. Mein Magen ist wieder mal flau. Aus irgendeinem Grund macht mich Slowenien nervös. Die Sprache verstehe ich nicht, es gibt ein sehr strenges Zeltverbot und die Wettervorhersagen sehen schlecht aus. Als ich losgehe, versuche ich, meinen Wanderflow zu finden. Mit der Zeit geht es besser. Doch als ich auf der Karte entdecke, dass der Weg zum Dreiländereck hochführt, um dann etwas versetzt wieder abzusteigen, entscheide ich mich für den Querweg. So lasse ich diesen speziellen Ort der Via Alpina aus. Es ist einfach zu heiss. Unmenschlich, in dieser Hitze überhaupt zu wandern.

Auf dem Weg nach Racete frage ich die ersten mir entgegenkommenden Slowenen, wie man in Slowenien andere Wanderer grüsst. Ich lerne das *dober dan* und wandere bis zu einem Ort, wo ich überrascht auf riesige Anlagen stosse: Skisprungschanzen, Ziplines, ein grosses Sportzentrum, wo es eine Indoor-Langlaufbahn mit echtem Schnee gibt, während ich mich draussen wie eine aus den tiefsten Poren schwitzende Grillwurst fühle. Es hat viele Touristen und der riesige Parkplatz ist prall gefüllt mit in der Sonne glänzenden Autos. Nach einer Pause wandere ich in den Triglav-Nationalpark und kann mich nicht entscheiden, ob ich mich nun das erste Mal gegen das Zeltverbot widersetzen oder die erste Nacht in einer Hütte bei Tamarju verbringen soll.

Ich entscheide mich, es zu wagen. Ich wandere weit nach hinten ins offene Tal. Es ist schwierig, einen guten Zeltplatz zu finden. Überall liegen Felsbrocken, obwohl die Felswand nicht in unmittelbarer Nähe ist. Die Chance, hier ein ausreichend grosses flaches Stück Boden ohne Gesteinsbrocken zu finden, ist klein. Ausserdem sorge ich mich, dass sich mitten in der Nacht, während ich selig schlafe, weitere Felsbrocken vom Berg lösen und mein Zelt treffen könnten.

Ich finde einen Platz, aber zufrieden bin ich nicht. Er ist nicht schön, doch wenigstens gut versteckt, sodass ich hoffentlich keine Strafe bekomme. Da es bereits vom Himmel tröpfelt, verkrieche ich mich schon zeitig ins Zelt. Die Hitze staut sich drinnen. Doch als ich mein Zelt wieder öffne, wollen alle Insekten rein und so bleibt mir nichts anderes übrig, als in der Zeltsauna auszuharren.

Am Morgen höre ich in der Nähe Stimmen. Um 6.15 Uhr beginne auch ich meinen Tag und breche auf. Der kommende Abschnitt könnte schwierig werden. Der Weg führt im Geröllfeld hoch und angeblich erkennt man die Route nur schlecht, so habe ich es zumindest in den Kommentaren der Via-Alpina-Webseite gelesen. Ich komme trotz Hitze gut voran. Ich freue mich auf die Herausforderung – die Wegfindung ist eine meiner Stärken. Weil meine Schultern in letzter Zeit schmerzen, habe ich den Rucksack so eng um meine Hüften und den Bauch angezogen, dass mir nach zwei Stunden schlecht ist. Ich lege eine Pause ein. Erst da begreife ich, dass der Hüftgurt wohl doch etwas zu eng war. Als ich ihn nun lockere, geht es meinem Bauch sofort besser, dafür schmerzen die Schultern wieder wie verrückt.

Oben angekommen, entscheide ich mich für einen Umweg auf einen kleinen Gipfel. Zu Beginn der Via Alpina dachte ich, dass ich öfter hin und wieder spontan einen Gipfel entlang der Route besteigen würde. Es stellt sich heraus, dass ich fast immer zu kaputt bin dafür. Bei meinem Abstieg zum Vrsic-Pass kommen mir auffällig viele Wanderer entgegen. Grösstenteils Slowenen. Mir fällt auf, dass sie sehr sportlich sind und gute Ausrüstung tragen – im Vergleich zu den Italienern. Als ich um 9 Uhr den Vrsic-Pass erreiche, gönne ich mir ein Eis. Am Kiosk gibt es nämlich nichts, ausser Getränke, Eis und Souvenirs. Aber da es wieder so heiss ist, passt das Kokoseis- und Eistee-Frühstück prima. Ich setze mich direkt neben dem Kiosk auf eine Bank im Schatten. Der ältere Herr, dem der Shop wohl gehört, zwickt mir ganz nebenbei im

Vorbeigehen in die Backe. Ich bin kurz irritiert, in der Schweiz macht man das nicht. Sowas kenne ich nur von Grosseltern, die in Geschichten, Büchern oder auf Bildern ihre Enkel liebevoll in die Backe kneifen. Ich bin aber schon 27 Jahre alt und den Kioskbesitzer kenne ich nicht. Ich mache mir keine weiteren Gedanken. Als er wieder vorbeiläuft, zwickt er mir – wieder genauso unspektakulär wie vorhin – in die Hüfte, genau dort, wo der Hüftspeck sitzt. Okay, jetzt wird es mir doch zu seltsam. Ich packe meine Sachen und gehe. Ob das in Slowenien normal ist, frage ich mich?

Auf dem Abstieg komme ich zur berühmten Soca, einem hellen, türkisfarbenen Fluss. Nach einer Weile halte ich die Wärme nicht mehr aus, lege meine Sachen ab und ziehe den Bikini an. Es ist kalt, doch ich tauche mit meinem fast dampfenden Kopf mehrmals ins Flusswasser. Nichts fühlt sich besser und belebender an.

Danach setze ich mich auf einen Stein und lese ein Buch auf dem E-Reader. Es kommen zwei weitere Touristen, sie sprechen Deutsch miteinander und erst nervt es mich, dass sie nun meine idyllische Ruhe stören. Doch bald kommen wir ins Gespräch und sie erzählen mir von ihrer Van-Reise. Es war mal mein Traum, einen ausgebauten Camper-Van zu haben. Mittlerweile und gerade wegen des Coronavirus haben so viele Menschen den gleichen Traum umgesetzt, dass ich ihn von meiner Liste gestrichen habe. Zu viele Leute auf den Campingplätzen. Freiheit sieht für mich anders aus, als wegen Stellplatz-Knappheit alles vorweg reservieren zu müssen. Irgendwann wird der Hype schon nachlassen. Auch wie meine Reise weitergehen wird, stimmt mich nachdenklich.

Das Wetter wird sich in den nächsten Tagen drastisch ändern. Von schwüler Hitze zu Dauerregen. Eigentlich verläuft meine Route durch den Triglav-Nationalpark und so gerne würde ich den Triglav, mit 2800 Metern der höchste Berg Sloweniens, besteigen. Doch bei den erwarteten Regenmengen macht das wenig Sinn. Ausserdem herrscht auch dort ein striktes Zeltverbot, ich müsste mich entweder verstecken oder in den Hütten schlafen.

Über die slowenischen Hütten gibt es kaum Informationen. In der Schweiz haben die Hütten umfangreiche, manchmal sogar mehrsprachige Webseiten und wenn es eine super Webseite ist, dann kann man sogar den Buchungsstand für den gewünschten Tag live abfragen. Bei den slowenischen Hütten ist es ein bisschen komplizierter. Ich weiss teilweise nicht einmal, ob sie offen sind. Auf E-Mails bekomme ich oft keine Antwort. Anrufen ist die beste Lösung, aber auch da braucht man Geduld. Schon bald ist klar, slowenische Hütten sind zumindest im Sommer 2020, vielleicht auch wegen des Coronavirus, unter der Woche meist geschlossen. Und an den Wochenenden sind sie – nicht überraschend – grösstenteils ausgebucht.

Obwohl ich viel lieber in den Bergen wandern würde, habe ich bereits einen Plan B vorbereitet. Morgen werde ich entscheiden, wie es weitergeht. Falls es tatsächlich fürchterlich zu regnen beginnen sollte, werde ich nicht in die Berge aufsteigen, den Triglav auslassen, und so weit wie möglich der Soca folgen. An diesem Fluss gibt es auch einen Wanderweg, den Alpe-Adria-Trail. Er ist auch ein Weitwanderweg und er verläuft – zumindest in Slowenien – oft auf der gleichen Höhe. So bin ich näher an der Zivilisation, nicht allein in den Bergen bei miserablem Wetter und kann auf Campingplätzen zelten. Damit halte ich mich auch an die slowenischen Camping-Regeln.

— *Motivationskrise in Slowenien*

Als ich wieder aufbreche und nach drei Stunden den Campingplatz in Trenta direkt an der Soca erreiche, fühle ich mich erstmals seit Christians Besuch von vor über vier Tagen wieder glücklich. Ein letztes Mal geniesse ich das schöne Wetter und gehe nach dem Zeltaufbau ein zweites Mal im Fluss baden. Da um 15.30 Uhr die Sonne schon hinter den steilen Felswänden verschwindet, nehme ich im Camping-Bistro Platz, beziehe wertvolles Wifi und denke mir einen Plan B aus. Der nächstgrössere Ort wird Bovec sein und danach werde ich Kobarid erreichen.

Während ich mich um 21 Uhr ins Zelt verziehe und noch ein bisschen lese, höre ich draussen, wie sich junge deutsche Touristinnen mit tschechischen Jungs direkt neben meinem Zeltplatz anfreunden. Die Jungs bluffen ein bisschen rum und die Mädchen kichern. Als es gegen Mitternacht geht, fangen die Musik und ihre flirtenden Biertrink-Gespräche an, mir auf die Nerven zu gehen. Doch das Wetter ist auf meiner Seite. Starker Regen setzt dem flotten Kennenlernen ein abruptes Ende. Es regnet noch die ganze Nacht, doch mein Zelt tut seine Dienste und so bleibe ich wie immer trocken. Die Nacht ist ruhig und ich schlafe bestens, da ich nicht illegal campe und keine Angst haben muss, entdeckt zu werden.

Um 6 Uhr klingelt mein Wecker, meine zehnte Woche auf der Via Alpina beginnt. Nach der gestrigen Nacht ist meine Entscheidung gefallen. Plan B wird in die Tat umgesetzt – ich wandere im Tal, wo ich sicherer bin: nicht über die Berge und leider auch nicht auf den Gipfel des Triglav. Denn das Wetter wird die nächsten Tage schlechter und schlechter. Der Weg entlang der Soca ist einfach und trotzdem schaffe ich es, frühmorgens hinzufallen. Als ich gerade mit meinem Handy die Route checke, rutsche ich auf einer nassen Baumwurzel aus und fliege hin. Mit dem schweren Rucksack ist es fast unmöglich, sich aufzufangen und die Stöcke habe ich in diesem Moment unter die Arme gepackt. Selbst schuld. Nach ein paar Stunden erreiche ich die bekannte Schlucht der Soca im Lepena-Tal, wo das Wasser eine dunkle türkisgrüne Farbe annimmt. Ich setze mich hin und geniesse den speziellen Blick auf den Fluss. Obwohl es kühl und bedeckt ist, kommen immer mehr Leute. Den Ort erreicht man auch mit dem Auto. Einige Touristen springen sogar vom grösseren Felsen ins Wasser – trotz der tiefen Temperaturen. Ich liebe es, ins Wasser zu springen. Aber überall sind Gruppen und ich bin allein. Ausserdem ist es kalt und bald soll es wieder regnen. So lasse ich es bleiben und als ich das erste Donnern höre, packe ich meine Sachen wieder zusammen und mein guter Platz an der Kante des Felsens bei der kleinen Schlucht wird direkt übernommen. Langsam wird es hier sowieso zu laut.

Es regnet und ich visiere Bovec in schnellem Tempo an, dort gibt es einen Campingplatz. Als ich meine Regenpelerine anziehen will, verhakt sich diese mit dem zweiten Wanderstock, der im Rucksack steckt. Ich bekomme es allein nicht geregelt. Etwas weiter vorne sehe ich zwei Wanderer, die auch gerade ihre Regenklamotten anziehen, und ich bitte die beiden um Hilfe. Sie befreien meine Regenpelerine und ziehen sie über den Rucksack. Leider hat sie nun ein Loch. Naja, ich werde sie mit dem Duct-Tape bestimmt wieder flicken können.

Die beiden Wanderer stellen sich als Silvia und Frank vor. Sie kommen aus der Bodenseeregion – nicht weit weg von meiner Heimat. Sie wandern eine Ferienwoche auf dem Alpe-Adria-Trail. Dieser dauert in Originallänge etwa 30 Tage und geht von Österreich beim Grossglockner bis nach Triest. Meine Alternativroute führt nun auch ein grosses Stück auf dem Alpe-Adria-Trail weiter. Sobald die hohen Berge hinter mir liegen, will ich zurück zur Via Alpina, obwohl es auf direktem Weg viel schneller nach Triest gehen würde. Mir ist es wichtig, so oft wie nur möglich den Originalweg zu wählen.

Bis nach Bovec gehe ich nun mit den beiden weiter. Frank erzählt mir viel von seinen Wanderungen auf dem Kungsleden in Schweden oder in den Karpaten in Rumänien. Es ist spannend, mit anderen Leuten über ihre Abenteuer zu reden – der Horizont öffnet sich und man sammelt neue Ideen.

Bei Bovec gehe ich zum Campingplatz, während die beiden ihre Unterkunft im Ort aufsuchen. Der Regen prasselt noch immer unaufhörlich auf mich ein und ich bin nass, wo die löchrige Regenpelerine nicht hinkommt. Meine Schuhe sind wieder einmal zu Fuss-Pools geworden. Als ich an der Camping-Rezeption erfahre, dass noch ein Pod, eine kleine Camping-Hütte mit richtigem Bett frei ist, entscheide ich mich dafür. Ich gehe duschen, hänge alle meine Sachen zum Trocknen auf und stelle die kleine Heizung auf die höchste Stufe. Unglaublich, gestern hat mich die Hitze noch geschwächt, heute friere ich.

Am Morgen regnet es noch immer. Trotz der Heizung hat die Wärme im Pod es nicht geschafft, alle meine Sachen zu trocknen. Alles ist feucht. Erst vor kurzem hatte ich eine Krise aus emotionalen Gründen, jetzt nervt mich die Wettersituation. Und auch wenn die Soca traumhaft schön ist, wäre ich doch lieber hoch oben in den Bergen. Durchbeissen bis nach Triest ist angesagt. Auf meinem zweiten Via-Alpina-Teil nach Monaco gibt's dann endlich wieder Berge und sicher auch besseres Wetter. Ich versuche positiv zu bleiben und mir vorzustellen, wie unglaublich es sein wird, wenn ich dann tatsächlich das Meer in Triest erreiche.

Der Regen lässt etwas nach und so schaffe ich die 29 Kilometer fast trocken bis nach Kobarid. Aber es ist nur eine Frage der Zeit, bis es wieder umschlagen wird, das liegt deutlich in der Luft. In Kobarid buche ich deshalb ein Hostelzimmer. Ich mag es nicht, allein in Hostels zu sein: zu viele hippe Leute in meinem Alter. Irgendwie fühle ich mich in deren Gesellschaft unwohl und nicht zugehörig.

Nur wenige Minuten nach meiner Ankunft scheint draussen die Welt unterzugehen. Der Himmel ist dunkelgrau, dabei ist es erst früher Nachmittag. Es donnert und blitzt und ich bin so froh, das Hostel gerade noch rechtzeitig gefunden zu haben. Nach einer Dusche lege ich mich ins Bett. Ich bin in einem Zimmer mit vier Betten. Sie sind gross, eigentlich für zwei Personen. Da es kein freies Einer-Bett hatte, habe ich mir ein grosses für mich allein gegönnt. Ich bin oben und es gibt praktische Vorhänge für etwas mehr Privatsphäre. Ich schliesse diesen und stelle meinen Tripod auf. Der Tripod dient normalerweise als Stativ für Fotos, doch heute nutze ich das praktische Teil, um mein Handy festzumachen und auf Netflix eine Serie zu schauen. Als es draussen freundlicher wird, wage ich mich raus, gehe einkaufen und setze mich in ein Café. Danach gibt es eine Pizza und als ich trocken und zufrieden die zwei Minuten von der Pizzeria zum Hostel gehen will, werde ich erneut nass geregnet.

Zurück im Hostel bin ich klitschnass. Ich ziehe meine Kleider aus und schaue im Bett bis tief in die Nacht weiter Serien. Wenn ich nicht wandere, schaue ich sehr selten fern. Doch wenn ich auf der Via Alpina Zeit, Wifi und genügend Akku habe, geniesse ich es. Es fühlt sich ein bisschen an, als gehöre ich zu den anderen 27-Jährigen, die auf Instagram über die neueste Folge von *Selling Sunset* diskutieren.

Ich spiele mit dem Gedanken, morgen einen Pausentag einzulegen. Ich hätte noch genügend Zeit übrig für eine Auszeit, aber der Pausentag in Villach ist noch nicht lange her. Ich habe jedoch absolut keine Lust, bei diesem Schreckenswetter zu wandern. Schon vor dem Schlafengehen habe ich Anna von der Hostel-Rezeption gefragt, ob mein Bett noch frei wäre. Ja, aber es gebe für morgen nicht mehr viel Platz. Trotzdem entscheide ich mich erst am Morgen, zu verlängern. Ich sitze gerade beim Frühstück, als es wieder wie wild zu blitzen und donnern beginnt. Ich bin erleichtert, so fühle ich mich in der Pausentag-Entscheidung bestätigt. Gestern habe ich sogar noch Mama angerufen und gefragt, was sie meinen würde. Natürlich sagt sie mir immer: «Mach den Pausentag, wenn du ihn gerne hättest. Geniesse es und lass dich nicht so stressen.»

Doch ich habe immer noch Mühe. Bin ich zu langsam unterwegs? Pausiere ich zu viel? Gönne ich mir zu viel Luxus? Zu sehr vergleiche ich mich mit anderen Weitwanderern, die auf dem PCT täglich viele Kilometer wandern. Dort gibt es die Möglichkeit nicht, einfach mal in einer Hütte oder in einem Hostel abzusteigen. Andererseits bin ich auf der Via Alpina ganz allein auf mich gestellt, habe keine Trail-Family und mache täglich sehr viele Höhenmeter. Warum habe ich so ein schlechtes Gewissen, wenn ich einfach chille, es mir gut gehen lasse? Wem will ich was beweisen? Ist dieses Gefühl schlimmer, weil ich einen Blog habe und über alles berichte? Die Via Alpina mache ich nur für mich. Dann soll es doch auch für mich stimmen. Zwei Pausentage in einer Woche, weil das Wetter so mies ist? Egal. Drei Wochen durchwandern, weil ich gerade einen Flow habe, dafür in einem schönen Hotel einbuchen für eine Nacht? Auch egal. Ich nehme mir fest vor, mich nicht mehr so stressen zu lassen und geniesse den Tag fast gänzlich im Bett liegend und am Handy.

Ich poste als Zwischenbericht ein paar Bilder der Wanderung auf Instagram. Danach erhalte ich meist viele Rückmeldungen – Kommentare sowie auch private Nachrichten, die ich gerne beantworte. Zum Beispiel schreibe ich auch mit Vanessa, die ich nicht persönlich kenne und die auf meine Empfehlung hin vor ein paar Wochen den Bernina Trek gegangen ist. Nun entdeckte ich von Vanessa ein neues Bild im Feed. Sie ist in den Ferien mit dem Van und postet ein Bild an einem schönen Fluss. Sofort ist mir klar, dass das nur die Soca sein kann. Ich schreibe ihr, dass ich auch hier bin. Wir schreiben hin und her und schon sind wir für das Abendessen verabredet. Vor dem Essen bin ich ein bisschen aufgeregt – es fühlt sich fast wie ein Blind Date an. Vanessa kommt mit ihrem Freund Lukas. Ich versuche mich einigermassen Restaurant-tauglich herzurichten. Meine Wanderhose habe ich frisch gewaschen. Geduscht bin ich auch. Besser kriege ich es jedoch ohne weitere Hilfsmittel nicht hin.

Ich schlendere zum vereinbarten Platz und sehe Vanessa und Lukas. Meine Anspannung fällt ab und wir verstehen uns sofort, obwohl Lukas mit Instagram und Social Media nichts anfangen kann. Auch wenn ich nur wenige Follower habe, bin ich aktuell so etwas wie eine Micro-Wander-Influencerin. Lukas ist mir gegenüber trotzdem sehr offen und als wir gemeinsam über alles quatschen und einen geselligen Abend verbringen, sagt er zum Schluss, dass Instagram hier wirklich etwas Cooles geschafft habe: dass wir jetzt zu dritt an einem Tisch sitzen. Vanessa und ich plaudern über Job und Wandern, und dass wir uns in Flims im Herbst wieder mal treffen müssen. Hätte ich den Pausentag nicht gemacht, wäre es wohl nicht zum Treffen gekommen. In den letzten Tagen habe ich ein grosses Auf und Ab meiner Laune erlebt. Heute aber schlafe ich zufrieden ein und freue mich nun auch wieder aufs Weiterwandern. Das ist immer das Beste an einem Pausentag, man freut sich danach, dass es wieder weitergeht.

Ich starte früh, denn heute werde ich zwei kürzere Etappen zusammenlegen, die Wetterprognose ist etwas stabiler. Die Strecke folgt noch immer der Soca und da ich dem Meer immer näherkomme, wird sie immer breiter und der Weg langweiliger. Teilweise bin ich auch gezwungen, auf Asphaltstrassen zu wandern. Ich erreiche das Dorf

Kanmo und wandere weiter bis Tolmin. Bei den kurzen Regengüssen dazwischen stelle ich mich jeweils unter ein Bushaltestellenhäuschen oder unter einen Baum. Der Tag ist langweilig und ich höre die ganze Zeit ein Hörbuch. Ich sehe eine andere Weitwanderin mit grossem Rucksack – wahrscheinlich ist sie auf dem Juliana-Trail, einem Rundweg in Slowenien. Normalerweise versuche ich mit Weitwanderern ins Gespräch zu kommen, es gibt ja sowieso sehr wenige. Aber sie senkt den Blick und geht zügig weiter, wenn ich ihr zu nahe komme. Wir sitzen etwas später sogar im gleichen Café, aber ich lasse sie in Ruhe. Als sie weitergeht, humpelt sie davon – es sieht schmerzhaft aus. Ich habe Mitleid und erinnere mich an meine erste längere Wanderung. Damals bin ich am letzten Tag mit zahlreichen Blasen an den Füssen in meinen Notfall-Wandersandalen in einem Schneckentempo bis ans Ziel gelaufen. Mit der Zeit lernt man viel dazu und kann solche schmerzhaften Erlebnisse fast immer umgehen. Jetzt würde ich früher eine Pause einlegen, die Schuhe ausziehen und die Füsse lüften, um Blasen so lange wie möglich zu vermeiden.

Am Nachmittag erreiche ich Tolmin und wandere nach einem Mittagessen zum Campingplatz. Etwas ausserhalb der Stadt, bei einer Baustelle in der Nähe des Waldes, kommt mir grinsend ein Mann entgegen. Das irritiert mich, denn es ist kein freundliches Grinsen. Er schaut mich von oben bis unten an, ich fühle mich sofort unwohl und in Alarmbereitschaft. Ich nehme mein Handy hervor und tue so, als würde ich telefonieren. Dann kreuzen wir uns auf dem Fahrradweg und er zögert kurz. Sobald er an mir vorbei ist und er mich nicht mehr sieht, renne ich einen Teil der Strecke, um Abstand zu gewinnen. Je näher ich mich an Städten befinde, desto unwohler fühle ich mich. Der Mann wollte bestimmt nichts Böses, aber ich habe mich nicht gut gefühlt. Da ich in Frankreich mit knapp 20 Jahren mal von drei Männern überfallen und ausgeraubt worden bin, kann ich meine Angst in Städten manchmal schlecht kontrollieren.

Zum Glück muss ich in dieser Nacht nicht wildcampen. Der Campingplatz hier ist nicht sehr schön und die noch freien Plätze sind direkt am Ausgang, bei der Strasse. Dort fühle ich mich unwohl. Nach etwas Suchen sehe ich in der Nähe der Rezeption eine Frau, die ihr Auto parkt und ihr Zelt aufstellt. Etwas weiter weg steht wieder ein Auto. Dazwischen ist nicht sehr viel Wiese, aber ich frage sie, ob ich mein Zelt hier aufstellen dürfe. Sie antwortet sehr freundlich und informiert mich, dass sie allerdings einen Hund habe. Für mich kein Problem, mehr noch, ein Gewinn.

Ich stelle mein Zelt auf und lerne Nova, eine deutsche Schäferhündin, und ihre Besitzerin kennen. Wir kommen ins Gespräch. Bernadet ist ein absoluter Glücksfall für mich. Das Unwohlsein vergeht schnell. Sie und Hund Nova sind mit dem Auto unterwegs und gehen wandern, nachdem Bernadet ihren Job in Spanien coronabedingt verloren hat. Und dies, obwohl sie als Niederländerin erst vor kurzem alles zuhause aufgegeben hatte, um in Spanien einen Traumjob anzunehmen. Doch jetzt reist sie erst mal mit Nova zu den schönsten Wanderecken in Europa. Sie sagt auch, dass sie zuvor lange in einer Beziehung war und sich nun endlich auf dieses langersehnte Abenteuer wagt. Mit Nova testet sie Wanderungen auf ihre Hunde-Freundlichkeit und will darüber ein Buch schreiben. Ich erzähle ihr, dass ich nicht wirklich warm werde mit Slowenien. Es ist zwar wunderschön in diesem Land, aber ich fühle mich nicht so wohl wie bisher. Das schlechte Wetter, das Verbot, wild zu campieren, und die Nähe zur Zivilisation sind die Gründe. Auch sie erzählt mir, dass es ihr ähnlich gehe. Die Leute sind etwas verschlossener als in Italien oder Österreich, wohl auch, weil wir beide kein Slowenisch sprechen. Die Zeit mit Bernadet vergeht schnell. Sie bricht nochmals auf für einen kleinen Ausflug mit Nova und ich spaziere runter zum Fluss, um zu baden, danach lege ich mich auf meine gelbe Matte und geniesse die Zeit allein in der Natur. Ich lasse es etwas gemächlicher angehen, im Moment passt das für mich besser. Nach dem Baden nutze ich das Camping-Wifi und plane meine Route neu – und zwar so, dass ich jeden Abend auf einem Campingplatz bin. Nur morgen muss ich wohl noch einmal wildcampen.

Am Abend kommen Bernadet und Nova zurück. Wir sitzen vor unseren Zelten und quatschen. Ich bewundere Bernadet, sie strahlt eine grosse Zufriedenheit und Ruhe aus. Auch Novas Anwesenheit freut mich. Sie liegt am späteren Abend vor meinem Zelt und es sieht fast aus, als würde ich jetzt zu ihrem Rudel gehören. Hoffentlich beschützt sie mich mit.

Heute steht wohl eine letzte Wildcamping-Nacht an. Meine Motivation ist deshalb tief. Ich wandere von Tolmin über den Fluss und folge einer Strasse, die lange steigt. Autos sehe ich fast nie. Ich erreiche ein Kriegsdenkmal, setze mich in der Nähe an einen Picknicktisch und prüfe meine Füsse. Auf Asphalt wandern ist immer schlecht. Ausserdem hatte es bereits um 10 Uhr um die 30 Grad. Die nächsten Tage sind wieder Hitzetage.

Ich wandere weiter und erreiche Lokve. Die Strasse ist eigentlich gesperrt, aber ich hoffe einfach, dass man als Fussgänger durchkommt, und so ist es dann auch. Der Ort ist viel schöner als gedacht und sehr klein. Hier wäre wildcampen nicht so schlimm. Aber ich treffe auf eine kleine Pension, die ich im Internet gar nicht entdeckt hatte, und buche ein Zimmer. Das Abendessen ist auch dabei und ausgesprochen lecker. Alles viel besser als erwartet! Ich lege mich ins Bett und schlafe bis 1 Uhr. Trotz Wachsohrenstöpsel werde ich von lautem Gebrüll geweckt. Vor meinem Zimmer lachen und hämmern zwei Männer. Nicht an meiner Tür, aber am Zimmer daneben. Ohne viel zu überlegen, stehe ich schlaftrunken auf, gehe zur Tür, mache sie auf und frage, ob sie bitte leiser sein können. Es stellt sich heraus, dass die Jungs von ihren Freunden ausgesperrt worden sind. Es scheint, als werde ich verfolgt. Immer wieder wird meine heilige Nachtruhe gestört.

Beim Frühstück fragt mich der Gastgeber, wie meine Nacht war. Ich muss lachen. «Naja, gut, aber ein paar Jungs hatten gestern wohl einen lustigen Abend», antworte ich. Er lacht auch. Ja, das hatten sie. Dann tauchen die Männer auf und einer entschuldigt sich bei mir. Wir lachen gemeinsam und sie schämen sich ein bisschen. «Ein bisschen zu viel getrunken ...», sagt einer.

Nach einem stärkenden Frühstück mit frischem warmem Brot wandere ich los. Im Wald werde ich von einem Auto angehalten. Die Männer fragen mich, wo ich hinwolle. Als ich antworte, ich wolle nach Triest, sagen sie mir, dass es einen viel schnelleren Weg nach Triest gebe. Das hat mir auch schon der Besitzer der Pension gesagt. Doch ich erkläre, dass ich keine Eile habe. Hauptsache zurück auf die Via Alpina und auf der originalen Strecke bis zum Meer gehen. Die Via Alpina kennt hier übrigens niemand.

Im Wald verlaufe ich mich dummerweise, da ich Netz habe und beim Laufen meine Nachrichten checke. Paul hat mir geschrieben. Paul ist Franco-Kanadier. Er verfolgt meine Reise regelmässig und schreibt mir immer wieder. Dabei blogge ich auf Deutsch und er spricht Französisch oder Englisch. Doch er lässt jeden meiner Blogberichte übersetzen. Er möchte ab August von der Schweiz in Richtung Monaco wandern. Dann werden wir zur selben Zeit auf der fast gleichen Strecke unterwegs sein. Da ich so vertieft bin in seine Nachricht, verpasse ich es, auf den Weg zu schauen, und muss nachher eine Stunde zusätzlich investieren, um wieder an den richtigen Ort zu kommen.

Als ich auf eine Hügelkrete bei 1300 Metern ankomme, lichtet sich der Wald, ich kann das Meer förmlich spüren. 30 Minuten später bin ich bereits beim Abstieg und durch eine Lücke der Bäume sehe ich eine blaue Fläche. Kein einziger Hügel. Es sieht so unwirklich aus, doch das muss es sein: das Meer! Aber es ist auch noch ziemlich weit weg. Ich bin ganz aufgeregt, fühle mich leicht und irgendwie möchte ich am liebsten rumhüpfen vor Begeisterung. Ich wandere etwas weiter, als ich ein Bellen höre. Dann sehe ich eine Gestalt auf mich zurennen. Sofort denke ich an einen Hund, doch ich sehe keinen Besitzer. Schnell steigt Panik auf. Hilfe, was mache ich jetzt?! Ein Streuner? Wird er mich angreifen und beissen? Dann sehe ich es zwischen den Bäumen nochmals aufhuschen und gleich nochmals. Doch es ist kein Hund. Ein Reh rennt direkt neben mir vorbei. Das Bellen hat sich schon etwas komisch angehört, aber erst jetzt erkenne ich den Unterschied.

Erleichtert gehe ich weiter, erreiche eine geschlossene Hütte und steige über einen Felsen ab. Wohl der letzte richtige Berg, oder eher Hügel. Am Nachmittag erreiche ich einen kleinen Campingplatz – dieser wird im Garten einer netten Familie geführt. Ich bekomme selbstgemachten Zitronenmelisse-Sirup in einer grosse Glasflasche und ein Eis. Es passt so gut zum heissen Tag, ich lege mich auf meine Matte unter einen Obstbaum und lese. Später kommen noch zwei junge Frauen aus Deutschland dazu. Sie haben einen Hund dabei. Er stammt aus einem Tierheim in Slowenien und erst beschnuppert er mich, doch dann fängt er an, böse zu kläffen, und versucht, mich anzugreifen. Immer wieder fletscht er die Zähne, will auf mich los, obwohl die Frau ihn an der Leine hat und er nicht loskommt. Später wird es ihr zu viel und sie bringt ihn ins Auto. Ich bin froh darüber, er hat mir Angst gemacht. Nach meiner Nudelsuppe bestaune ich noch den Sternenhimmel. Es ist warm und ich brauche meinen Schlafsack eigentlich gar nicht mehr.

Zum Glück ist der Hund auch am nächsten Morgen, als ich losgehe, noch im Auto. Zuerst wandere ich nach Ajdovscina, eine Stadt in Slowenien, danach den Fluss entlang bis zum nächsten Campingplatz. Einmal kann ich kurz im Fluss abtauchen, aber meistens ist so viel stacheliges Gebüsch am Flussufer, dass sich Ein- und Ausstieg schwierig gestalten. Ansonsten passiert an diesem Tag nichts, die Landschaft ist mit Industrie verbaut, keine Wanderung also, die mich glücklich macht. Beim Campingplatz angekommen, esse ich Erdnussflips, spare mir ein paar für später auf, gehe duschen. Als ich weiteressen möchte, ist alles voller Ameisen. Mist. Mit einer nicht so leckeren Instant-Nudelpackung geniesse ich den Abend, den Sonnenuntergang und lege mich wie immer früh schlafen.

Um 23 Uhr werde ich wach. Immer wieder erlebe ich Neues. Es ist schon fast verrückt. Ich fühle mich wie eine alte genervte Spiesserin. Dieses Mal spazieren zwei Teenie-Girls vor meinem Zelt auf und ab. Beide telefonieren – separat – mit jemandem. Sie telefonieren laut, kichern ins Handy. Eine eher rechts vor meinem Zelt, die andere eher links. Ich habe langsam keine Nerven mehr. Was oder wen schickt mir das Schicksal als nächstes? Vielleicht sind es aber auch Zeichen, dass ich mich mehr entspannen solle. Oder es ist ein Zeichen, dass die Leute die Nachtruhe einfach nicht mehr ernst nehmen und respektlos sind?! Auf allen Campingplätzen erhält man die Weisung, dass nach 22 Uhr Ruhe einzuhalten ist. Ich rege mich über die Mädchen auf und gleichzeitig auch über mich selbst, dass ich mich so aufrege.

Mein Wecker klingelt um 4.45 Uhr. Es wird heute 34 Grad heiss werden und ich möchte bereits am frühen Nachmittag zum nächsten Campingplatz kommen. Denn dort gibt es einen Pool! Schon kurze Zeit später wandere ich am Bord einer Felswand, im Wald. Es ist ein bisschen unheimlich. Ich treffe aber bis Mittag keinen einzigen Menschen an. Nur Gämsen und Rehe. Ich mache keine Pausen und ziehe es in einem Stück durch. Der Campingplatz Mirjam bei Radzorto mit seinem Pool spornt mich heute an. Als ich ankomme, baue ich mein Zelt auf und gehe sofort baden. Leider habe ich kein Badetuch. Nach dem Baden lege ich mich deshalb in die Wiese und lese. So richtig gemütlich wird es jedoch nie. Die Insekten finden mich spannend und krabbeln über meinen Arm, meinen Bauch und meine Beine. Ich sehne mich schon lange nach Badeferien. Einfach mal drei Tage nur rumliegen. Doch nach diesem Nachmittag bin ich schon so gelangweilt, dass ich noch eine Weile darauf verzichten kann ...

Glücklicherweise gibt es hier wieder Wifi, sodass ich fleissig mit meinem Freund Christian kommunizieren kann. Vor meinem Start hatte ich Yuki, meinen zukünftigen Kater, besucht. Heute hat Christian ihn für mich abgeholt. Er wird, bis ich zuhause bin, auf ihn aufpassen. Und das, obwohl er Katzen eigentlich nicht einmal mag. Neugierig frage ich stündlich nach Updates, wie es Yuki gehe, wie er den Transport in der Katzenbox gemeistert habe, ob er im Zug miaute und sich beim Ankommen zuhause versteckt habe. Doch es scheint alles gut zu laufen, die Jungs haben es im Griff. Christian antwortet fleissig und schickt mir Bilder.

Am Abend gewittert es zum ersten Mal wieder. Ich verziehe mich ins Zelt und schlafe richtig gut. Zu Beginn der Via Alpina hatte ich oft Rückenschmerzen. Denn im Frühling 2016 hatte ich mir bei einem grossen Sprung beim Skifahren mein Becken dreifach gebrochen. Seit diesem Unfall habe ich je nach Matratze oder eben Schlafmatte etwas Mühe. Doch mein Körper scheint sich auf der Via Alpina daran gewöhnt zu haben.

__ *Triest – Ankunft am Meer*

Der letzte grosse Wandertag steht an. Neun Stunden und über 30 Kilometer, bei wieder 34 Grad. Um 6 Uhr starte ich, die Haut ist schon klebrig von der ganzen Sonnencreme. Ich gehe über einen zugewachsenen Weg und die Brombeerpflanzen zerkratzen mir die Beine. Mit meinem schwitzigen Gesicht räume ich zusätzlich auch noch alle Spinnweben ab. Ein vielversprechender Start in den Tag. Nach zwei Stunden muss ich pausieren. Es ist schon so heiss, ich bin völlig fertig und kämpfe mit dem Weiterkommen. Irgendwann gegen Mittag erreiche ich den Kokosberg. Die Hütte auf dem «Gipfel» (es ist mehr ein Hügel) ist geschlossen, doch sie spendet Schatten und ich schlafe auf einer Bank ein.

Zwei Stunden später wache ich verspannt auf, schultere wieder meinen Rucksack und bemerke, dass mein Stofftuch, welches mir Lara im Tessin geschenkt hatte, wohl von den Stachelpflanzen vom Rucksack gerissen worden ist. Ich habe nicht viel dabei, aber fast alles hat mittlerweile einen emotionalen Wert. Traurig wandere ich bergab – am liebsten würde ich zurückgehen und es suchen. Aber dann würde ich heute nicht mehr am geplanten Ort ankommen.

Schon bald passiere ich die grüne Grenze von Slowenien nach Italien. Auf dem Via-Alpina-Weg gehe ich durch das Val Rosandra. Der Weg wird noch einmal richtig schön, mit einigen felsigen Abschnitten. Schon von weitem höre ich Kinderstimmen. Als ich unten im Tal ankomme, sehe ich einen kleinen Fluss. Die Leute sitzen am Rand, alles ist steinern mit grossen, runden Felsen und es haben sich kleine Pools darin gebildet. Es sieht ein bisschen aus, als wären es Gletschermühlen, so wie ich es von zuhause kenne, einfach ohne den Gletscher in der Nähe. Mein Plan ist, heute in der letzten Via-Alpina-Unterkunft zu schlafen, dem Rifugio Premuda. Von hier sind es dann noch etwa fünf Stunden ans Meer. Natürlich könnte ich das auch heute noch durchwandern, eine Monster-Etappe daraus machen. Aber ich glaube, es ist schöner, morgen ausgeruht am Meer anzukommen. Und schonender für meinen Körper. Denn mein Plan, nicht nur bis Triest, sondern doch noch bis nach Monaco zu wandern, wird wieder realistischer. Vom Rifugio Premuda plane ich nochmals zurück zum Fluss zu gehen und dann zu baden.

Doch als ich dort ankomme, schliesst eine Angestellte des Rifugio genau in diesem Moment die Türen. Ich frage gerade noch, ob ich nicht hier schlafen könne. Doch die junge Frau sagt mir, dass sie schon länger keine Übernachtungen mehr anbieten würden. Damit habe ich nicht gerechnet. Ich habe mir schon genau vorgestellt, wie ich in der letzten Via-Alpina-Hütte den Abend ausklingen lasse. Enttäuscht ziehe ich weiter, in ein kleines Dorf vor Triest. Ich mag eigentlich gar nicht mehr. Immer wieder merke ich, dass es, wenn ich mir ein Ziel setze, dieses erreiche und dann aber doch gezwungen bin weiterzugehen, richtig hart wird. Die Kräfte habe ich mir so eingeteilt, dass ich am geplanten Ziel gefühlt bei null bin. Aber ich erinnere mich einmal mehr daran, was mein Bruder Andri immer sagt: «Wenn du meinst, du kannst nicht mehr, dann hast du etwa 40% deiner Ressourcen aufgebraucht. Dein Körper kann viel mehr, als du denkst.» Das hat mir schon ein paar Mal geholfen. Die Strecke ist kurz, nur die Hitze und der Asphalt belasten mich. Ich erreiche einen kleinen Dorfplatz. Da ich keine Ahnung habe, wo ich heute schlafen soll, gehe ich in ein Café. Dort google ich meine Optionen. Wildzelten kommt hier für mich nicht in Frage. Ich wüsste gar nicht, wo. Einen Campingplatz gibt es nicht. Fürs Weiterwandern bin ich nach neun Stunden und 36 Kilometern zu kaputt. Ich finde eine Ferienwohnung, in der ich mich etwas überteuert einquartieren kann. Man muss aber auch sagen, dass sie für mich allein zu gross und sehr modern ist. Aber was solls. Ich koche in der Küche meine letzten Essensreserven und schmeisse alle Suppen in einen Topf. Doch die Hitze ist so unerträglich, dass ich die Suppe nicht wirklich essen mag. Auch in der Nacht fühle ich mich gequält, noch immer ist es so heiss.

Der letzte Morgen steht an – Triest, ich komme! Unglaublich, ich kann es selbst kaum fassen. Früh am Morgen gehe ich los. Zu meiner Überraschung komme ich schnell in den Wald, gehe erst sogar einen richtigen Wanderweg, teilweise auch mit Steinbrocken und kleinen Absätzen. Das hätte ich hier nicht mehr erwartet. Dann geht es auf einem Forstweg weiter. Nach kurzer Zeit wird es unheimlich. Ich finde einen ersten Rucksack mit herumliegenden Kleidern und einem Personalausweis daneben. Ich denke sofort an ein Verbrechen, fotografiere alles, überlege schon, wie ich vorgehen muss. Oh Mist, jetzt muss ich wohl zur Polizei. Hier wurde vielleicht jemand entführt und das sind seine Kleider – vielleicht Beweismittel? Ich bin nervös, was ist hier passiert?! Trotz flauem Gefühl entscheide ich mich, weiterzuwandern. Denn ich habe auch Angst, dass sich hier jemand versteckt und mich beobachtet. Vielleicht wurde der Rucksack auch einfach gestohlen? Was, wenn ich den Dieb antreffe? Ich habe ziemlich viele teure Gegenstände dabei. Nur schon mein neues iPhone. Wieder schiesst mir der Überfall in Frankreich in den Kopf. Ich beginne zu zittern, will einfach nur weg, gehe schnell. Doch nur kurze Zeit später sehe ich weitere Kleider. Es wird immer unheimlicher. Ich wandere und schaue mich immer um, mein Handy habe ich weggepackt. Meinen Standort habe ich auf live eingestellt. Was ist hier los? Es folgen viele Rucksäcke, Schuhe, Kleidung, einmal sogar mehrere Schlafsäcke. Ein Deo. Ich verstehe es nicht. Dann sehe ich ein paar notdürftige Unterkünfte, also Äste, die ein Dach darstellen sollen. Ich renne fast aus dem Wald hinaus. Doch während zwei Stunden finde ich auf der Strecke immer wieder herumliegende Kleider. Meine Ohren sind gespitzt. Menschen sehe ich zum Glück keine. Vielleicht ist hier im Wald auch ein Obdachlosenlager …

In einem Hörbuch hatte ich erst vor kurzem von einer geheimen Siedlung im Wald gehört. Endlich erreiche ich eine Strasse. Ich bin unendlich froh, aus dem Wald draussen zu sein. Noch immer habe ich keine Ahnung, was diese vielen Kleidungsstücke im Wald bedeuten. Doch später lese ich, dass sie teilweise von Flüchtlingen stammen. So oder so, es scheint ein sehr trauriger Grund zu sein, wieso im Wald verstreut persönliche Gegenstände liegen.

Ich gehe einen Teil auf der Strasse und komme wieder zum Wald. Normalerweise würde ich mich freuen, vor allem für die Füsse. Heute jedoch nicht. Allerdings wird es besser, nicht mehr so viele Kleidungsstücke, und ich bin weniger tief im Wald. Im letzten Waldstück hat es so viele Fliegen, dass ich die Schwärme sogar mit der Kamera auf einem Bild ohne Probleme einfangen kann. Sie machen mich wahnsinnig mit ihrem Schwirren und Surren. Ich lasse den Wald hinter mir, erreiche den Stadtrand von Triest und komme in ein Industriegebiet. Dann erreiche ich eine riesige Autostrasse und Kreuzungen. Ich überquere sie und finde danach einen kleinen Weg am Fluss. Nach kurzer Zeit sehe ich die ersten Boote im Kanal. Dann dämmert mir, dass diese wohl normalerweise auf dem Meer unterwegs sind. Ich wandere 20 Minuten und dann passiere ich eine kleine Brücke über den Fluss. Und da sehe ich es. Das Meer! Der Fluss endet gerade unter dieser Brücke, auf der ich stehe, im Meer und ich sehe auf die offene blaue Fläche. Seit ich auf der Via Alpina unterwegs bin, begleitet mich ein Ohrwurm. Ich gehe an der Strasse am Meer entlang und summe mein Traillied «If you like Pina Coladas» von Rupert Holmes. Es hat sich schon vor Wochen in meinem Kopf festgesetzt und lässt mich nicht mehr los.

Dann kommen ein paar Ufer-Felsbrocken und ich sehe direkt vor mir einen Mann im Meer baden. Waaas?! Also jetzt wirklich!? Tatsächlich, ich habe es geschafft – die lange Strecke von der Schweiz bis ans Meer, aus eigener Körperkraft! Ich strahle vor Freude und muss wohl ziemlich doof ausschauen. Ich sehe immer mehr Menschen, sie liegen auf Badetüchern am Betonrand. Dann kommt die erste Badeanstalt. Ich fotografiere. Gehe weiter, bis nach Muggia bei Triest. Dann komme ich am Hafen an. Dort sehe ich wieder grosse Steine und einen leeren Platz am Ufer. Ich hüpfe über die Steine, ziehe meine Schuhe aus und tippe meine Füsse ins Meer. Es fühlt sich so unwirklich an. Ich bin von der Schweiz ans Meer, an die Adria, gewandert. Ich mache mit dem Mini-Stativ ein erstes Foto meiner Ankunft. Doch ich weiss, es ist noch lange nicht mein Zielfoto. Das wird es erst in Monaco sein.

Am Meer angekommen, fällt viel Anstrengung und auch selbstgemachter Druck von meinen Schultern. Ich habe schon viel mehr geschafft, als ich eigentlich zu Beginn von mir erwartet hatte. Und noch etwas ist passiert: Nachdem ich ein paar Wochen unterwegs war, sagte mir niemand mehr, wie damals zu Beginn, dass dieser Weg zu gefährlich für mich sei und ich es nicht schaffen würde.

In Triest begebe ich mich auf eine besondere Mission. Ich will am ersten Etappenziel ein schönes, luftiges Sommerkleid finden. Eigentlich habe ich eine genaue Vorstellung. Es soll hellblau und weiss sein, mit Blümchen. Vielleicht Margeriten. Doch schon der Weg in die Innenstadt ist für mich eine echte Qual. Als ich bei 37 Grad mit Maske im Bus sitze, fühlt sich die Hitze sogar noch unerträglicher an als beim Wandern mit dem schweren Rucksack auf dem Rücken. Im Supermarkt angekommen, verbringe ich die ersten Minuten vor einem Kühlregal stehend. Einfach nur, um mich abzukühlen. Meine Shopping-Tour ist wenig erfolgreich. Ich finde nicht, wonach ich suche, und gebe mich mit einem geblümten Rock und einem gerippten Pastell-Shirt zufrieden. In einem Café ziehe ich mich direkt um und passe danach etwas besser zur schönen Stadt Triest.

Zwei Tage später sitze ich im Zug nach Flims. Am Tag davor habe ich nochmals Triest erkundet, doch ich war froh, dass ich nur einen Tag in der Stadt eingeplant hatte. Es ist eine andere Welt, nachdem man so lange allein in den Bergen gewandert ist.

Meine Zugfahrt dauert gar nicht so lange. Von Triest nach Venedig und schon geht es via Mailand nach Lugano in die Schweiz. Meine

Mama, meine grösste Unterstützerin und immer Immer-an-mich-Glauberin, wartet schon am Bahnhof in Lugano. Sie freut sich fast noch mehr als ich selbst über meinen ersten Via-Alpina-Meilenstein. Doch ich weiss: Noch ist es nicht geschafft. Ich habe erst etwas mehr als die Hälfte. Gefeiert wird erst in Monaco. Sie begrüsst mich freudig und hat mir Gummibärchen aus einem Tessiner Delikatessenladen mitgebracht. «Habe extra gefragt, sie sind vegetarisch!», sagt sie, als ich aus Reflex schon die Zutatenliste überfliege. Wir trinken im Bahnhofsrestaurant einen sommerlichen Drink und fahren gemeinsam mit dem Auto nach Flims. Bevor ich zum zweiten Teil der Via Alpina nach Monaco aufbreche, werde ich zuhause einen Stopp einlegen. Erstens möchte ich meine Ausrüstung in Schuss bringen – vor allem mal alles sehr gründlich waschen – und zweitens findet in den nächsten Tagen ein Klassentreffen statt. Einige Schulkameraden habe ich über zehn Jahre nicht mehr gesehen. Da ich es genau zu diesem Zeitpunkt nach Triest geschafft habe und nun rechtzeitig zuhause in Flims bin, lasse ich mir dieses Zusammenkommen nicht entgehen – dafür bin ich viel zu neugierig.

AUGUST BIS OKTOBER 2020: SCHWEIZ–MONACO

— *Start 2.0 in Vernayaz, Schweiz*

Ein paar Tage später liege ich wieder im gleichen Bett eines Hotelzimmers bei Visp – wie vor knapp drei Monaten. Mit meinem Bruder Andri bin ich heute von Flims ins Wallis gefahren. Er muss nach Saas-Fee für sein Sommertraining auf dem Gletscher und hat mich mitgenommen.

Dieses Mal ist die Anreise viel entspannter. Ich bin nicht mehr so nervös wie am 31. Mai. Ich weiss, was mich in den nächsten Wochen erwarten wird und dass ich dem gewachsen bin. Und doch, mein Bauch kribbelt wie verrückt. Ich freue mich, wieder auf der Via Alpina zu sein. Ich habe sie vermisst. Mein neues Zuhause, der Trail. Ob ich es tatsächlich bis Monaco schaffen werde?

— *Coronapanik im Wallis*

Am Morgen, als ich aufwache, merke ich sofort, dass etwas nicht stimmt. Mein Hals kratzt, ich fühle mich schwach. Ich gebe die Schuld der gestrigen Autofahrt. Wir sind mit Klimaanlage gefahren und darauf reagiere ich oft sensibel. Ausserdem hatte ich diese Nacht das Fenster weit geöffnet. Beides zusammen hat mir jetzt wohl einen kratzigen Hals eingebrockt. Blöd. Die Gesundheit ist auf dem Trail das Wichtigste.

Von Visp nehme ich den Zug, wieder nach Vernayaz. Dieses Mal gehe ich direkt in die richtige Richtung, nicht wie vor vielen Wochen, als ich schon zu Beginn falsch abgebogen bin. Auf einer flachen waldigen Strecke geht es gemütlich bis nach Martigny. Nachdem ich an der kleinen Stadt vorbei bin, setze ich mich auf eine Bank und esse mein Frühstück: Schokoladen-Joghurt und ein Croissant. Gleichzeitig schreibe ich Paul, dem Franco-Kanadier, wo er gerade stecke. Er muss irgendwo hier sein, denn vor ungefähr sieben Tagen ist er gestartet. Er wird die nächsten Wochen entlang der Via Alpina wandern, hauptsächlich auf dem französischen Abschnitt.

Als ich weitergehe und den Aufstieg entdecke, sammle ich meine Kräfte – dabei sind für mich die etwas über 1000 Höhenmeter normalerweise nicht einmal der Rede wert. Doch ich fühle mich schwach und ausgelaugt, nur langsam komme ich voran. Gerade als ich einen kleinen Gipfel des überquerenden Hügels erreiche, schreibt mir Christian, dass er heute krank sei. Ich setze mich sofort auf den Boden ins trockene Gras und frage nach: «Was hast du denn?» Er antwortet: «Husten, Fieber, fühle mich schwach und der Hals kratzt.» Scheisse. «Machst du einen Corona-Test?», frage ich weiter. «Ja», gibt er zurück. Ich erzähle ihm, dass es mir auch nicht gut geht. Ich denke daran, was passieren würde, wenn sein Testergebnis positiv wäre. Dann wäre ich wohl auch positiv, müsste die Via Alpina abbrechen und zwei Wochen in Quarantäne. Danach würde es schwierig werden, vor dem Wintereinbruch doch noch die gesamte Route durchziehen zu können. Wenn ich jetzt also Corona hätte, dann würde das wahrscheinlich mein gesamtes Via-Alpina-Projekt zerstören. Dabei bin ich doch schon so weit gekommen.

Ich gehe weiter, mein Zustand verschlechtert sich und es ist ausserdem sehr heiss. Nach einigen Stunden erreiche ich den Ort Orsières, kaufe im Supermarkt Halspastillen sowie einen Ingwer-Shot und setze mich auf eine Bank am Bahnhof.

Paul schreibt mir, dass er heute mit seinem Wanderfreund Alex auf dem Campingplatz in Champex übernachten wird. Ich entscheide mich spontan, auch dorthin zu gehen. Als ich schon frisch geduscht vor meinem Zelt sitze, kommen die jungen Männer an. Beide tragen jeweils zwei Rucksäcke und sind bestens gelaunt. Als Erstes muss ich Paul sagen, dass ich mich nicht so gut fühle und wir deshalb unbedingt genug Abstand halten müssen. Obwohl ich ziemlich platt bin, freue ich mich riesig über unser Treffen. Paul hat alle meine Blogposts gelesen und ist bestens informiert, was ich bereits auf der Via Alpina erlebt und welche Herausforderungen ich gemeistert habe. Und nun, nach vielen Wochen des Mitlesens, ist er selbst unterwegs.

Doch nicht nur Paul und Alex kommen beim Campingplatz Champex an, auch haufenweise andere Wanderer. Noch nie habe ich so viele gesehen! Ich verstehe erst gar nicht, warum. Doch dann begreife ich, dass viele Wanderer die Tour Mont Blanc machen, eine Wanderung um den Mont Blanc herum, für die man etwa eine Woche benötigt. Unglaublich, dass es nach so vielen Wochen das erste Mal ist, dass ich nicht die Einzige mit einem Einzelzelt bin.

Als Paul, Alex und ich an diesem späteren Nachmittag quatschend vor meinem Zelt stehen, kommt ein Mann vorbei und zeigt auf das Zelt meines Nachbarn. Es ist etwas unbeholfen aufgebaut und hängt durch. Er sagt irgendetwas über dieses Zelt und ich kommentiere ganz belanglos mit einer nebensächlichen Info, dass dies ein superteures Zelt sei. Denn es ist ungefähr das gleiche Zelt wie das von Selina, das ihre PCT-Freundin ihr geliehen hatte. Wohl eines der leichtesten Zelte überhaupt. Durch meine Zelt-Recherche vor der Via Alpina und die vielen Bücher, die ich gelesen habe, weiss ich gut Bescheid. Der Mann findet meinen Info-Kommentar total doof. Er ist direkt beleidigt, dass ich ihn «belehre». Er stellt sofort klar, dass er übrigens auf dem PCT war, somit ein Experte sei, und dass mein Zelt übrigens «shit» sei. Ich stehe überrumpelt da und ergänze leise, als er weg ist: «Mein Zelt ist nicht scheisse.» Paul grinst mich an, auch er findet die Situation etwas merkwürdig.

Mich ärgert es mittlerweile, dass der PCT *der* Weitwander-Massstab geworden ist. Ich bin so glücklich mit meiner Entscheidung gegen den PCT und für eine Route in der Heimat, auch wenn wenn die Via Alpina noch sehr unbekannt ist und ich damit niemals in den

Wanderolymp aufsteigen werde. Dafür hat meine Strecke viel zu wenige Kilometer. Doch das war auch nicht mein Ziel. Das Abenteuer in den Bergen steht für mich klar an erster Stelle, nicht die sportliche Leistung. Warum mein Zelt aber scheisse sein soll, frage ich mich noch den ganzen Abend. Solche gehässigen Begegnungen dämpfen bei mir die Stimmung. Ich gehe früh ins Bett, beziehungsweise in mein Zelt. Die ganze Nacht friere ich unheimlich. Bis jetzt zum ersten Mal.

Kraftlos wache ich am Morgen auf. Paul, Alex und ich gehen zum See, kaufen in einer Bäckerei noch Gebäck und frühstücken auf einem grossen Steinbrocken am Ufer. Die beiden kochen ihr Müsli, etwas wie Porridge mit Schoggi-Stücken und Nüssen. Ich esse ein Croissant. Sie bieten mir von ihrem Frühstück an, können kaum glauben, dass dieses eine Gipfeli mein Frühstück sein soll. Ich esse noch ein bisschen von ihren vielen Früchten, die sie unterwegs vom Feldboden aufgesammelt haben. Beide tragen sehr viel Essen mit. Das muss schwer sein, denke ich mir. Sie erzählen mir vom Gespräch mit eben dem PCT-Wanderer, der sich von mir provoziert gefühlt hat. Besonders Paul ist fasziniert von ihm. Sie berichten, dass er seit dem PCT immer weitergewandert ist und nun seit eineinhalb Jahren ununterbrochen zu Fuss unterwegs ist. Das allein finde ich schon sehr eindrücklich. Doch anscheinend verzichtet er auch noch ganz auf Elektronik. Kein Handy und kein GPS. Unfassbar, das ist eine riesige Herausforderung. Trotzdem hätte er etwas freundlicher sein können. Nach dem Frühstück verabschieden wir uns. Alex und Paul ziehen in eine andere Richtung weiter. Paul will wandern, Alex hat Knieschmerzen und wird einen Teil mit dem Bus überspringen. Alex plant, ein paar Tage später wieder nach Hause zu reisen. Paul und ich vereinbaren, dass – wenn es für uns beide klappt und unsere Routen noch einmal zusammenlaufen – wir uns später wieder treffen werden.

Ich nehme den Bus zurück nach Orsières, um von dort auf meiner Strecke weiterwandern zu können. Auf der Fahrt geht es mir von Minute zu Minute schlechter. Das ganze Tal liegt noch immer im

Schatten und ich friere fürchterlich, als ich aussteige. In Orsières kaufe ich mir in einer Apotheke Medikamente gegen meine Halsschmerzen. Als ich aus der warmen Apotheke rauskomme, packt mich erneut die Kälte. Nebenan erblicke ich ein Hotel mit Restaurant. Es ist erst 8 Uhr, doch ich sehe schon Leute ein- und ausgehen. Im alten Stübli nehme ich an einem Tisch in der Ecke Platz und bestelle etwas Warmes zu trinken.

Der nette Wirt merkt, dass es mir nicht blendend geht – obwohl ich bewusst nichts sage. Er bringt mir eine heisse Bouillon-Suppe, hält aber immer vorbildlich viel Abstand. Ich habe Angst, dass ich weggeschickt werde. Es wäre mir unangenehm und ich brauche die Wärme im Moment so sehr. Die Suppe tut unglaublich gut. Der alte Wirt fragt mich, woher ich sei und was ich mache. Er bringt mir eine Karte, auf der ich ihm zeigen soll, wo ich durchwandere. Es ist eine kleine Karte der Umgebung. Meine Wanderung hat natürlich keinen Platz darauf. Ich erzähle ihm von Flims und von der Via Alpina. Er ist sehr interessiert und sagt immer wieder, ich solle jetzt aber die Suppe schön brav fertigessen.

Es ist komisch, so früh am Morgen Suppe zu löffeln. Nachdem mein Körper gewärmt und gestärkt ist, verabschiede ich mich vom Wirt. Er bittet mich zu warten. Dann verschwindet er in der Küche, kommt wieder nach vorne und übergibt mir einen Schlüsselanhänger. Er sagt, der Anhänger solle mir Glück bringen für unterwegs. Es ist ein kleiner Bernhardiner mit einem Schweizer Kreuz. Ein Bernhardiner, weil ich bald zum Grossen St. Bernhard wandere, wo die Hunde über mehrere hundert Jahre von Mönchen auf dem Pass gezüchtet wurden. Ich bin gerührt. Diese liebevolle Geste gibt mir Kraft und als ich den Ort verlasse, kämpfe ich mich zwar noch immer ab, bin aber schon viel motivierter. Dann – nach eineinhalb Tagen bangen und hoffen – kommt endlich die Nachricht, dass Christians Corona-Test negativ ist.

Ich wandere nur bis nach Bourg-Saint-Pierre, auch dort gibt es einen Campingplatz. Ich stelle mein Zelt auf und schlafe draussen in der Sonne auf der Matte ein. Nach zwei Stunden wache ich auf und fühle mich wie neugeboren. Die Nachricht, dass ich wohl doch kein Corona habe, und der Nachmittagsschlaf verhelfen meinem Körper zur Blitzheilung. Verrückt, wie man sich manchmal in etwas reinsteigern kann, und noch schlimmer, wie sehr mein Körper darauf reagiert und dieses paranoide Spiel mitmacht. Die letzten Tage habe ich Etappen halbiert, weil ich mich so kraftlos gefühlt habe. Das werde ich nun wieder aufholen müssen. Zum Abendessen gehe ich in ein kleines Restaurant und gönne mir ganz allein ein Fondue. Der letzte Tag in der Schweiz soll würdig beendet werden.

Am Morgen folgt meine Route einem Wanderweg neben der Passstrasse. Meine Halsschmerzen sind weg, doch ich bin noch stark verschnupft und bekomme schlecht Luft. Ich fühle mich wie damals in Nepal. Dort bin ich fast drei Wochen lang erkältet gewandert. Nach vier Stunden komme ich auf dem Grossen St. Bernhard auf 2473 Metern an. Es hat einen schönen See und viele Leute, weil der Pass mit dem Auto erreichbar ist. Zuerst gönne ich mir eine Walliser Käseschnitte im Restaurant und danach besuche ich das Museum und die Bernhardiner. Die Hunde sind unglaublich gross, wie Kälber, und ich bin fasziniert. Auch das Museum ist spannend. Als passionierte Skifahrerin ist «Barryfox» für mich ein bekannter Begriff. Es ist ein bekanntes Lawinensuchgerät. Der Name Barry kommt von einem Bernhardiner, welcher vor fast 200 Jahren hier auf dem Pass nach einer Lawine viele Verschüttete fand und darum Legendenstatus erreicht hat. Barrys gesamte Geschichte ist im Passmuseum dargestellt. Ausserdem erfahre ich, dass Julius Cäsar vor 2000 Jahren den Pass erstmals namentlich erwähnt hat. Hier sind also schon die Römer durchmarschiert. Auch eine napoleonische Armee mit 30 000 Mann überquerte einst den Grossen St. Bernhard. Kein Wunder, dass ich heute Vormittag einen Mann gesehen habe, der das Gebiet mit einem Metalldetektor nach spannenden Funden abgesucht hat.

Nach der Pause fragen mich Fremde, ob ich ein Foto von ihnen machen könne. Dafür machen sie eines von mir. So brauche ich mein

Stativ nicht hervorzukramen. Ich wandere gestärkt runter vom Pass, nach Italien. Es geht kurzzeitig steil bergab. Um 17 Uhr erreiche ich das Dorf San Leonardo auf 1370 Metern. Beim Dorfeingang sehe ich ein Schild: «Wanderer Willkommen!» Ich folge dem Schild, es führt in die private Garage eines kleinen Hauses. Dort finde ich einen ganzen Getränkestand! Auf Italienisch lese ich: «Alle Wanderer & Pilgerer dürfen sich kostenlos bedienen.» Es wird uns eine gute Reise gewünscht. Denn auch der Pilgerweg Via Francigena von Canterbury bei London bis nach Rom führt hier durch. Im Mittelalter war diese Route eine der wichtigsten europäischen Pilgerwege. Ich bediene mich und spende ein paar Euro in die Keksdose. Wie cool – das ist Trail Magic! So viel habe ich schon darüber gelesen. Doch weil die Via Alpina relativ unbekannt ist, wird dieser Brauch hier kaum angewendet. In Amerika auf dem PCT gibt es ein ganzes Netzwerk von Trail Angels, freiwilligen Helfern, die die Wanderer auf ihrem Weg unterstützen. Sei es mit Verpflegungsdepots mitten auf dem Trail oder mit Angeboten, in Privatgärten zu übernachten. Würde ich an einem Trail wohnen, hätte ich gerne auch als Trail Angel mitgeholfen. Es gibt dann oft Bücher, in denen man sich verewigen kann und sich beim freiwilligen Helfer bedankt.

Nach der erfrischenden Capri-Sonne ziehe ich bei einem Brunnen die Schuhe aus und kühle meine Füsse im kalten Wasser. Wie soll es heute weitergehen? Eigentlich gäbe es hier in San Leonardo eine Unterkunft. Der nächste Campingplatz wäre 50 Wanderminuten entfernt. Doch ich entscheide mich fürs Weiterwandern und Wildzelten. Ich fühle mich stark, also steige ich zum Pass Col Citrin auf über 2400 Metern auf. Es macht mir richtig Spass, obwohl es anstrengend ist. Doch ich bin motiviert, meinen Rückstand wieder aufzuholen. Gegen 20 Uhr erreiche ich den Pass, bin völlig durchgeschwitzt und werde von tosendem Wind begrüsst. Es ist kalt. Ich passe auf, dass ich mich nicht gleich wieder erkälte, ich muss schliesslich erst ganz gesund werden. Ich steige schnell wieder ab, komme auf eine Alp, gehe weiter in Richtung Cerellaz und baue erst nach 21 Uhr mein Zelt auf. Ich esse einen klebrigen Müsliriegel und schlafe augenblicklich ein.

— *Grenzübertritt nach Frankreich kurz vor Wintereinbruch*

Von der Alp Jonvençan gehe ich am Morgen nach Vedun und sehe auf meinem Weg zum ersten Mal überhaupt den Mont Blanc. Ich wandere weiter und komme bei grosser Hitze nach Cerellaz. Auf der digitalen Karte wird mir ab Cerellaz ein Weg angezeigt, der in der Realität ins Nichts führt. Ich verirre mich, versuche, irgendwie wieder zur Strasse zu gelangen und quetsche mich durch dicht bewachsene Sträucher und Äste. So komme ich zu einer kleinen Felswand, klettere sie runter und komme mit blutig gekratzten Beinen wieder auf der heissen Asphaltstrasse an. So ein Mist. Nun bleibe ich lieber auf der Strasse. Aus dem Gestrüpp wieder heil herauszukommen hat viel länger gedauert, als wenn ich direkt auf der Strasse entlanggegangen wäre. Endlich unten im Tal angekommen, überquere ich einen Fluss und erreiche die nächste kleine Ortschaft: Runaz. Am liebsten hätte ich mir eine Brücke hingezaubert. Dann hätte ich mir viel Anstrengung bis auf den Monte Colombo sparen können. Mein ganzer Körper ist überhitzt, der Aufstieg mühsam. Es ist ein ebener, erdiger Weg. Ich mag stufige Wege mit grossen Steinbrocken – wie eine Treppe – lieber. Nach 20 Minuten pausiere ich bereits ein erstes Mal. Nach der Pause reisse ich mich zusammen. «So, jetzt wanderst du diesen Berg hoch, ist doch gar kein grosses Ding!», sage ich mir. Doch nach weiteren 30 Minuten bin ich wieder am Limit und mache eine zweite Pause. Kein Vergleich zu gestern, als ich förmlich über den Pass geflogen bin. Endlich erreiche ich die 1800 Meter. Ein unspektakulärer Gipfel.

Danach geht es auf der gleichen Höhe weiter bis Baulan, ein kleines Alp-Dörfli. Es gibt einen Brunnen neben einem Bauernhof, ansonsten sieht der Ort sehr verlassen aus. Ich habe einen Riesendurst. Oft sage ich über mich selbst, ich sei ein Kamel. Ich brauche lange Zeit kaum Wasser. Doch heute muss ich meinen Speicher auffüllen und trinke frisches kaltes Wasser vom Brunnen, bis ich fast platze. Durch die Hitze entscheide ich mich für eine Pause und setze mich gemütlich auf den Brunnenrand, snacke ein paar Nüsse und tauche die Füsse immer wieder ins Wasser. Ein paar Minuten nach meiner

Ankunft kommt ein Bauer und spricht mich an. Ich verstehe erst gar nicht, welche Sprache er spricht. Es ist eine Mischung aus Italienisch und Französisch. Doch für mich funktioniert das prima, ich habe sowieso Schwierigkeiten, die beiden Sprachen konsequent zu trennen. Perfekt, jetzt kann ich einfach das Vokabular der beiden Sprachen wild kombinieren und die Sätze so bilden, wie mir die Wörter gerade einfallen. Der Bauer erzählt mir, dass er eigentlich Marokkaner ist. Er lebe aber schon seit 25 Jahren hier in Italien. Er sagt mir, dass die Berge in Marokko auch über 4000 Meter hoch sind – wie der Mont Blanc. Unglaublich, dass wusste ich gar nicht. Aber der Djebel Toubkal, der höchste Berg Marokkos, ist tatsächlich 4167 Meter – das erfahre ich ein paar Tage später durch Google.

Nach der Begegnung mache ich mich auf den Weg, um einen Zeltplatz zu finden. Ich gehe von Baulan bis nach Valgrisenche. Doch als ich dort ankomme, sind der Campingplatz und die empfohlene Via-Alpina-Massenunterkunft geschlossen. Ich drehe zwei Runden im Dorf, bin erschöpft und kann nicht mehr. Was soll ich denn jetzt tun? Weiterwandern ist auch keine Option, es geht nämlich eine Weile steil den Berg hoch. Ausserdem ist es 19 Uhr und ich bin körperlich am Ende.

Ich gehe erneut zurück zur Massenunterkunft Vieux Quartier. Sie liegt auf einem Hügel oberhalb des Dorfes. Der ganze Ort wirkt ein bisschen ausgestorben. Doch es gibt eine kleine Fläche vor dem Barackengebäude. Ich überlege, hier mein Zelt aufzustellen. Ich nehme den Rucksack ab, setze mich auf eine Steinmauer und bin nicht wirklich zufrieden mit der Option. Was, wenn doch jemand hier hochkommt? Ausserdem stehe ich unter Zeitdruck. Morgen kommt das erste von vielen Gewittern und ich muss noch über einen Pass auf 2600 Metern, um über die Grenze nach Frankreich zu kommen. Sogar Schnee ist prognostiziert. Da es die nächsten Tage in der Nacht immer wieder blitzen und donnern soll, möchte ich die Nächte jeweils in einer Unterkunft verbringen. Ich rufe beim Refuge de Archeboc an, der nächsten Via-Alpina-Unterkunft. Die Hütte wäre direkt nach dem Pass. Doch als ich anrufe, wird mir mitgeteilt, dass das Refuge geschlossen ist. Die nächste Hütte ist das Refuge de Monal. Eigentlich ist es schon die Unterkunft der folgenden Via-Alpina-Etappe – doch es ist eine kürzere Etappe. Notfalls könnte ich es bis dorthin schaffen, es sind nur zusätzliche drei Stunden. Auch wenn es morgen regnet. Doch im Refuge de Monal werde ich per Telefon genau gleich abgewiesen. Geschlossen.

Mist. Keine Unterkunft entlang der Via Alpina scheint geöffnet zu sein. In mir steigt Verzweiflung hoch. Heute ein ungemütlicher Schlafplatz und für morgen keinen Plan, wo ich die Nacht in Sicherheit verbringen kann. Eine Träne rollt mir über die Backe. Ich wische sie eilig weg, atme tief ein. Ich ärgere mich darüber, dass ich gleich in Verzweiflung gerate. Jetzt muss eine Lösung her, keine Mitleidskrise! Ich suche auf der Karte nach umliegenden Ortschaften. Es gibt einen Ort unterhalb der ersten Hütte. Ich prüfe die Ortschaft nach Unterkünften und finde ein Hotel. Das Hotel ist schön und modern. Ich buche ein Zimmer, obwohl es mich nervt, dass ich morgen ziemlich weit wandern muss und dann am nächsten Tag bei miserablem Wetter wieder aufsteigen muss – nur weil es sonst keine Unterkünfte gibt. Das Problem von morgen wäre gelöst, doch für heute Nacht bin ich noch immer unschlüssig, wo ich schlafen soll. Einfach hier neben dieser Baracke? Um meine Gedanken zu sortieren, wandere ich auf dem Gelände auf und ab. Ich versuche, durch die Fenster zu spähen und sehe, dass die steinerne Baracke komplett leer ist. Aus Neugier teste ich die Türen, die dritte öffnet sich. Überrascht trete ich ein und komme in einen kalten Raum.

Drinnen erkunde ich alles. Es gibt sogar eine Toilette! Ich entscheide mich, hier drinnen auf dem Steinboden zu übernachten. Ich mache mir Gedanken, ob ich gerade zur Einbrecherin werde? Andererseits war die Türe offen. Mein einziger Grund, warum ich dort drinnen schlafen möchte, ist, damit ich nicht entdeckt werde. So hole ich meine Sachen, gehe wieder in die Baracke und blase meine Matte auf. Essen mag ich nicht, es ist mir zu unheimlich hier. Zum Glück ist es schon spät. Ich lese noch etwas in meinem E-Book und versuche danach, möglichst schnell einzuschlafen. Wohl ist mir nicht, aber draussen fühlt es sich noch unsicherer an.

Ich schlafe erstaunlich gut. Keine Mäuse, nur der Wind, der die ganze Zeit am Dach ruckelt. Der Tag startet früh, um 5 Uhr packe ich zusammen. Zehn Wanderstunden, ein hoher Pass und ein Gewitter warten auf mich. Das Positive: Wenn ich alles überstehe, vor dem Schnee nach Frankreich gelange, dann ist die Belohnung das schöne Hotelzimmer. Doch es ist noch immer so dunkel, dass ich mich nicht nach draussen traue. Ich warte bis 6 Uhr. Als es hell wird, gehe ich den Tag an. Der Aufstieg über felsiges Gelände gelingt leichtfüssig, obwohl es schon der dritte sehr strenge Tag in Folge ist. Ich bin zielstrebig unterwegs, möchte so schnell wie möglich vorwärtskommen. Bis zum Pass sind es einige Stunden. Das Gewitter sollte mich gemäss Prognose noch vor dem Mittag einholen. Im besten Fall bin ich dann schon über dem Pass. Meine Erkältung ist mittlerweile fast auskuriert – zum Glück.

Nach zwei Stunden Aufstieg mache ich eine kurze Pause, als mich die ersten Sonnenstrahlen wärmen. Dann folgt der nächste und auch viel längere Aufstieg zum Pass. Erst geht es um den Berg herum, dann biege ich in ein neues Tal ein. Nach einem letzten Alp-Bauernhof treffen mich die ersten Regentropfen. Der Wind nimmt an Fahrt auf und ich hetze den Pass hoch. Der Nebel kommt auch immer näher. Er ist dicht und ich sorge mich ein bisschen. Bisher musste ich noch nie in so alpinem Gelände in dichtem Nebel wandern. Dann muss ich wohl mit dem GPS navigieren. Es ist nicht mehr weit, vielleicht noch 20 Minuten. Nach ein paar Schneefeldern habe ich es geschafft. Auf dem Pass stehe ich auf der italienisch-französischen Grenze. Jetzt geht es erstmals nach Frankreich, das fünfte Land auf meiner Via-Alpina-Wanderung!

Der Regen hat kurz aufgehört, aber es ist sehr kühl geworden. Im Abstieg muss ich mir meinen Halswärmer bis über die Ohren und die Nase ziehen. Doch die kurzen Hosen lasse ich an, an den Beinen friere ich selten. Der Abstieg gelingt mir mühelos. Ich bin glücklich, es rechtzeitig geschafft zu haben und erreiche schon bald das Refuge de Archboc. Die leere Hütte sieht hübsch aus. Unter dem Vordach pausiere ich kurz und ziehe meine Regenkleidung über. Der folgende Abstieg ist so langweilig, dass ich mir ein bisschen Musik gönne, da ich mein Handy heute Abend aufladen können werde. Meine Via-Alpina-Playlist hebt meine Laune wieder. Mittlerweile regnet es in Strömen. Doch ich singe und tanze bis ins Tal. Auf den Strassen läuft das Wasser in Bächen ab, es blitzt und donnert. Endlich erreiche ich das Hotel, komme völlig durchnässt an die Rezeption, ernte wie gewöhnlich verwunderte Blicke und beziehe das Zimmer.

Das Hotel ist wunderschön. Im ganzen Zimmer verteilt hängt mein feuchtes Zeug, sogar über dem Fernseher. Nach der Dusche kuschle ich mich ins weisse Bett. Weisse Betten haben so etwas Reines und Wohliges. Ich liebe es. Dank Hotel-Wifi kann ich mich wieder mit Familie und Freunden austauschen. Die letzten Tage habe ich kaum was gegessen, immer wenn ich mich unwohl gefühlt habe, habe ich das abendliche Suppenkochen ausgelassen. Heute hole ich es nach. Ich geniesse ein Dreigängemenü und telefoniere mit Mama. Sie ist wieder etwas besorgt um mich, da es so anstrengend ist und ich die letzten Tage nie wirklich fit war. Zudem ist für die nächsten Tage schlechtes Wetter gemeldet. Aber ich habe bereits eine nächste Unterkunft gebucht und fühle mich bereit für den kommenden Tag.

Ich schlafe so tief wie lange nicht mehr. Bis 8 Uhr schwebe ich im Land der Träume. Kein heiss oder kalt mehr, wie in den letzten Nächten, keine verstopfte Nase. Herrlich! Der Samstag startet mit dem unnötigen Aufstieg zurück zur Strecke der Via Alpina. Anders wäre ich gar nicht aus diesem Tal rausgekommen. Es regnet ununterbrochen und ich dampfe unter meiner Regenbekleidung. Nun bin ich von aussen und innen nass. Ein unschönes Gefühl. Auch meine Hände sind schon weisslich geworden. Sie sind aufgeweicht und eiskalt. Der Aufstieg ist trotzdem zügig geschafft und ich erreiche die Skistation Bonconseil. Es gibt hier unglaublich viele Ferienwohnungen, doch alles ist verriegelt und ausgestorben. Dabei ist es doch noch immer August.

Ich komme zu einem Ferienzentrum und suche einen trockenen Ort. Doch wieder ist alles zu. Zuhinterst erblicke ich zwei Personen neben einer geschlossenen Bar. Sie räumen den Kinderhort auf und ich darf mich auf ihrer Toilette kurz umziehen. Die beiden Frauen erzählen mir, dass die Sommersaison hier zu Ende sei.

Der Weg sollte jetzt mehr oder weniger flach in der Höhe weitergehen. Deshalb habe ich mein vom Aufstieg verschwitztes Shirt ausgezogen, um nicht wieder eine Erkältung einzufangen. Ich gehe weiter, erreiche auch das geschlossene Refuge Le Monal und steige am frühen Nachmittag nach Les Brévières ab. Sechs Stunden bin ich schon nonstop durch den Regen gewandert. In Les Brévières gibt es ein kleines einfaches Hotel, «Le Genepi». Der holländische Hotelleiter empfängt mich freundlich. Ich habe grosses Glück, heute ist ihr allerletzter Betriebstag. Morgen ist Sonntag und dann wird das Gastgeberpaar nach einer anstrengenden Sommersaison erstmal auf Reisen gehen. Ich habe wieder genug Zeit, alle meine Sachen trocknen zu lassen, helfe noch etwas mit einem Föhn nach und werde mit einem Veggie-Menü verwöhnt. Der Tag heute war einer der lockersten seit vielen. Trotz des Regens.

__ Nationalpark Vanoise – ein Einzelgänger und ich

Heute folgt erneut ein sehr kurzer Tag, nur knapp vier Stunden. Dafür starte ich in gesamter Regenmontur, bei Nässe und Kälte. Ich wandere nach Tignes und werde dort einen Pausentag einlegen. Die Wanderung ist etwas öde, Nebel verhüllt die Sicht auf die Landschaft. Tignes verwirrt mich. Es gibt verschiedene Tignes auf verschiedenen Höhen. Ich will nach Tignes 2000. Als ich dort ankomme, ist wieder alles völlig ausgestorben. Auch die Hochhäuser mitten in einem Bergdorf sind irritierend. Ich suche lange, um ein geöffnetes Restaurant zu finden und ende in einer muffigen Bar. Mein Abendessen dort: eine pappige Pizza.

Den nächsten Tag verbringe ich mit Bademantel im Hotelbett, ich konnte meine Kleidung zum Waschen abgeben. Auch wenn es ein Kampf war. Die gestrige Rezeptionistin war freundlich und hat mir gesagt, ich solle einfach am Vormittag meine Kleidung bringen. Die Rezeptionistin von heute wollte davon aber gar nichts wissen. Das Zimmer ist auch ziemlich teuer und leider nicht besonders schön – sauber schon gar nicht. Tignes ist im Winter ein sehr bekannter französischer Skiort. Dass es in französischen Hotels nicht so sauber ist, habe ich schon öfters gehört – ein Vorurteil, das sich gerade zu bewahrheiten scheint.

Ich nutze die Zeit, um den neuen Blogpost fertigzustellen und hochzuladen. Es war bestimmt eine der anstrengendsten Wochen bisher. Erkältung, Hitze, dann katastrophales Wetter und viele Orte, die bereits in der Zwischensaison-Pause sind.

Am Abend kaufe ich im kleinen Supermarkt Verpflegungsnachschub und suche ein Restaurant. Als ich durch Tignes schlendere, entdecke ich ihn. Einen Wanderer. Ziemlich sicher einer wie ich. Ein älterer, drahtiger Mann. Er trägt Wanderschuhe und in seiner Hand mehrere Müsliriegel-Packungen, die er eben im Supermarkt gekauft hat. Es sieht aus, als suche auch er ein Restaurant. Er geht in die gleiche Richtung wie ich.

Ich finde ein Restaurant. Ich warte kurz draussen, er geht bereits hinein, ich setze mich danach an einen Tisch weiter hinten und bestelle mein Abendessen. Das Essen ist viel besser als gestern. Als ich fertig bin und aufstehe, gehe ich am Wanderer vorbei. Ich entscheide mich, ihn anzusprechen und frage auf Englisch, wohin er wandere. Er versteht mich nicht, ich versuche es auf Französisch. Kein Erfolg, er antwortet auf Deutsch. Ach, perfekt, das ist auch für mich viel einfacher. Wir quatschen kurz und es stellt sich heraus, dass Hermann aus Deutschland ist und die rote Via Alpina wandert. Auch er will nach Monaco.

Wow, das ist meine bisher spannendste Begegnung! Hermann ist 69 Jahre alt und wandert seit 30 Jahren auf Fernwanderwegen. Er erklärt mir auch gleich den Unterschied zwischen einem Fernwanderweg und einem Weitwanderweg. Ein Fernwanderweg überschreitet nämlich Landesgrenzen. Also bin ich auf einer Fernwanderung und nicht auf einer Weitwanderung. Hermann ist diesen Sommer auf seinem dritten Teil der roten Via Alpina – er hat jeden Sommer ein Drittel gemacht.

Im Gespräch erklärt er mir mit ansteckender Begeisterung all die verschiedenen europäischen Weit- und Fernwanderwege. Er wirft förmlich mit den Namen um sich: GR5, GR10, Franziskusweg, Sentiero Italia, GTA, GEA und so weiter. Mir wird schwindlig von den vielen Begriffen und manchmal nicke ich nur noch verwirrt. Er hat sie fast alle bereits absolviert. Der drahtige alte Mann hat doch tatsächlich schon über 35 000 Kilometer unter seinen Füssen. Unglaublich, ich habe also einen waschechten Weit- oder besser gesagt Fernwanderer getroffen. Ausserdem beeindruckt mich, dass er kein Zelt dabeihat. Er trägt eine Matte und einen Schlafsack, um damit in leeren Ställen, Garagen, in Kirchen oder auf Friedhöfen zu schlafen. Er spielt also in einer anderen Liga als ich. So viel Mut und Gelassenheit muss man erst einmal haben, ich staune! Weil er jetzt älter ist, schläft er ungefähr jede zweite Nacht in einer Unterkunft. Nach der intensiven Begegnung gehe ich schlafen, morgen steht wieder ein hoher Pass an.

Ich bin gerade genüsslich am Frühstücken, ermahne mich selbst, nicht zu viel zu essen, damit ich mich nachher für den Passaufstieg nicht zu schwer fühle, als Hermann im Frühstücksraum auftaucht. Wir sind also im gleichen Hotel! Lustig, denn ich habe ihm gestern erzählt, dass mein Hotel recht teuer und nicht so gut sei. Er sagte noch, seines sei ganz okay und nicht so teuer. Dabei haben wir im gleichen geschlafen! Wir sprechen erneut übers Wandern. Er will nach dem Frühstück direkt los, ich möchte noch einmal zurück ins Zimmer und erst nach 10 Uhr loswandern.

Eine halbe Stunde nach meinem Start treffe ich wieder auf ihn. Er wandert langsam und beständig. Gestern hat er mich gefragt, wie schwer mein Rucksack mit Zelt sei. Als ich die ungefähren 11 bis 13 Kilogramm angab, sagte er trocken: «Das glaube ich dir nicht.» Nun möchte er meinen Rucksack anheben und schauen, ob ich nicht untertrieben habe. Nach seinem Test ist er zufrieden und ich überhole ihn. Der Weg führt auf den Col du Leisse. Es herrscht wunderschönes Wetter, aber es ist noch etwas kalt. Es gibt bereits frische Schneefelder und so hinterlasse ich die ersten Spuren. Das Knirschen unter den Füssen, es fühlt sich so vertraut an. Aber normalerweise höre ich es, wenn ich in Skischuhen laufe – und nicht mit Wanderschuhen und kurzen Hosen.

Die weissen Felder und die noch saftig grünen Wiesen sowie der blaue Himmel bilden einen hübschen Kontrast. Als ich den Pass auf 2700 Metern erreiche, gönne ich mir als Stärkung einen Ovomaltine-Riegel und entscheide spontan, auf Hermann zu warten. Da ich Zeit habe, mache ich ein Bild von mir und der Gegend – denn direkt hinter mir ist ein Gletscher zu sehen. Das Mini-Stativ klemme ich dafür einfach auf den Wanderwegweiser. Des Öfteren wurde ich schon gefragt, wer denn all die Bilder von mir mache auf meiner Wanderung. Mit Stativ und Fernauslöser ist das aber ganz einfach.

Als Hermann auf dem Pass ankommt und merkt, dass ich auf ihn gewartet habe, freut er sich. Wir wandern gemeinsam weiter. Diese Via-Alpina-Etappe würde eigentlich beim Refuge de la Leisse enden. Wir entscheiden uns, ein verspätetes Mittagessen einzunehmen, auf welches mich Hermann einlädt. Er besteht darauf, denn vor ein paar Tagen hat ihm ein Schweizer Wanderer die Hüttenübernachtung bezahlt. Nach dem Mittagessen zeigt Hermann mir all seine Karten, Wanderführer und seine handgeschriebenen Etappenpläne. Dass er einfach ohne Handy und GPS wandert, finde ich immer noch unglaublich. Zum Schluss tauschen wir unsere Adressen aus und versprechen, uns gegenseitig eine Karte von Monaco zu schicken. Hermann macht nur bei schlechtem Wetter Pause und wandert von 9 Uhr bis nach Sonnenuntergang – jeden Tag. Langsam, aber lange Strecken. Ich bin im Vergleich zu ihm eher die Geniesserin. «Falls wir beide gleichzeitig in Monaco sind, dann trinken wir einen Prosecco!», sagt er.

«Wieso denn Prosecco? Trinkst du wirklich Prosecco? Ich mag den gar nicht», antworte ich.

«Ja, aber das macht man doch so, oder? Zum Feiern trinkt man doch immer Prosecco?», erwidert er. Wir einigen uns, dass wir anstossen werden – ich wünsche mir eine Piña Colada und er sagt, er würde dann das Gleiche nehmen. Der Deal steht: Wenn er in Monaco ankommt, wird er mich anrufen. Dann sehen wir, ob wir beide dort sind.

Als wir weitergehen, erzählt Hermann mir viele persönliche Geschichten. Er sagt, dass er eigentlich gar nicht viel rede. Er sei sehr gerne allein. Aber zuhause in seiner Wohnung, da sei er manchmal sehr einsam. Er erzählt von seiner Schwester, seiner Bezugsperson. Hin und wieder ist er auch mit einem Wanderfreund unterwegs, aber lieber geht er ohne Begleitung los. Er meint, dass er ein Egoist sei. Allein sein sei einfacher für ihn. Unglaublich, wie schnell man beim Wandern mit fremden Menschen sehr persönliche und tiefe Gespräche hat. Sogar sein Familienkonstrukt erklärt er mir und dass es nicht so einfach war für ihn, darin gross zu werden. Was mich auch beeindruckt: Hermann ist wie ich Vegetarier, aber das schon seit 40 Jahren.

Nach ungefähr zwei weiteren Wanderstunden erreichen wir die Hütte Entre des Eaux. Es ist schon Abend und so entschliesse ich mich, spontan ein Bett zu buchen. In letzter Zeit ist mir oft kalt, ich will deshalb demnächst einen wärmenden Pulli kaufen. Dass der Herbst Einzug hält, habe ich massiv unterschätzt. Die Hütte kommt mir aus diesem Grund gelegen – sie bietet sicher eine besser isolierte Schlafmöglichkeit als mein Zelt. Dass ich mich als Vegetarierin anmelde, sorgt kurz für etwas miese Stimmung bei der Hüttencrew. Das habe ich bisher noch nie erlebt. Aber aufgrund eines längeren Aufenthalts in Frankreich vor zehn Jahren weiss ich, dass es für Vegetarier in Frankreich ziemlich hart sein kann. Und doch denke ich mir, Veggie – nicht vegan – müsste doch bestimmt auch hier mittlerweile angekommen sein.

Von Hermann verabschiede ich mich. Wer weiss, vielleicht sehen wir uns schon bald wieder. Da er exakt jeden Tag der originalen Route folgt, wird er ein paar Kilometer mehr wandern als ich. Kurz vor Monaco macht die Via Alpina nämlich einen grosszügigen Bogen, von

Frankreich nochmals nach Italien und wieder zurück nach Frankreich. Ich habe beschlossen, dass ich die letzten Wochen der Via Alpina einfach geniessen werde. Ohne Zeitdruck und Kilometerstress. Deshalb werde ich diesen Umweg voraussichtlich nicht gehen und es ist tatsächlich möglich, dass Hermann und ich ungefähr zeitgleich Monaco erreichen werden. Als er sich von mir verabschiedet, entschuldigt er sich fürs viele Reden. Man hat heute gemerkt, dass er ein Einzelgänger ist – beispielsweise grüsst er entgegenkommende Wanderer nie! –, doch seine Geschichten sind aussergewöhnlich spannend und ich habe mich gefreut, jemanden wie Hermann kennenlernen zu dürfen.

Auch in der Hütte stosse ich auf gute Gesellschaft. Zuerst lerne ich Bianca aus Berlin kennen. Die junge Mama von zwei Kindern ist allein losgezogen, um einen Teil des GR5 zu absolvieren. Mir fällt ausserdem auf, dass es seit Tignes immer wieder Leute mit grossen Rucksäcken gibt. Es ist keine einsame Wanderroute mehr, wie das noch vor wenigen Tagen der Fall war.

Beim Abendessen stossen weitere Gäste dazu und eine Frau kommt mir unglaublich bekannt vor. Sie erzählt mir, dass sie und ihr Partner auf einer Reportagen-Wanderung seien, um ihren Wanderführer des Nationalparkgebiets Vanoise zu überarbeiten. Dann geht bei mir ein Licht auf! Ich sage: «Kann es sein, dass Sie mal in Flims wandern waren?» Da sagt ihr Partner: «Hey, also hier siezen wir doch nicht!» Die Frau schaut mich erst verwirrt an. Dann frage ich weiter: «Auf einer Medienreise mit GeoGuide Ruedi vielleicht?» Da geht auch ihr ein Licht auf. Unglaublich! Vor mir sitzt Iris, die ich vor etwa fünf Jahren gemeinsam mit einem GeoGuide auf einer Medienreise durch die Region Flims begleitet habe. Denn Iris schreibt nicht nur ihre eigenen Wanderführer für Rother, sondern textet auch als Freelance-Journalistin für das SAC-Magazin *Die Alpen* und viele weitere Outdoor-Zeitschriften. Der lustige Zufall lockert die Runde auf und wir quatschen fröhlich. Nur Trailrunner Hennig aus Dänemark, der neben mir sitzt und den gesamten GR5 in zwei Wochen macht, kommt bei unseren schnellen Wortwechseln nicht immer nach. Aber wir sind alle zu euphorisch, um anstandshalber auf Englisch zu wechseln.

Ein weiterer Tag beginnt, ich starte allein und verabschiede mich von allen. Zuerst steige ich ab, dann geht es bergauf. Unterwegs treffe ich mehrere Wanderer. Immer wieder werde ich angehalten und ausgefragt. Eine Gruppe von fast 20 Leuten jubelt mir begeistert hinterher, als ich weiterziehe. Beim Pass bei der Plan-du-Lac-Hütte komme ich zu einem See. Als ich gerade über eine kleine Pfütze gehe, sehe ich, wie sich darin etwas bewegt. Ich drehe um, knie auf den Boden und stelle fest, dass sich dieses Etwas, das nicht viel grösser ist als ein dunkles langes Haar, im Wasser wild bewegt. Fasziniert filme ich das Lebewesen und frage mich, was es wohl ist. Ich wandere weiter und empfange bei einer alten, verlotterten Bank wieder Netz. So finde ich im Internet heraus, dass dieser schwarze Wurm im Wasser wohl ein Saitenwurm gewesen sein könnte. Zudem nutze ich die Pause, um mich mal wieder mit meiner Familie auszutauschen und die Aussicht zu geniessen.

Der Abstieg zieht sich. Ich gehe langsam, trödle rum, mir ist langweilig. Gut, dass ich ein Audiobook-Abo gelöst habe. Schon bald erreiche ich wieder Zivilisation. Es folgen einige kleine Dörfer und als ich an einer eingezäunten Wiese vorbeikomme und Zelte und Wohnwagen darin erblicke, entscheide ich mich, die Nacht auf diesem Campingplatz zu verbringen. Direkt daneben gibt es einen kleinen Badesee. Mit meinen Badesachen unter dem Arm spaziere ich zum Eingang und merke, dass die Türe zu ist. Es ist ein einfacher Gartenzaun. Da drinnen Leute sind und baden, denke ich mir nichts dabei. Ich öffne die Türe und trete ein. Doch sofort werde ich verscheucht! «Die Saison ist vorbei! Der See ist Privatgelände – da hinten ist der Ausgang!», blafft mich ein Mann an, während seine Frau und ein kleines Kind im See planschen. Ich bin irritiert, so augenblicklich und in diesem scharfen Ton zurechtgewiesen zu werden. In schwachen Momenten denke ich daran, dass mir so etwas in Italien niemals passierte wäre. Dort wäre man vermutlich noch zum Picknick eingeladen worden. Ich versuche noch etwas zu stammeln, senke aber schon bald meinen Kopf und verziehe mich. Fehlversuch – wird wohl nichts mit einer schönen Abkühlung nach dem Wandertag.

Ich ziehe enttäuscht davon und mache mich zu Fuss auf den Weg zum Supermarkt. Dort kaufe ich neue Leckereien, snacke zurück auf dem Campingplatz Chips, koche Tortellini und schaue eine Netflix-Serie. Das Camping-Wifi hilft mir, wieder mit Paul in Kontakt zu kommen. Er wird morgen über seine selbstzusammengestellte Route nach Modane kommen. Genau wie ich! Sein Ziel ist es, so oft es geht, so weit oben wie möglich zu wandern. Abgeschieden und einsam, danach sucht er. Deshalb hat Paul die Via Alpina für sich etwas angepasst. Ich hingegen finde es schön und abwechslungsreich, auch mal wieder in ein Dorf zu kommen und mit den Einheimischen zu plaudern oder in einem Restaurant zu essen.

Der Wandertag bis Modane gibt nicht viel Aussergewöhnliches her. Ein bisschen auf und ab im Wald, ein Hörbuch mit Date-Anekdoten einer mir fremden jungen Frau in meinen Ohren und eine grosse Burg, die ich aus der Ferne anschaue. Lust auf eine Touristen-Tour habe ich nicht. Eigentlich aber nur deshalb, weil die Burg so gross ist und man viele Treppen hätte gehen müssen. Extra-Kilometer heute? Nein danke.

Ich freue mich auf mein Treffen mit Paul. Er ist seit seinem Start in der Schweiz schon mehr als drei Wochen unterwegs. Sein Kumpel Alex ist wieder zuhause. Wir treffen uns in Modane vor dem Supermarkt. Er hat mir viele Geschichten zu erzählen. Nach einer kurzen Wanderung von Modane ins weiter oben gelegene Valfréjus komme ich zum Fazit: Paul ist der gesprächigste Mann, den ich kenne.

Bei Valfréjus kommen wir erneut zu einem kleinen Supermarkt. Paul hasst Lebensmittelverschwendung. Wenn Essen reduziert ist, dann kauft er möglichst viel davon, damit es nicht weggeschmissen wird. Da er schon bei Modane seine Reserven gefüllt hat und jetzt noch weitere Lebensmittel rettet, platzt sein Rucksack aus allen Nähten. Man muss aber auch erwähnen, dass er zwar sehr viel Essen mit sich herumträgt, gleichzeitig aber auch für meine Augen absurde Mengen verschlingt. Ich habe nicht einmal ein Fünftel seiner Essensladung in meinem Rucksack. Dafür esse ich spontan mal in einer Hütte oder in einem Restaurant, wenn es denn möglich ist. Paul schaut da schon eher darauf, dass er sein Budget einhält. Immerhin ist er Student und am Ende seines Auslandsjahres, bevor er demnächst in seine Heimat Québec zurückreist.

— *Die Nacht auf über 3000 Metern*

Es ist ein eiskalter Morgen, aber mit einem flotten Wandertempo wärmt sich mein Körper schnell auf. Paul hat draussen geschlafen. Ich konnte dem offenen «Gîté», einer Etappen-Herberge des GR5, einfach nicht widerstehen und habe in einem Bett geschlafen. Paul ist auch heute geschwätzig. Wenn man so lange allein war, ist das im ersten Moment gewöhnungsbedürftig. Und doch, er weiss sehr viele spannende Dinge zu erzählen und redet oft über die sprachlichen und kulturellen Unterschiede der Franzosen und der Franco-Kanadier. Er erzählt, dass ihm die Franzosen während dem Jahr im Heimatland seiner Eltern oft gesagt haben, er rede wie deren Grossmutter. Die Franco-Kanadier verwenden noch immer die älteren Begriffe und haben ihre Sprache weniger modernisiert. So heisst der Supermarkt in Canada *épicerie*, genau übersetzt Gewürzmarkt, und in Frankreich *magasin*, Laden.

Paul will heute noch auf den Mont Thabor, einen Berg in der Nähe der Via-Alpina-Strecke, der auf 3200 Metern liegt. Zuerst habe ich nicht vor, spontan einen Gipfel in mein Programm aufzunehmen, aber je näher wir kommen, desto grösser wird meine Lust auf einen Gipfelausblick. Nach mehreren Stunden verlassen wir die Via Alpina und wandern zum Fusse des Mont Thabor. Ich entschliesse mich, mit auf den Gipfel zu wandern und danach wieder abzusteigen, um etwas tiefer mein Zelt aufzubauen. Es ist nämlich kalt geworden und ich friere jede Nacht. Deshalb kann ich in letzter Zeit auch keiner einzigen Hütte widerstehen.

Wir kommen gegen 13 Uhr auf eine grüne, saftige Fläche mit einem Fluss, der so unglaublich schön ist, dass ich so lange leidenschaftlich von diesem idyllischen Ort schwärme, bis Paul vorschlägt, hier eine Pause zu machen. Ich bin nämlich gemütlich unterwegs und mache oft an schönen Orten eine Pause. Paul wandert sportlicher als ich und macht keine Pausentage. Er möchte wissen, wie sehr er seinen Körper pushen kann. Wir haben einen komplett unterschiedlichen Rhythmus und müssen uns nun aneinander anpassen. Ich bin froh, dass Paul einverstanden ist, es gemütlicher zu nehmen.

So packen wir unser Essen aus, teilen alles, was wir haben, und halten unsere Füsse ins Wasser des Baches. Ich lege mich ins wundervoll kitzelnde Gras. Mir kommt der Gedanke, hier das Zelt aufzubauen. Als könnte Paul Gedanken lesen, fragt er, ob ich hier campen wolle. Wenn ja, dann würde er auch hierbleiben. Was für ein Sinneswandel – es ist doch erst Mittag und normalerweise wandert er, bis es dunkel wird. Ich überlege lange, aber irgendwie habe ich Lust auf den Berg bekommen und will heute noch die 3000 Meter erklimmen. Obwohl ich schon mehrmals stark gefroren habe, bin ich nun sogar motiviert, dort oben zu schlafen. Es wäre nämlich mein höchstes Biwak der Via-Alpina-Reise und eine Nacht zu frieren wäre das Erlebnis allemal wert.

Wir packen nach der ausgiebigen Mittagspause zusammen und machen uns auf den Weg zum Gipfel. Unterwegs kommen wir an einem paradiesisch-blauen Bergsee vorbei. Ich wäre gerne reingehüpft, aber nun ist der Gipfel das Ziel und ich möchte keine Zeit verlieren – die Bergseen müssen sich gedulden. Nach einem Aufstieg erreichen wir eine Passhöhe. Von dort geht es etwas alpiner weiter. Der Weg ist aber in einem super Zustand und zum Schluss gibt es noch ein kleines, aber absolut unspektakuläres Schneefeld. Paul hat ein gutes Tempo drauf und obwohl es kein besonders strenger Tag ist, spüre ich bei der Ankunft meine Erschöpfung.

Auf dem Gipfel des Mont Thabor hat es eine kleine, baufällige Kapelle. Überall sind Risse in der Decke. Und doch, für den Notfall wäre sie kein schlechter Rückzugsort. Wir erkunden den flachen Gipfel. Für Paul steht fest, dass er auf der höchsten Stelle des Berges schlafen wird. So kann er Sonnenauf- und -untergang bestens erleben. Mir ist der Platz aber zu windanfällig und so steige ich ein paar Meter ab zu einem Platz mit Biwak-Steinmauern. Mein kleines Einzelzelt hat im Steinkreis nur knapp Platz. Wenn ich mich darin setze, kann ich den Wind kaum noch spüren. Wenn ich hingegen aufstehe, dann wird mir schnell kalt. Perfekt – so bin ich in der Nacht bestens windgeschützt! Nachdem ich mein Camp aufgebaut habe, gehe ich zurück zu Paul. Wir setzen uns auf eine Steinbank hinter die Kapelle und kochen unser Abendessen. Ich will danach möglichst schnell in den Schlafsack, ohne vorher auszukühlen. Paul kann meine Logik nicht verstehen und fragt, ob ich ernsthaft den Sonnenuntergang auslassen werde. Ich muss. Denn meine Erfahrung zeigt, dass ich nicht mehr einschlafen kann, wenn mir einmal richtig kalt ist. Deshalb gehe ich aufgewärmt von den letzten Sonnenstrahlen und dem Essen dick eingepackt zurück zum Zelt und mache mich bettfertig. Paul widmet sich dem Fotografieren.

Mitten in der Nacht ist mir so heiss, dass ich eine meiner Schichten im Schlafsack abstrampeln muss. Die Leggings und die Daunenjacke kommen weg. Damit hatte ich nicht gerechnet. Um 4 Uhr wache ich erneut auf. Brrr, nun ist es bitterkalt. Die kälteste Stunde der Nacht ist angebrochen. Ich öffne das Zelt und kann schon den Sonnenaufgang erkennen. Ich lege mich zurück in mein Via-Alpina-Bett und schlummere weg. Nach einer weiteren Stunde setze ich mich mit Matte und Schlafsack nach draussen. Die Sonne geht auf und genau als die ersten Strahlen über die Berggipfel klettern, steht auch Paul neben mir. Es ist ein magischer Moment. Beide schauen wir still auf die kargen Berge, wie sich von Sekunde zu Sekunde alles in ein immer kräftiger werdendes Orange färbt. Paul hat seine grosse Kamera dabei und hält dieses Farbenschauspiel auf 3000 Metern fest. Mit den ersten Strahlen trifft mich auch augenblicklich die Wärme der Sonne ins Gesicht. Sie ist noch schwach, aber mein Herz geht auf und die kalte Nacht ist mit diesem Moment überstanden. So einen Morgen hätte ich niemals verpassen wollen. Ich bin mir sicher, dass ich mich an diese Minuten noch ewig erinnern werde. Genau deshalb, weil es für mich eine grosse Überwindung bedeutet hat, eine Via-Alpina-Nacht tatsächlich auf dieser Höhe zu verbringen.

Nach dem Sonnenaufgang läuft Paul auf dem Gipfel noch auf und ab und fotografiert. Auf seiner Kamera klebt noch immer mein Sticker wildmountainheart.ch, den ich ihm damals auf dem Campingplatz in der Schweiz gegeben habe. Ich lege mich zurück ins Zelt und versinke über eine Stunde in meinem E-Book. Um ungefähr 7 Uhr beginne ich zusammenzupacken und auch Paul kommt zurück zu meinem Schlafplatz. Er ist schon startklar und hat seinen Flan dabei. Davon hat er mir lange vorgeschwärmt. Es ist sein Lieblingsdessert – ein französischer Wackelpudding, meistens mit Schokoladen- oder Vanillegeschmack. In Modane hat er eine Fertigmischung gekauft. Diesen hat er gestern Abend angerührt und über die Nacht stehen lassen. Der Tag hat kaum begonnen und schon fordert Paul mich auf, nun seinen Flan – also ein Dessert zum Frühstück – zu probieren. Den Schoko-Flan hat er auf ein leeres Risotto-Pack gekippt. Er wackelt verdächtig und droht vom Plastik-Papier zu driften, da unser provisorischer Esstisch, ein Stein auf meiner Biwak-Mauer, nicht wirklich flach genug ist. Ich probiere und bin nicht so begeistert wie Paul, aber ich freue mich, dass er so glücklich ist über sein Lieblingsdessert auf dieser Höhe – und dass wir diesen Moment gemeinsam erleben.

Nachdem Paul das letzte Stück Flan verputzt hat, brechen wir gemeinsam auf bis zur Kreuzung nicht weit unterhalb des Gipfels, wo sich unsere Wege wieder trennen. Paul möchte zu einem schönen See inmitten von hohen Bergen. Ich versuche nach dem Abstecher auf den Mont Thabor wieder zurück zur Via Alpina zu kommen. Gerade wollen wir beide einzeln loswandern, als ich ihn zurückrufe: «Hey, wir müssen noch ein gemeinsames Foto machen!» Paul findet die Idee super! Ich hole mein kleines Stativ raus, befestige es auf dem Pfosten, der die Kreuzung markiert und positioniere ihn. «Noch etwas mehr rechts, einen Schritt nach vorne – gut, bleib genau dort.» Ich gehe zu Paul und erkläre ihm: «Bei drei springen wir beide in die Luft okay? Ich weiss zwar nicht, ob es mit unseren schweren Rucksäcken funktioniert, aber lass es uns versuchen!» 1,2,3 Sprung! Klick. Mit dem kleinen Fernauslöser in meiner Hand bediene ich meine Handykamera aus der Ferne. Nach zwei weiteren Versuchen und einem Foto, auf dem wir in die Linse grinsen, gehe ich zurück zur Kamera und prüfe, ob die Bilder etwas geworden sind. Wir haben Glück: Es hat funktioniert, wir sind zumindest auf einem Bild beide in der Luft, wenn auch nur wenig. Paul und ich verabschieden uns nun endgültig. Ob ich ihn noch einmal sehen werde? Ich verspreche, ihm die Fotos zu senden und er mir seine, die er mit der grossen Kamera gemacht hat.

Im Abstieg kommen mir viele Italiener entgegen, die Strecke befindet sich nahe an der Grenze. Viele fragen mich, wie es möglich sei, dass ich um diese Zeit schon vom Gipfel runterwandere. Als ich erkläre, dass ich oben geschlafen habe, sind sie ganz begeistert. «Brava, brava ragazza!» Die freudigen Italiener, die mich mutig finden, spornen mich an und vermitteln mir das Gefühl, dass ich stolz auf mich sein kann. Beschwingt wandere ich weiter bergab – es kommen mir immer mehr Menschen entgegen. Der Mont Thabor muss ein richtig bekannter Gipfel sein! Das war mir davor gar nicht bewusst gewesen. Ich überquere einen Bach und biege vom Hauptweg ab, jetzt bin ich augenblicklich wieder allein unterwegs.

Am Fluss pausiere ich, gehe meinem Fussritual nach. Ich ziehe die Schuhe aus, lege die Socken zum Trocknen auf den Stein in die Sonne und bade die Füsse im Flusswasser. Dazu snacke ich ein paar Nüsse. Die Sonne scheint mir auf die Beine und ich erkenne, dass sie eine gesunde Bräune bekommen haben. Der Abdruck der Socken um die Knöchel ist deutlich zu erkennen. Schön sieht das nicht aus – aber über ein bisschen Farbe freue ich mich. An die kurzen Hosen habe ich mich schon lange gewöhnt. Es ist schön luftig, nur dass ich deshalb immer die Beine eincremen muss, nervt. So brauche ich viel mehr Sonnencreme. Der Wanderausschlag an den Schenkeln ist dafür trotz zwischendurch sehr warmen Tagen nie mehr zurückgekommen.

Nach der Pause folgt der Aufstieg auf einen Pass. Es ist ein sehr alpiner Weg, karg und mit vielen Gesteinsbrocken. Manchmal frage ich mich, wie die alle hierhergekommen sind. Es sind so viele. Wie können die alle abgebrochen sein? Waren alle Berge rundherum mal so viel grösser?

Ich bin so glücklich, die letzten Tage haben mich beflügelt. Der Nationalpark Vanoise ab Tignes, das Aufeinandertreffen mit Hermann und mein geplantes Treffen mit Paul. Gleichzeitig wird mir bewusst, dass es nicht mehr weit ist. Es war auf dem Mont Thabor eindrücklich zu erkennen, wie die Bergketten irgendwann einfach aufhören. Es sind zwar noch einige, bis es soweit ist, aber man sieht deutlich, dass die Berge irgendwann abflachen.

Nach dem Pass Col de Vallon geht es über eine lange Strecke ins Tal nach Névanche. Ich komme zu einer Wanderherberge, doch sie ist voll. Im kleinen Dorf gibt es ein Restaurant und ich esse eine Quiche und einen nicht gut gewaschenen Salat, der beim Beissen ein unangenehmes Geräusch macht.

Nach dem Essen gehe ich weiter, steige wieder auf. Ich erreiche das Refuge Buffère. Dort frage ich die Hüttenwartin, ob ich hier in der Nähe mein Zelt aufstellen dürfe. Sie antwortet mir sehr freundlich, dass das kein Problem sei. Hinter der Hütte gibt es eine Fläche und ich darf auch die Solardusche benutzen, wenn ich möchte. Die Hütte ist ein Traum, aber sie ist ausgebucht – es hat viele Leute hier. Schade, sonst hätte ich hier vielleicht nach einem Schlafplatz gefragt. Auf der Terrasse gibt es sogar richtig schöne weisse Liegestühle aus Holz, nicht solche billigen Liegestühle mit Werbeaufdruck. Eine Hütten-Seltenheit.

Es ist wieder kalt geworden und nach der Dusche bekomme ich trotzdem noch einen Platz in der Hütte, um nicht in der Kälte sein zu müssen. Denn meine Haare sind noch immer nass von der Dusche und ich möchte mich, so gut es geht, vor einer Erkältung bewahren. Mir wird ein kleiner Tisch von der Terrasse in den Eingangsbereich getragen. Da mir etwas kalt ist, bestelle ich einen Tee. Die liebe Hüttenwartin kommt trotz der vielen Arbeit immer wieder bei mir vorbei und fragt auf Französisch: «Christina, hast du alles, was du brauchst?» Wieder geht mein Herz auf. Für den Zeltplatz mit Dusche habe ich einen Euro bezahlt und dafür meinen Namen aufschreiben müssen. Diesen hat sie sich sofort gemerkt und behandelt mich wie einen richtig wertvollen Gast. Ich bestelle noch eine Suppe und schreibe am nächsten Blogpost.

In der Nacht hörte ich Wölfe heulen und Herdenschutzhunde bellen. Alles klar, hier in der Nähe von Briançon gibt es anscheinend Wölfe. Um 7 Uhr bin ich startklar und freue mich auf ein Hüttenfrühstück. Die liebe Hüttenwartin hat mir gestern gesagt, ich solle doch bei ihnen in der Hütte frühstücken. Als ich ankomme, ist aber nur der Hüttenwart dort. Als ich ihn frage, ob ich etwas frühstücken dürfe, erklärt er gereizt: «Frühstück?! Ich bereite gerade Frühstück für 40 Gäste vor – ich habe weder Platz noch Zeit für dich.» Dabei schlafen alle Hüttengäste noch tief und fest. Damit hatte ich nicht gerechnet – er weist mich fort und so ziehe ich los zum Pass. Immer wenn ich abgewiesen oder unfreundlich behandelt werde, dämpft das meine Stimmung leider gehörig.

Es ist kühl, erst als ich den Pass Col de Buffère erreiche, treffen mich die ersten Sonnenstrahlen. Ich setze mich hin, esse einen Müsliriegel und steige danach ab nach Le Monêtier-les-Bains. Es ist wieder schattig und kälter. Etwas weiter unten treffe ich auf eine riesige Schafherde, die den Berg hochläuft. Die Herdenschutzhunde rennen auf mich zu und mein Puls schnellt in die Höhe. «Ganz ruhig bleiben!», rede ich mir selbst gut zu. Die mächtigen weissen Hunde beschnuppern mich, lassen mich jedoch weiterziehen. Die Spannung fällt von mir ab. Ich bin so beeindruckt, wie diese Hunde arbeiten, die Herde zusammenhalten und sie vor Gefahren schützen. Glücklicherweise haben sie mich nicht als eine Gefahr eingeschätzt.

Nach den Schafen empfängt mein Handy wieder Netz. Ich erhalte eine Sprachnachricht von Domenica. Da ich sie konzentriert höre, verpasse ich meine Abzweigung nach Le Monêtier-les-Bains und muss ein Stück zurückwandern – bergauf. Danach bemerke ich, dass der auf der digitalen Karte eingezeichnete Weg nicht mehr existiert. Schon von weitem erkenne ich eine Kuhherde. Die Kühe sind genau dort, wo ich durchwandern soll. Oh Mist, ich muss sie irgendwie umgehen können. Wohl der Grund, wieso es den Weg nicht mehr gibt. Ich gehe im Zickzack, wandere schnell und komme an den Kühen vorbei, ohne Aufsehen zu erregen. Schon bald stosse ich auf einen richtigen Wanderweg. Es ist nicht mehr weit bis zum nächsten Dorf. Unterwegs treffe ich einen älteren Mann mit einem Schäferhund. Er spricht mich an, was ich mache und woher ich komme. Als ich seine Fragen beantwortet habe, möchte er wissen, ob ich denn keine Angst vor dem Wolf habe. Gewohnt selbstsicher verneine ich – der Wolf habe hoffentlich mehr Angst vor mir, da er ein scheues Tier ist. Meine Antwort ist nur eine Fassade. Ich will mich nicht weiter auf ein Gespräch einlassen über die Gefährlichkeit des Wolfs. Angst habe ich sowieso vor vielem. Menschen, Autos, Gewitter, Herdenschutzhunde, Schlangen, Bären und eben Wölfe. Deshalb meine Strategie: Nicht daran denken, nicht grübeln, sich auf anderes konzentrieren und sich niemals in eine Angst reinsteigern. Auch wenn das nicht immer klappt.

In Le Monêtier-les-Bains ist was los! Damit habe ich nicht gerechnet. Bisher waren die meisten französischen Bergdörfer wie ausgestorben. Im Tourismusbüro frage ich nach dem Bus nach Briançon. Ich möchte eine Nacht in der Stadt schlafen. Denn ich muss unbedingt in ein Sportgeschäft und in der Stadt gibt es einen Decathlon. Doch es ist Sonntag und es fährt kein Bus. Die Frau von der Gästeinformation sagt mir aber, dass es bei der alten Kirche ein kostenloses WLAN gibt. Ich gehe zur Kirche, logge mich ein und überlege, was ich jetzt machen werde. Erst google ich die Unterkünfte im Dorf. Es gibt mehrere. Ein Hotel gefällt mir besonders gut. Doch es ist etwas teuer. Da es nicht weit weg ist, entscheide ich mich, mein Glück zu versuchen, und frage an der Rezeption nach dem günstigsten Zimmer. Der Rezeptionist bietet mir einen Spezial-Deal an. Der Preis ist noch immer hoch, aber ich nehme an. So kann ich hier schlafen und morgen mit dem Bus in die Stadt fahren. Im Hotel erreicht mich die Nachricht, dass Paul auch nur wenig später in Le Monêtier ankommt. Wir verabreden uns bei der Kirche. Mit einem weiteren Treffen hatte ich gar nicht mehr gerechnet, doch ich freue mich sehr darauf.

Spontan entscheiden wir uns, in einem Restaurant etwas zu essen, es gibt Crozets, eine französische Spezialität. Er erklärt mir, dass ich sie unbedingt probieren müsse. Es ist eine kleine, viereckige Pasta-Sorte, überbacken mit Käse. Sehr lecker. Das Mittagessen offeriere ich Paul. Ich erkläre ihm auch, wieso: Nachdem Hermann mich in der Hütte eingeladen hat, weil ihm zuvor ein Schweizer die Hüttenübernachtung bezahlt hatte, lade ich nun Paul ein. Mit der Abmachung, dass er seine nächste Bekanntschaft einlädt. Ich finde es eine coole Idee von Hermann, diesem Gedanken zu folgen und jemandem eine Freude zu bereiten. Paul willigt ein. Nach dem späten Mittagessen bricht Paul auf und wandert weiter. Ich gehe zurück ins Hotel, wasche meine Kleidung und geniesse die gemütliche Zeit in einem schönen Hotelzimmer.

Der Pausentag startet mit einem grandiosen Frühstück im Hotel – im Vergleich zu meinen langweiligen Müsli-Riegeln, die ich sonst jeden Morgen verzehre. Mit einem sehr kleinen Bus fahre ich eine halbe Stunde nach Briançon. Beim Bahnhof angekommen, spaziere ich 20 Minuten in Flip-Flops zu einem Stadtgebiet etwas ausserhalb des Zentrums. Dort sind die grossen Läden, so auch der Decathlon, eine französische Outdoor-Ladenkette. Ich suche nach einem warmen Fleece und einer langen Wanderhose. In der letzten Woche habe ich fast jede

Nacht im Zelt gefroren. Ich bin überwältigt vom Angebot. Ich finde einen hellblauen Pulli für Kinder, der mir in Grösse 164 wunderbar passt und eine schwarze, gutsitzende Wanderhose. Danach gehe ich auf die Post und kaufe Karton und Etikett, um ein Paket in die Schweiz zu senden. Ich möchte eine Regenhose und eine Leggins, die ich nicht mehr gebrauchen kann, nach Hause schicken. In einem Café bestelle ich eine Crêpe und merke, dass die Zeit zu knapp wird, diese am Tisch zu essen. Ich lasse sie einpacken und nehme sie mit. Die Bedienung erklärt mir noch schnell, wo die Bushaltestelle ist. Der Bus fährt nur drei Mal am Tag. Doch an der Bushaltestelle warte ich vergebens. Es kommen Busse, aber nicht der nach Le Monêtier. Ich frage einen Buschauffeur und er erklärt, dass ich am falschen Ort warte. Obwohl auf dem Bushäuschen auch der Ort Le Monêtier-les-Bains angeschrieben ist. Ich bin verirrt und etwas genervt über meine verlorene Zeit. Der nächste Bus geht erst um 17 Uhr. Ich gehe zurück zum Bahnhof, wo mich der Bus abgesetzt hat – dort muss er dann bestimmt vorbeikommen. Beim zweiten Versuch einige Stunden später bin ich erfolgreich und schaffe es zurück ins Hotel.

Sieben Stunden habe ich in der Stadt verbracht – lieber wäre ich ein bisschen im Zimmer geblieben, hätte gelesen und gebloggt. Im Zimmer bereite ich mein Paket für den Versand vor. Als ich meine neuen Kleider aus der Einkaufstasche nehme, bemerke ich genervt, dass sich eine Polentapackung entleert hat. Alles ist voll mit den Polenta-Körnern und die neue schwarze Hose ganz staubig. In der Dusche schüttle ich die Kleider aus, die Körner, die im Sack bleiben, versuche ich zu retten. Die Polenta fällt von den Kleidern auf den Duschboden und da dieser etwas nass ist, bleibt sie sofort kleben. Überall ist nun Polenta. Ich versuche, sie vom Boden der Dusche mit den Füssen wegzustreichen. Als wäre das nicht genug, erfahre ich, dass Christian und ich eine Absage für eine Wohnung in Flims bekommen haben, die wir gerne ab Herbst gemietet hätten. Nach einem Telefonat mit meiner Freundin Lara, die mich im Tessin zwei Tage lang begleitet hat, einem Aperitif in der Hotellobby und einem Telefonat mit Christian und später mit meiner

Mama, ist meine Laune wieder viel besser. Trotzdem merke ich, dass ich keine Lust mehr habe. Ich möchte morgen gar nicht weitergehen. Jeden Tag wandern, ich habe allmählich die Nase voll davon. Gleichzeitig will ich unter keinen Umständen jetzt noch abbrechen. Das Ziel ist viel zu greifbar.

Nach zwei erholsamen Nächten bin ich zwar bereit, weiterzuwandern, doch mein Körper wehrt sich dagegen. Ich habe Bauchschmerzen, Krämpfe und mir ist übel. Nach dem Frühstück gehe ich zur Post, lese dort jedoch an einem selbstgekritzelten Zettel an der Eingangstüre, dass die Post heute nicht um 9 Uhr, sondern erst um 10.45 Uhr öffnet. Zurück im Hotel lege ich mich hin und warte, bis ich zur Post gehen kann. Um 10.45 Uhr verschicke ich mein Paket erfolgreich an meine Mama nach Flims und wandere trotz der komischen Gefühle los. Es geht wieder den Berg hoch und ich lasse die Baumgrenze hinter mir, wo ich Skilifte sehe und die Landschaft alpiner wird.

Da mir die Umgebung gefällt und ich wieder Spass am Wandern habe, verfliegen auch meine Beschwerden. Mittlerweile ist mir bewusst, dass ich für die Bauchschmerzen selbst verantwortlich bin. Immer wenn ich zögere oder nervös bin, begleiten sie mich. Sobald die Anspannung sich löst, bin ich auch wieder frei von Krämpfen und Schmerzen. Schon bald erreiche ich den Col de L'Eychauda. Es folgt ein Abstieg und ich gönne mir ein Hörbuch. In einem Zwischental angekommen, entdecke ich eine kleine Alp, wo es auch Getränke gibt. Ich setze mich an einen Tisch, doch schnell wird es mir zu warm. Nach dem Eistee wandere ich weiter bergab und passiere nach kurzer Zeit auf einem kleinen Abschnitt einer Fahrstrasse eine plattgefahrene, blutende, doch bereits tote Schlange.

Ich komme nach Vallouise und wandere dort weiter, an einem Fluss entlang. Nach den heutigen 30 Kilometern erreiche ich um 19 Uhr einen Campingplatz. Er ist riesig, es gibt sogar ein grosses Schwimmbad mit Rutsche und allem Drum und Dran. Doch die letzten Tage des

Sommers sind angebrochen und daher ist es beinahe leer. Mit dem Wifi-Code auf einem Zettel gehe ich zurück ins Zelt und koche meine gerettete Polenta. Nach dem Essen google ich die letzten Routenabschnitte bis nach Monaco. Meine Motivation ist wieder sehr tief. Immer wenn ich im Tal wandern muss, habe ich überhaupt keine Lust mehr aufs Weiterwandern. Die nächsten Tage werden aber ähnlich sein. Als ich ausrechne, wie viel ich noch vor mir habe, wird mir klar, dass ich in weniger als zwei Wochen die Via Alpina abschliessen könnte – sofern ich so schnell sein wollte. Dafür müsste ich aber viele Kilometer wandern und hin und wieder ein bisschen die Route abkürzen. Die Gewissheit zu haben, dass ich in weniger als zwei Wochen fertig sein könnte, hebt meine Laune.

In mir ist nämlich ein Konflikt: Einerseits habe ich mir vorgenommen, die letzten Etappen der Via Alpina zu geniessen und nicht zu hetzen. So habe ich in den letzten Tagen immer wieder schon am Nachmittag angehalten, das Zelt aufgebaut und etwas gelesen. Zudem fühle ich mich seit einigen Tagen etwas ausgelaugt. Andererseits sind die gemütlichen Tage auch lang und einsam. Ein Tag, an dem ich von früh bis spät wandere, ist ein abwechslungsreicherer Tag, als wenn ich schon am Nachmittag rumliege. So wünsche ich mir oft, dass ich doch endlich ankomme in Monaco.

Als ich aufwache, ist mein Zelt nass vom Kondenswasser. Ich packe es ein und schaue, dass es nicht meine anderen Gegenstände durchnässt. Der Weg heute ist schwierig zu finden. Ich denke an Hermann, der ohne Navigation wandert, und hoffe, er hat ihn trotzdem gefunden. Nach einem kleinen Aufstieg komme ich auf eine Kuppe und entdecke einige Wohnmobile, obwohl ausdrücklich verboten ist, hier zu campen. Überall gibt es Verbotsschilder. Während des Abstiegs beginnt es zu regnen und als ich ein paar kleine private Hütten entdecke, stelle ich mich unter ein Vordach und esse einen Riegel. Es ist sowieso niemand hier. Als es aufhört, wandere ich weiter und passiere erneut einen Fluss. Es geht eine Weile geradeaus weiter und danach über einen zweiten Hügel.

Der letzte Abstieg ist unspektakulär und ich erreiche das Dorf Freissinières. Eigentlich das Ende dieser Etappe. Ich wandere aber weiter und komme erneut an einem Campingplatz vorbei. Da die Wetterprognose für heute Nacht schlecht ist, entschliesse ich mich spontan, mich hier niederzulassen. Mein Zelt baue ich am Fluss auf und geniesse die Vorzüge des Campingplatzes: Dusche und Wifi. Internet ist Gold wert, wenn man beginnt, sich einsam zu fühlen. Nach einem weiteren Polenta-Abendessen telefoniere ich mit Christian und gehe früh schlafen. Es war ein langweiliger und ereignisloser Tag. Hoffentlich wird es bald wieder spannender.

Auch der heutige Tag begeistert mich wenig. Das Zelt ist am Morgen wieder nass. Die Strecke ist ausserdem wenig abwechslungsreich und so steuere ich direkt das Dorf Guillestre an. Die Burg Mont-Dauphin lasse ich aus. Eigentlich wäre dieser Ort der Etappenstopp gewesen. Den ganzen Tag wandere ich mit einem Hörbuch in den Ohren. Manchmal vergesse ich, dass ich mich in Frankreich befinde und nicht im Tessin, wo die Geschichte spielt, die ich höre. Nach einem kleinen felsigen Aufstieg erreiche ich das Dorf Guillestre. Es ist viel los und ich bin ein bisschen überrascht. Im Dorf finde ich einen Campingplatz. Beim Hotel daneben ist die Rezeption. Die junge Frau erzählt mir, dass ihr Grossvater den Campingplatz leite und gleich kommen werde. Ich solle mein Zelt aufbauen und einfach warten. Als die besprochenen 30 Minuten schon längst vorbei sind und immer noch niemand hier ist, entscheide ich mich, bei der einzigen geöffneten WC-Anlage zu duschen. Die gesamte Campinganlage ist sehr alt und in keinem guten Zustand. So auch die Toiletten. Es gibt lediglich ein rollstuhlgängiges WC mit einer Duschbrause darin. Alle anderen Anlagen sind geschlossen. Trotzdem dusche ich mich dort – zwar leicht umständlich, aber ich werde sauber.

Nach der Dusche gehe ich in ein veganes Restaurant: Chez Vivi. Die Wirtin erklärt mir ihr Konzept. Es gibt nur ein Menü und ihre Speisen sind alle vegan und roh – ungekocht. Ich bin gespannt auf das kulinarische Erlebnis. Ich bin zuerst ganz allein, doch nach einer Stunde sitzen zwei weitere Paare im orientalisch angehauchten Restaurant. Damit ist es eigentlich auch schon voll. Nach dem Essen bin ich mittelmässig begeistert von dieser neuen Erfahrung: Die Vorspeise, etwas mit Salatblättern, Crackern und einer Dip-Creme, und das Dessert, ein Feigentörtchen, waren sehr lecker. Der Hauptgang war mir jedoch etwas suspekt. Ein Taboulé mit einem Pilzpürree. Die Würzung war ganz anders, als man es sonst gewohnt ist – immer leicht zimtig und komplett ungesalzen.

Zurück auf dem Campingplatz treffe ich weder auf weitere Gäste noch den Besitzer. Ein bisschen mulmig ist mir zumute, hier ganz allein auf dem verwahrlosten Zeltplatz zu schlafen.

__ *Ein letztes Mal einkaufen*

Nach der Nacht auf dem verlassenen Campingplatz packe ich zusammen – noch immer kein Mensch in Sicht. Ich wandere schnellstmöglich los, da mich heute Gewitter erwarten. Nach einem Stopp in einer Bäckerei komme ich zum Aufstieg. Da das Wetter schlecht wird, wandere ich direkt zum nächsten Ort Ceillac. Der Weg ist etwas verwirrend. Manchmal verliert er sich, steigt auf, dann wieder ab, obwohl ich eigentlich den Berg hoch will. Unterwegs treffe ich einen Jäger mit Hund. Er spricht in einem Dialekt, den ich kaum verstehe. Als ich ihm sage, dass ich aus der Schweiz bin, ändert er seine Aussprache und ich verstehe daraufhin besser, was er erzählt. Er fragt mich, wohin ich heute wolle. Als ich ihm Ceillac als Zielort nenne, sagt er nur: «Phuu, das ist weit – mindestens vier Stunden von hier!» Ich bin etwas irritiert, das ist doch überhaupt nicht weit. Mein Ziel ist es nämlich, vor dem grossen Regen nach dem Mittag dort anzukommen.

Nach einer Weile wandern bin ich schon kurz vor Ceillac und laufe am Chalet Refuge vorbei. Es ist sehr schön eingerichtet und zwei grosse Neufundländerhunde begrüssen mich stürmisch. Gerne würde ich hierbleiben, aber ich wandere nach Ceillac zur Herberge, denn ich muss heute unbedingt einkaufen.

Nach einer ausgiebigen Dusche mache ich während des ersten grossen Regenfalls einen Nachmittagsschlaf. Danach breche ich auf, um einzukaufen. In Ceillac gibt es einen kleinen Laden, der aber erst ab 16 Uhr geöffnet ist. Ich finde alles, was ich brauche. Selten habe ich so viel Nachschub an Lebensmitteln gekauft. Aber ab jetzt bis fast nach Monaco werde ich keinen Supermarkt mehr unterwegs antreffen. Das heisst, ich bin die nächsten zwei Wochen fast ausschliesslich in den Bergen unterwegs. Es gibt viele Hütten auf meinem Weg, da ich oft die gleiche Strecke wandere, wie der in Frankreich sehr berühmte GR5-Weitwanderweg. Doch viele dieser Hütten sind entweder wegen Covid geschlossen oder weil die Saison vorbei ist. Ich bin wieder sehr nervös, was mich in nächster Zeit erwarten wird. Ende Mai bin ich gestartet und jetzt ist schon Mitte September.

Nach dem Einkauf finde ich ein kleines Restaurant und gönne mir einen Gratin Dauphinois. Paul hat mir geschrieben, dass ich diesen unbedingt probieren solle – es sei ein sehr leckeres vegetarisches Gericht aus dieser Region. Zurück in der Herberge lade ich alle letzten Kartenausschnitte herunter. Auch Hörbücher und E-Books. Denn es werden zwei einsame letzte Wochen werden.

Das wechselhafte Wetter scheint vorerst vorbei zu sein. Strahlend blauer Himmel begrüsst mich, als ich von Ceillac wegwandere. Schon bald startet der Aufstieg und der Weg ist abwechslungsreich, verläuft oft entlang einer Felswand. Nach etwa einer Stunde sehe ich vor mir ein Pferd. Es ist schwer bepackt und ein Mann führt es an einem Strick. Die beiden pausieren oft und so hole ich das lustige Duo bald ein. Ich spreche sie auf Französisch an und erfahre, dass der Mann Domenique heisst und sein Pferd Mocca. Sie sind aus Annecy und gemeinsam wandern sie bis ans Meer. Ich finde die Idee cool und frage, ob ich ein Foto machen darf. Er erklärt mir, dass er nicht den gleichen Pass wie ich ansteuern wird. Denn mit Mocca muss er schauen, dass die Pässe nicht zu anspruchsvoll sind. Ausserdem möchte Mocca ständig pausieren und das saftige Gras am Wegrand essen.

Etwas später werde ich beim Lac Miroir von zwei Menschen angesprochen. Zuerst verstehe ich gar nichts. «Sac à dos» und «chien» höre ich nur, erst später verstehe ich, dass sie wohl meinen Schweizer Bernhardiner-Glücksbringer am Rucksack gemeint haben. Nach einem weiteren Aufstieg erreiche ich den oberen See. Ich hatte bereits erwartet, dass er sehr schön ist, aber so richtig türkis, direkt vor imposanten Felsen, damit habe ich dann doch nicht gerechnet. Der Lac Sainte-Anne ist einfach ein Traum!

Ich entschliesse mich, eine längere Pause zu machen, halte die Füsse ins Wasser, esse ein paar Kekse und geniesse den grandiosen Anblick. Es gibt viele Leute um den See herum, alles Wanderer. Zwei ältere Leute gehen sogar schwimmen. Gerne wäre ich auch reingehüpft, doch es ist noch zu früh und ich plane heute noch weit zu kommen. Am See komme ich ins Gespräch mit den zwei Wanderern, die mich auf meinen Bernhardiner angesprochen haben. Ein junger Mann, etwa 30 Jahre, und seine Mutter plaudern mit mir. Sie erzählen mir, dass die Mutter einen Teil des GR5 allein gemacht hat. Heute ist sie mit ihrem Sohn auf einer Wochenend-Wanderung. Sie ist stolz, dass er dafür drei Stunden bis zu ihr gefahren ist, um zwei Tage mit ihr zu verbringen. Ich nehme mir vor, meiner Mama bei der nächsten Gelegenheit davon zu erzählen. Sie würde gerne auch ein Solo-Wanderabenteuer starten, ist aber oft eingeschüchtert von den Herausforderungen und traut sich nicht viel zu. Mit dieser Geschichte der Frau im etwa gleichen Alter wie sie möchte ich sie ermuntern.

Der Weg ist etwas schotterig und führt auf den Col de Girardin. Auf dem Pass geht es auf der anderen Seite steiler wieder runter. Auf dieser Seite hat es kaum Leute. Ich treffe einen Mann, der etwas zu schnell für seine Gruppe ist, daher allein wandert, aber immer wieder anhält und wartet. Er geht mit mir mit und wir unterhalten uns. Er ist 70 Jahre alt und war früher auch Skilehrer. Mir fällt auf, wie viele Rentner ich schon getroffen habe. Sie waren in den letzten Wochen in den Bergen die am meisten vertretene Altersgruppe. Wohnen tut der Mann in der Gegend von Grenoble. Er möchte ganz genau wissen, wie viele Kilometer ich schon gewandert bin. Es sind nun bald 2000.

Der Abstieg wird immer steiler und meine Knie schmerzen trotz Wanderstöcken. Bei meiner Ankunft in Maljasset mache ich erstmal eine Pause. Der Ort ist winzig, nur ganz wenige Häuser und doch etwa drei Wanderunterkünfte. Ich trinke etwas und esse ein Schoggi-Eis. Danach breche ich erneut auf, auch wenn es schon Abend ist. Ich habe ein Ziel, ich möchte zum See kurz vor dem nächsten Pass. Der See ist 800 Höhenmeter weiter oben und so beeile ich mich, um endlich anzukommen und mein Zelt aufstellen zu können.

Nur 20 Minuten bevor ich das Ziel erreiche, nimmt der Wind an Fahrt auf und auch Regen setzt ein. Es ist augenblicklich kalt. Ich überlege, anzuhalten und sofort das Zelt aufzubauen, damit ich möglichst trocken bleibe. Doch ich will unbedingt zum See! Es nervt mich, dass es wortwörtlich aus heiterem Himmel regnet. Eigentlich war in nächster Zeit kein Regen gemeldet. Ich ziehe durch, komme zum See und baue alles schnellstmöglich auf. Doch mittendrin wird es wieder schöner, die Wolken verziehen sich und der Regen hört auf. Als ich mein Schlafgemach fertig eingerichtet habe, entscheide ich mich für eine Abkühlung im kleinen See auf über 2600 Metern. Es ist schon nach 19 Uhr, aber der See ist gar nicht kalt und der Schweiss von heute wird weggebadet. Zum Abendessen gibt es eine Polenta und eine Folge einer Netflix-Serie, die ich mir am Vortag aufs Handy geladen habe. In der Serie verkaufen Hollywood-Immobilienmaklerinnen teure Villen an ihre Kunden. Irgendwie muss ich lachen, dass ich diese Sendung überhaupt schaue, während ich in meinem kleinen Nylon-Zuhause sitze und die immer gleiche Kleidung trage.

In der Nacht höre ich aus dem kleinen See immer wieder das «Blubb» der Fische und vom Felsen hinter mir ein «togg, togg». Die ganze Nacht über höre ich diese Steinschlaggeräusche. Ich mag das gar nicht, denn immer wenn es in meiner Nähe Steinschlag gibt, verfolgt mich das Geräusch danach tagelang. Wie wenn man meint, sein Handy vibriert, dabei ist es still. So beginnt man, sich diese gruseligen Geräusche einzubilden. In dieser Nacht ist es jedoch keine Einbildung. Zum Glück habe ich mein Zelt an einem sicheren Ort. Auch am Morgen höre ich das «togg» noch immer. Als ich im Morgengrauen den Felsen beobachte, wird mir auch klar, warum. Auf der Krete des kantigen Berges ist eine Herde Steinböcke. Es sieht fantastisch aus. In einer Linie gehen sie dem Leittier nach, ich sehe nur ihre dunklen Umrisse, wie sie elegant der Kante entlangklettern. Die Zeit geht vorbei und ich bin immer noch am See. Ich nehme mir vor, aufzubrechen, sobald mich die ersten Wanderer erreichen.

Um 10 Uhr ist es soweit. Ich breche auf und wandere zum Col du Mary, etwas oberhalb des Sees. Der Pass ist erneut eine Landesgrenze und so gehe ich zurück nach Italien. Kaum auf der italienischen Seite angekommen, treffe ich im Abstieg wieder auf freundliche und offene Italiener. «Wie lange geht es noch?», «Ist der Pass steil?» und viele weitere Fragen stellen sie mir. Teilweise muss ich so oft anhalten und Auskunft geben, dass ich kaum weiterkomme. Etwas weiter unten sind die, die mit dem Auto so weit hochgefahren sind wie möglich und jetzt ihr Picknick aufbauen. Doch es handelt sich dabei nicht um eine einfache Picknickdecke. Nein. Italiener bringen alles mit: Tisch, Stühle, Sonnenschirm, Liegestühle, Teller, Besteck und sogar eine schöne Tischdecke.

Schon bald erreiche ich den italienischen Ort Chiappera. Ich pausiere in einem Restaurant, esse ein Sandwich und trinke zwei Eistee. Am späteren Nachmittag wandere ich weiter bis zum geplanten Campingplatz. Doch als ich diesen erreiche, bin ich verwirrt. Es hat viele Leute, da es ein kleines Bachbett hat und man darin baden kann – was ich natürlich auch mache. Der Platz ist unbewartet, aber die Campingschilder sind mit Verboten überklebt. Trotzdem hat es überall Wohnmobile stehen. Ich versuche, die italienischen Weisungen zu übersetzen, verstehe aber auch danach nicht, ob ich hier nun zelten darf oder nicht. Ich frage eine Frau. Sie selbst versteht die widersprüchlichen Schilder auch nicht und so entscheide ich mich, zum Rand des Waldes zu gehen und dort das Zelt etwas abseits des Campingbereiches aufzustellen, mit dem Ziel, dass man mich nicht sieht.

Doch als es späterer Abend wird, beobachte ich die Camper bei ihrer Abendroutine. Die Touristen gehen gewohnt ihren Tätigkeiten nach. Sie kochen, essen an ihrem Campingtisch und duschen – nackt draussen vor dem Auto. Sie scheinen sich keine Schuldgefühle zu machen – nicht so wie ich. Mein Abendessen fällt langweilig aus. Ich esse einen Riegel. Denn ich werde bis nach Monaco keine neue Gaskartusche mehr kaufen können und spare so mein Gas.

Als ich aufstehe und das Zelt einpacken will, muss ich zuerst die zahlreichen, an meinem Zelt klebenden Schnecken entfernen. Alles haben sie verschleimt, auch meine Flip-Flops, die ich im Aussenzelt liegen gelassen habe, werden nun von einer silbern-schimmernden Schleimschicht geziert. Ich breche früh auf und erreiche den ersten Pass. Jetzt bin ich wieder allein auf den Wanderwegen unterwegs. Die GTA führt zwar hier durch, aber im Moment ist wenig los. Als ich bei Chiavletta vorbeikomme, fasse ich den Entschluss, dass ich die nächsten Tage noch in einer GTA-Unterkunft übernachten möchte. Die Idee, die Grande Traversata delle Alpi, GTA, durch abgelegene kleine Bergdörfer zu leiten, damit diese durch den Tourismus belebt werden, finde ich sehr cool. Auch hier ist die Abwanderung aus den Bergen ein grosses Problem. Daher möchte ich dieses GTA-Erlebnis unbedingt testen.

Doch bei Chiavletta halte ich nicht an, sondern wandere auf den Passo della Giardetta. Davor schaue ich noch einen militärischen Bunker an. Während ich im dunklen Bau die Gänge erkunde, taucht am Eingang auf einmal ein Mann auf. Ein bisschen erschrecke ich mich. Doch Chiaffredo stellt sich als Milchbauer aus Cuneo vor und ist sehr sympathisch. Er fragt, wohin ich gehe, und möchte mir sofort sein ganzes Essen und Wasser mitgeben, damit ich genug habe. Doch ich lehne ab. Mein Vorrat müsste ausreichen und ich möchte nicht mehr als nötig mit mir rumtragen. Er fragt mich auch, ob ich Facebook habe und gibt mir eine Visitenkarte mit – ich solle ihm eine Freundschaftsanfrage senden.

Als ich den Pass erreiche, empfange ich auf meinem Handy wieder Nachrichten. Es gibt ein Durcheinander bei einem Arbeitsprojekt meines Bruders. Missverständnisse haben sich eingeschlichen und es braucht dringend eine Reaktion von mir als seiner PR-Managerin. Ich versuche, so gut es geht, wieder alles in Ordnung zu bringen, doch ich bin wieder mitten im Gebirge und mein Empfang bricht ständig ab. Ich bin genervt und gestresst, schaue nur noch aufs Handy und wandere weiter, in der Hoffnung, dass der Empfang sich bessert. Das Wetter wird zwischenzeitlich schlechter, doch der Weg ist sehr eindrücklich, mitten im Felsen wurde er gebaut. Doch davon kriege ich nur wenig mit, mein Fokus ist auf meiner PR-Arbeit.

Ich gehe schnell und hoffe, dem schlechten Wetter davonwandern zu können. Auch die Zeltplatzsuche sieht schlecht aus. Auf der anderen Seite des Passes ist alles voller Kühe, zu meinem Leidwesen auch mit vielen Kälbern. Sie sind gegen oben hin nicht eingezäunt und stehen auf dem gesamten Wanderweg. Ich weiche ununterbrochen aus, mache Umwege und bin nervös. So viele Kühe und ich. Nicht mal Bäume gibt es. Ich sehe absolut keinen Ort, wo ich mich hier in Sicherheit bringen könnte. Meine Umwege werden grösser und grösser – Hauptsache, nie zu nah bei den Kühen wandern. Doch nach über einer Stunde habe ich es geschafft, unten in Richtung Tal treffe ich auf einen Zaun. Halleluja! Jetzt kann ich mich um den Zeltplatz kümmern, doch nun bin ich bereits wieder in einem sehr steilen Bereich. Ich finde aber einen grandiosen Platz – einen kleinen Hügelvorsprung am Felsweg. Doch das Wetter ist nicht so gut und es windet. Das wäre mir hier zu heikel, zu ausgesetzt. Deshalb gehe ich weiter, hoffe, noch einmal auf eine gute Fläche zu stossen. Und ich habe Glück. Ich komme zu einer weiteren Fläche, bei der es auch einen muffigen Wassertrog gibt. Die Wiese ist abgefressen von den Kühen, aber sie scheinen sich nun weiter oben aufzuhalten. Dort, wo der Zaun mich von ihnen trennt. Ich entscheide, dass es hier deshalb sicher sein sollte und baue mein

Zelt auf. Ein schöner Platz ist es nicht, aber er ist immerhin flach genug. Auch Netz habe ich hier in Talnähe. So kümmere ich mich, so gut es geht, um das Arbeitsmissverständnis und mache mich danach bettfertig.

Ich bin schon eingeschlafen, als mich ein Kuh-Konzert wieder aufweckt. Zuerst von weit weg, eher hinter mir: MUHHHH! Dann antwortet eine andere Kuh, mehr links von mir. Und die dritte scheint sogar auf der anderen Seite des Flusses zu sein – also im Hang gegenüber: MUHHHH! So geht das die ganze Nacht. Und das Schlimme ist, die Muhhhs scheinen immer näher zu kommen. So nah, dass ich denke, eine Kuh müsste fast neben meinem Zelt stehen. Mehrmals öffne ich in Panik mein Zelt, gehe raus, schaue, ob ich eine Kuh sehe. Doch nichts. Nur der Sternenhimmel. Um 4 Uhr gehe ich wieder raus, in der Vermutung, dass direkt neben meinem Zelt eine Kuh steht, doch ich sehe nur ein Reh beim Wassertrog. Ich habe grosse Angst, dass eine Kuh oder eine Herde kommt und mich in meinem Zelt zertrampelt. Dabei hatte ich doch geprüft, dass ich möglichst weit weg von ihnen bin und durch den Zaun oben auch geschützt.

Die Nacht endet endlich und ich habe kein bisschen geschlafen. Ich bin geplättet und packe träge meine Ausrüstung zusammen. Eigentlich will ich hier nur weg. Doch es ist noch zu früh – denn heute ist der richtige Tag, um eine GTA-Unterkunft zu testen. Doch bevor ich soweit komme, klingelt mein Telefon. Es ist Hermann. Er hat wieder jemanden in einer Unterkunft bei der Rezeption überreden können, mich anzurufen. Er ist bereits in Sant'Anna di Vinadio. Ich erzähle ihm, dass ich heute eine kurze Strecke gehen werde – nur bis zur nächsten Unterkunft in Ponte Bernardo. Er versteht nicht, wieso ich manchmal solche Mini-Etappen gehe. Doch ich erkläre ihm, dass ich kaum geschlafen habe und nicht vor Oktober in Monaco ankommen will. Dadurch, dass ich mir selbst als Ziel den ersten Oktober gesetzt habe, gebe ich mir Mühe, zu einer Anti-Stresserin zu werden. Es ist gar nicht so einfach, es manchmal gemütlich zu nehmen. Einerseits will ich endlich fertig werden. Andererseits gefällt es mir auch, überall ein bisschen hängen zu bleiben. Mich ins Gras legen und faulenzen, wo ich Lust habe. Genau so sehr, wie ich an anderen Tagen 40 Kilometer wandere. Einfach, wie mir gerade danach ist. Zeitdruck herrscht keiner mehr. Mittlerweile gelingt mir das auch besser. Ich nehme jeden Tag so, wie er kommt.

Nachdem Hermann sich am Telefon verabschiedet hat, gehe ich die wenigen Kilometer ins Dorf nach Ponte Bernardo. Weil ich gestern keinen Schlafplatz finden konnte und immer weitergelaufen bin, ist es nur noch ein Katzensprung. Im Dorf angekommen, finde ich die Unterkunft sofort. Es hat ein GTA-Schild draussen an der Türe. Und auch ein Via-Alpina-Schild kann ich erkennen. Doch die Anmeldung läuft über eine Bar. Als ich dort ankomme, fällt mir als Erstes das *Chiuso* über der Türe auf. Ich erfahre: Heute ist Ruhetag. Laut sage ich «Shit!», als gerade ein Mann aus seinem Auto steigt. Er fragt mich, ob er mir helfen könne. Ich erkläre ihm, dass mein Problem die anscheinend geschlossene Herberge ist. Er macht ein Handzeichen und bedeutet mir damit, ihm zu folgen. Ich verstehe noch nicht ganz, was jetzt passiert. Er steigt eine Treppe hoch bis zum Eingang der Bar, die eher ein Restaurant ist, und verschwindet kurzzeitig. Dann kommt er mit einem Schlüssel wieder raus. Erst jetzt verstehe ich, dass er der Besitzer ist. Walter heisst er und fragt mich dann auch gleich, wann ich heute zu Abend essen möchte. Ich lehne ab – es wäre ja heute geschlossen. Ich bin schon froh, dass ich trotzdem hier übernachten darf. Doch er meint, dass er für Wanderer immer geöffnet hat. Mit dem Schlüssel mache ich mich auf den Weg zurück zum Haus für die Wanderer. Es gibt zwei Schlafräume mit mehreren Betten. Zuerst erkunde ich dieses GTA-Wanderhaus. Ich schaue mir jeden Winkel genau an, öffne jede Schranktüre und jede Schublade. Dann entdecke ich den kleinen Balkon. Mein nasses Zelt clippe ich an der Wäscheleine in der Sonne auf dem Balkon fest. Dann dusche ich, wasche noch meine Socken und die Unterwäsche und befestige auch diese auf der Wäscheleine. Kurz darauf liege ich im alten Holzbett.

Es ist ein wunderschöner Tag, aber mein Kopf ist ganz wirr. Es scheint, als hätten mir die Kühe in der letzten Nacht den Verstand geraubt.

Es ist erst Mittag und ich entscheide mich, eine Runde zu schlafen. Als ich aufwache, geht es mir zum Glück schon wieder viel besser. Den Nachmittag verbringe ich lesend, erkunde später auch noch das Dorf und erscheine pünktlich zu meinem nur für mich zubereiteten Abendessen. Der Gastraum ist mit viel Herz eingerichtet. Walter muss ein Cacciatore sein, ein Jäger, so viel ist unschwer zu erkennen – doch sein Lokal hat Stil. Die Nonna kocht mit viel Liebe mein Abendessen. Ich bin ganz allein und geniesse es.

Am nächsten Morgen ist mein Schlafdefizit überwunden, ich fühle mich bereit für die nächste Etappe. Wie ein Stein habe ich geschlafen. Um 9 Uhr wandere ich los in ein neues Hochtal, bevor ich aufsteige zum Pass. Dort gibt es eine kleine Schutzhütte. Ich setze mich auf eine hölzerne Bank an die Wand und geniesse die Sonne. Mit einem Blick auf meine Beine merke ich, dass sie dünner und noch gebräunter aussehen als vor einigen Tagen. Schon bald wird mir zu warm und ich habe nicht mehr viel Sonnencreme übrig. Es wird Zeit, weiterzugehen. Der Abstieg ist steil, aber richtig schön, da der Weg in der Felswand verläuft und ich einmal sogar durch einen kleinen Felstunnel gehe. Schon von weitem erkenne ich das Rifugio Zanotti.

Als ich es erreiche, finde ich überall die Covid-Plakate: «Biwak nur im Notfall – Hütte geschlossen.» Es ist ein malerischer Ort, auf einem steinigen Vorsprung. Alles wirkt so verträumt. Ich stelle mir vor, wie es wäre, wenn hier die Leute vor der Hütte sitzen, etwas trinken würden. Doch ich bin allein. Meine Neugier hält sich auch hier nicht zurück. Anstatt einfach weiterzuwandern, checke ich erst mal aus, was es hier zu sehen gibt. Hermann hatte mir schon am Telefon erzählt, dass der Winterraum offen ist. Ich gehe um die Hütte herum, finde eine Treppe, die zum direkt unter dem Dach gelegenen Winterraum führt. Er ist – wie erwartet – offen. Als ich eintrete, sehe ich ungefähr acht Betten. Alle stehen sie nebeneinander, doch leider sind sie dreckig und schimmlig. Hier würde ich nicht schlafen wollen. Ich schaue mich um, finde ein paar Reste von Lebensmitteln und frage mich, wer hier wohl als Letzter übernachten musste. Zum Glück ist das Wetter gut, sodass ich die Türe wieder hinter mir schliesse. Es ist erst Mittag und ich habe nicht vor, hier zu bleiben. Doch wenn die Hütten direkt am Weg liegen, erkunde ich sie gerne. Diesen Sommer gibt es nur wenige Leute, die die Via Alpina machen. Deshalb bin ich eine der ganz wenigen in der Via-Alpina-Facebookgruppe, die künftige Wanderer mit Informationen speisen kann. So schaue ich mir gerne alles an, denn oft werden in der Facebook-Gruppe Fragen zu den Winterräumen gestellt.

Ich lasse das Rifugio Zanotti hinter mir und nehme den nächsten steilen Pass in Angriff. Er sieht mal wieder so aus, als gäbe es kein Durchkommen. Oft stehe ich unten und denke, wie soll ich diese Wand nur überwinden? Doch ich beginne den Weg zu erkennen und wandere los. Wie immer ist es zwar ein steiler Anstieg, aber viel einfacher, als es von unten ausgesehen hat. Noch immer lasse ich mich einschüchtern, dabei habe ich diese Lektion doch schon an meinem zweiten Tag auf der Via Alpina erhalten. Nun sind es schon über 100 – inklusive Pausentagen. Unfassbar. 100 Tage in den Alpen. Es müssen nun auch ungefähr 2100 Kilometer sein. Ich bin schon so viel weiter gekommen, als ich mir erträumt hatte!

Nach dem Pass kann ich eine Hütte, die Capanna Miglierore, und einen See erkennen. Auch einen Menschen sehe ich. Aus irgendeinem Grund gibt mir das die Motivation, sofort loszugehen und die Person einzuholen. Warum eigentlich? So genau weiss ich das auch nicht, das Bedürfnis zu quatschen habe ich heute nicht. Ich hoffe, dass die Hütte geöffnet ist. Doch sie sieht ebenfalls geschlossen aus. Als ich den Eingang der Hütte erreiche, kommt mir ein Mann entgegen. Er sagt, dass die Hütte um 17 Uhr schliesst. Also in wenigen Minuten. Ich bekomme noch etwas zu essen und einen Eistee. Er erklärt mir, dass ich etwas weiter unten gerne mein Zelt aufstellen dürfe. Vor der Hütte jedoch nicht. Danach fährt er mit seinem Fahrrad ins Tal.

Ich gehe zu besagtem Platz und nehme mein Zelt aus dem Rucksack, als die ersten Regentropfen fallen. Das Wetter wird schlechter, doch mit Regen hatte ich heute nicht gerechnet. In Eile stelle ich mein Zelt auf und lege mich noch fast trocken hinein. Die Tropfen prasseln auf mein Zeltdach und ich weiss einen Moment nicht, was ich jetzt machen könnte. Mir ist langweilig. Lesen mag ich nicht und auf ein Hörbuch habe ich auch keine Lust. Netz gibt es keines, sonst hätte ich ein bisschen mit Freunden schreiben können, obwohl ich gestern eigentlich schon die Möglichkeit dazu hatte.

Ich liege da, fühle mich ein bisschen leer. Ich kann meine Leere nicht genau deuten. Meine Zeltwände werden leider auch nicht spannender und als der Regen nachlässt, gehe ich sofort wieder nach draussen und erkunde die Landschaft. Am See neben der Hütte hat es eine Kuhherde. Gerade als ich ihnen zuschaue, büchsen drei kleine Kälber unter dem Zaun hindurch aus. Neugierig wie ich, erkunden sie mit ihrer neu gewonnenen Freiheit die Umgebung. Die anderen Kühe scheint es nicht zu stören. Sie spazieren gemeinsam umher, umrunden den See und kommen hinter dem Hügel zu meinem Zelt. Auch ich gehe nun zurück zum Zelt, beobachte, was die drei im Schilde führen. Das eine beginnt nun an meinem Zelt zu knabbern und ich versuche, es zu verscheuchen. Doch sie wollen immer wieder zu meinem Zelt. Es ist zu interessant! In meinem Kopf spielt sich schon die nächste Horrornacht ab, mit ständigem Gemuhe und der Angst, dass ein Kalb über mein Zelt fällt und mich plattwalzt. Oder vielleicht werden die Mutterkühe in der Nacht ihre Kleinen suchen kommen und mich angreifen. Auch wenn das wohl alles nicht eintreffen wird, auf eine weitere ungewisse Nacht im Zelt an dieser Stelle habe ich keinen Bock. Ich möchte in Ruhe schlafen können. Als die Kälber einen Baum in meiner Nähe ansteuern, packe ich meine Sachen im Zelt notdürftig ein, löse die Heringe und packe das Zelt samt Matte und Schlafsack darin, so gut es geht, unter den Arm und gehe davon. Ich steige wieder auf zur Hütte und platziere mein Zelt dort oben auf einer kleinen Terrasse. Beim Tragen des Zeltes haben sich die beiden Zeltwände berührt. Als ich wieder reinkrieche, ist mein Schlafsack durch die nassen Wände etwas feucht geworden. Nach meinem Umzug in die Sicherheit prüfe ich, was die Kleinen machen. Ich hoffe, sie bleiben bei den Grossen und gehen nicht zu weit. Gerade als ich dachte, es wird langsam langweilig auf der Via Alpina, bin ich eines Besseren belehrt worden.

Den Abend lasse ich auf einem grossen Stein bei der Hütte ausklingen. Mit Blick ins Tal bei Sonnenuntergang lese ich dann doch noch ein paar Seiten in meinem E-Book. Doch ich komme nicht weit, denn gerade als es dunkel wird, bekomme ich Besuch. Zwei junge Menschen mit Gewehr kommen auf mich zu und fragen nach dem Winterraum. Ich sage den beiden, dass die Türe geschlossen ist. Sie schauen sich gegenseitig hilflos an, verschwinden, doch kommen später zu mir zurück und erklären, dass der Winterraum doch offen ist. Die Hüttentüren haben manchmal ein komisches System. Immer wieder trifft man auch auf eine neue Sicherung, sodass ich wohl nicht verstanden hatte, wie man die Türe öffnet. Die beiden verschwinden und ich krieche in mein Zelt.

Auf einmal leuchtet es in meinem Zelt. Ich bin genervt, warum müssen die Jäger meinen Schlafplatz mit ihren Taschenlampen so anleuchten?! Doch der junge Mann läuft um mein Zelt herum und fragt, ob ich auch etwas Risotto möchte. Sofort habe ich ein schlechtes Gewissen. Da ich schon etwas gegessen habe, lehne ich dankend ab. Doch zwei Minuten später krame ich in meinem Foodbag, nehme mein letztes Stück Schweizer Schokolade mit und gehe zum Eingang des Winterraums auf der anderen Seite der Hütte. Es ist schon stockdunkel und mit der Stirnlampe sitzen Martina und Rico auf dem Steinboden vor dem Winterraum und kochen den Reis. Die beiden sind aus Cuneo und nicht älter als ich – mitunter ein Grund, warum ich trotzdem noch aus dem Zelt gekrochen bin. Wir reden über die Jagd und ich gebe zu, dass ich im ersten Moment etwas Angst hatte, als Rico so spät am Abend mit Gewehr vor mir aufgetaucht ist.

Auch beschäftigt mich immer wieder eine Geschichte, die sich im Herbst 2018 in Frankreich abgespielt hat. Ein Mountainbiker wurde damals von einem Jäger in die Brust geschossen, da er ihn mit einem Eber verwechselt hat. Auch davor wurde bereits ein Fall bekannt, dass ein Wanderer von einem Jäger getroffen wurde und starb. In der Schweiz sind solche Unfälle selten, aus Frankreich hört man jedoch immer wieder Geschichten. Auch meine Kleidung ist nicht ausserordentlich farbig. Ich trage oft Blautöne. Rot, Orange oder leuchtend Gelb – diese Farben mag ich überhaupt nicht. Aber in der Jagdsaison wäre es keine dumme Idee, mich auffälliger zu kleiden. Martina und Rico erklären mir jedoch, dass ich wirklich keine Angst haben müsse. Eher noch umgekehrt. Einige Wanderer reagieren anscheinend sehr aggressiv gegenüber Jägern.

Ausserdem ist es spannend, mehr über die Regeln der Jagd im Piemont zu erfahren. Martina ist nämlich auch Wild-Kontrolleurin. Die geschossene Beute wird von ihr begutachtet. Ich kann mit der Jagd wenig anfangen. Trotzdem ist es interessant, die Gründe dafür zu hören. Und doch, wenn ich mir vorstelle, wie man als Jäger eine Gams erblickt oder gar einen Steinbock, sie vielleicht schon mehrere Tage beobachtet hat und sich dann entscheiden muss, ob man jetzt abdrückt und dieses Leben auslöscht – es ist für mich unvorstellbar. Die Schokolade ist mittlerweile aufgegessen und der warme Tee getrunken. Es ist kalt geworden. Ich verabschiede mich von den beiden und gehe zurück in mein Zelt. Ein schöner Abend in Gesellschaft unter dem freien Sternenhimmel. Zum Glück bin ich doch noch einmal aus dem Zelt gekrochen.

Nach dem Zusammenpacken gehe ich los, Rico und Martina sind schon weg. Nach einigen Minuten erblicke ich die drei ausgebüchsten Kälber. Sie sind schon sehr weit von der Herde entfernt. Ich mache mir Sorgen um sie und als mir der Hüttenwart wieder mit seinem Mountainbike entgegenkommt, halte ich ihn an. Ich erzähle ihm von den Kälbern und frage, ob er den Bauer kontaktieren könne. Er bedankt sich für die Info und verspricht, sich darum zu kümmern. Ausserdem sage ich ihm, dass ich direkt vor der Hütte geschlafen habe. Ein bisschen plagt mich nämlich das schlechte Gewissen. Er sagt, das sei kein Problem.

Auf meinem Weg nach Bagni di Vinadio treffe ich nur einmal eine kleine Gruppe Menschen beim Wandern und zwei Jäger, die sich in einem steilen Hang abmühen. Bei Bagni di Vinadio in Strepeis angekommen, steuere ich das Hotel Corborant an. Schon wieder ist eine Woche vorbei und ich werde noch einen vorletzten Pausentag einlegen.

Nach meiner Ankunft dusche ich und mache mich danach auf die Suche nach den heissen Quellen. Ich hatte schon in Pools gebadet, die von heissen Quellen gespeist wurden. Doch heisse Quellen ganz natürlich an einem Fluss sind für mich eine Premiere. Neben der Hauptstrasse, die in das kleine Dorf führt, zweigt ein kleiner, etwas verwilderter Weg ab zum Fluss. Die heissen Quellen hauen mich sofort aus den Socken. Es sind einfache kleine Pools aus Steinen, die total natürlich aussehen.

Ich bin nicht allein. Rosaria und Laura sind mit Lauras Mama hier. Laura ist eine hübsche Italienerin, wie man sie sich vorstellt, und Rosaria kommt ursprünglich aus Südamerika. Sie ist die Pflegerin von Lauras Mama, die starkes Alzheimer hat. Diese spricht nicht, doch Laura sagt, dass es ihr hier gefalle. Zu dritt haben sie es sich bei den heissen Quellen gemütlich gemacht. Rosaria erklärt mir auch gleich, welchen der drei Pools ich testen solle: «Dieser hier oben ist der wärmste! Da kommt nämlich die Quelle rein, siehst du?» Ich entscheide mich für den kältesten Pool und schon darin ist es so heiss, dass ich es nicht weiter ins Wasser schaffe als bis zur Hüfte. Heisses Wasser, genau wie Hitze, vertrage ich schlecht.

Während ich am Rand auf den Steinen sitze, will Rosaria ein Foto von mir machen. Sie gibt alles, wechselt die Positionen und Winkel, einmal Hochformat, Querformat und zack – habe ich ein tolles Foto dieses unscheinbaren Ortes direkt am Strassenrand. Während die drei nun auf ihren Klappstühlen sitzen und gemütlich picknicken, macht mich der Abfall traurig. Ich sehe sogar eine Männerunterhose im Gebüsch liegen. Die Natur gibt uns so einen wundervollen Ort und wir verschandeln ihn. Rosaria kommt zu mir und bringt mir ein Stück Käse und Schokolade. Ich bin gerührt, wie sie mich schon fast als Freundin behandeln. Nach knapp zwei Stunden verabschiede ich mich.

Als ich mich später zum Abendessen an den Tisch setze, kommt Franco und lacht mich aus. «Du bist eine Stunde zu früh! Essen gibt es erst um 19.30 Uhr», meint der Hotelbesitzer. Typisch wir Schweizer. Ich könnte auch schon nach 17 Uhr Abendessen. Hier aber wäre das dann wohl eher ein Nachmittagssnack.

Nach einem ruhigen Pausentag sitze ich am Folgetag schon wieder beim Abendessen, jetzt aber zur richtigen Zeit. Insgesamt sind vier Tische im Hotel besetzt. Ein italienisches Paar spricht mich an. Sie sind für ein paar Tage hier im Urlaub. Sie mögen die Ruhe hier, der Ort wirkt ansonsten wie ausgestorben. Auch ich erzähle auf Italienisch, warum ich allein hier in Bagni di Vinadio gelandet bin. Mein Wanderprojekt begeistert sie, und da steigt nun auch das französische ältere Ehepaar rechts von meinem Tisch in unser Gespräch mit ein. Auch sie beginnen mich auszufragen. Es endet damit, dass ich eine Frage auf Italienisch beantworte, dann eine auf Französisch. Es geht hin und her und nach einer Weile fühle ich mich ausgelaugt, aber nicht von den Fragen selbst, sondern davon, alle zwei Minuten die Sprache zu wechseln und in meinem Gehirn nach dem richtigen Vokabular zu suchen.

Nach dem Essen telefoniere ich noch mit Christian. Doch die Wifi-Verbindung ist so schlecht, dass es keinen Sinn macht. Die Verzögerung ist so lange, sodass wir nach einer Aussage oder Frage noch ein «Ende» hinzufügen, damit der andere weiss, dass er nun sprechen kann. Es ist schön, seine Stimme zu hören, aber nach ein paar Minuten entscheiden wir uns dafür, dass die Kommunikation über Sprachnachrichten besser funktioniert.

Am Morgen starte ich erneut mit einer Motivationskrise und Bauchschmerzen. Komisch, dabei bin ich nach der Pause nun bestens erholt. Mich plagt die Wettervorhersage für die kommende Woche. Doch jetzt ist es noch angenehm sonnig und so mache ich mich auf zum Pass Bavaria. Die steile Forststrasse sorgt dafür, dass meine Waden zu brennen beginnen. Ich kämpfe mich ab und ein Mann überholt mich in einem sportlichen Tempo. Ich schaue seine Waden an und denke, wow, was die draufhaben! Noch etwas später entdecke ich ein Auto am Rand und frage mich, wie es wohl diese Strecke gemeistert hat.

Nur 30 Minuten vor dem Pass kommt mir der Wanderer von vorhin wieder entgegen. Er spricht mich an und wir verstehen uns sofort. Daniele kennt viele Gipfel in den Alpen und wir sprechen über die Berge im Monte-Rosa-Massiv. Er fragt mich, ob ich den Lyskamm bereits gemacht habe, doch ich verneine. Der Lyskamm wird auch Messersschneide genannt. Daniele war schon auf dem Matterhorn, meiner Lieblingshütte, der Margheritahütte, und kennt auch die Region Graubünden mit dem Piz Palü und Bernina. Da wir auf der gleichen Wellenlänge sind und interessante Gespräche führen, entscheidet sich Daniele kurzerhand noch einmal mit mir auf den Pass aufzusteigen. Ein zweites Mal – aber in meinem gemütlichen Tempo.

Auf dem Pass angekommen, erklärt er mir eine sinnvollere Route für die nächsten Tage. Als ich ihm erzähle, dass ich nicht mehr viel Essen habe und daher Hütten ansteuere, um dort etwas zu essen, bietet er mir an, für mich einzukaufen und mir den Proviant bei einer Hütte auf meiner Route vorbeizubringen. Ich bin gerührt von seiner Hilfsbereitschaft, doch ich lehne ab. Ich habe zwar keine Essensreserven, aber gemäss meinen Berechnungen sollte es reichen. Immerhin sind es nun noch maximal elf Tage. Bevor ich weitergehe, machen wir ein Foto zusammen. Daniele ist schon der dritte Mensch, den ich treffe, der auch ohne die moderne Technik auskommt. Er hat keinen Computer zuhause und nur ein altes Handy, kein Smartphone. Ich erzähle ihm von meinem Blog und er möchte den Link haben, also gebe ich ihm einen Sticker. Er freut sich überschwänglich darüber und sagt, er werde zu seiner Schwester fahren, um sich bei ihr am Computer meinen Blog anzuschauen. Als wir uns verabschieden, meint er, ihm kommen fast die Tränen. Er sei so beeindruckt, was ich bereits erreicht habe und dass ich nun bald mein Ziel erreichen werde. Er wünscht mir noch alles Gute und schon bin ich hinter der Kuppe des Passes, allein. Ich fühle mich glücklich, die Unterhaltung mit Daniele hat gutgetan und meine Zweifel und Ängste in Bezug auf die kommenden Tage sind verflogen.

Schon bald erreiche ich Sant'Anna di Vinadio. Vor ein paar Tagen hatte mich Hermann von diesem Ort aus angerufen. Deshalb habe ich schon im Vorhinein gewusst, dass es wohl eine noch offene Unterkunft geben muss. Der Ort ist bekannt für seine grosse Kirche. Sonst hat es hier nichts. Im Rifugio Casa S. Gioachino bekomme ich ein schönes Einzelzimmer mit Bad. Damit habe ich nicht gerechnet. Die anderen Gäste kommen alle mit dem Bus hierher und besuchen eine Messe. Es ist ein richtiger Pilgerort.

Auch dieser Morgen startet mit Bauchschmerzen. Ab jetzt wird es ernst. Ich hoffe, dass ich unterwegs ein paar Hütten mit Biwak-Raum finde. Denn es wird nass die nächsten Tage. Beim Wandern ist das nicht schlimm, aber jede Nacht im Zelt zu schlafen ist mit nasser Kleidung und Ausrüstung mühsam.

Ich verlasse die Zivilisation und wandere auf eine Krete hinauf. Die Krete bildet die Grenze zwischen Italien und Frankreich. Nebelschwaden steigen auf und rauben mir zwischenzeitlich den Ausblick. Es hat etwas Mystisches. Nach zwei Stunden komme ich zum Pass Lombarda, wo Motorradfahrer eine Pause einlegen. Die Strasse führt hier entweder nach Italien oder Frankreich. Ich wechsle die Seite nach Frankreich und steige über einen unwegsamen Pfad mit vielen Felsbrocken zuerst ab und dann wieder auf bis zum nächsten Passanstieg.

Ich komme zum Pass Mercière, unter mir liegt das Skigebiet Isola 2000. Wie viele Pässe ich wohl schon gemeistert habe, frage ich mich manchmal. Denn kurz darauf steuere ich bereits den dritten Pass dieses Tages an. Gerade als ich den Bergsee Tavels unterhalb des Passes erreiche, beginnt es zu regnen. Der Pass des Portettes ist der steilste, denn ich bisher gesehen habe. Ich kann den Weg kaum erkennen. Ob ich hier bei Regen wirklich weiterwandern soll? Oder soll ich das Zelt aufstellen? Doch nach erst vier Wanderstunden wäre so viel Zeit des Tages verschwendet. Ich schaue mich dennoch schon nach dem schönsten Platz für mein Zelt um. Als der Regen jedoch nach wenigen Minuten nachlässt, nutze ich die Gelegenheit, den Pass doch noch hinter mich zu bringen. Also doch keine Nacht am See.

Immer wieder muss ich auch meine Hände für den Aufstieg benutzen. Ich komme zügig voran, denn ich bin in Eile, um vor dem Gewitter wieder im Abstieg zu sein. Als ich den Pass erreiche, fühlt es sich an, als würde ich durch ein kleines Fenster wandern. Der Übergang ist vielleicht zwei Meter breit und die beiden Gämsen, die hier eben noch standen, klettern eilig von mir weg. Ich hatte gehofft, dass die andere Seite einfacher wäre als der Aufstieg, aber als das Gegenteil eintritt, verliere ich keine Zeit und steige sofort ab. Der Pass ist in einem schlechten Zustand, teilweise ist der Abstieg eine steile Schutthalde – ohne Stöcke hätte ich wohl grosse Mühe. Schon bald erreiche ich flaches Gelände und als sich der Nebel kurz lichtet, kann ich das italienische Rifugio Questa erkennen. Der See direkt daneben sieht tief aus.

Als ich die Hütte erreiche, schaue ich mir wieder alles genau an. Die Haupttüre lässt sich öffnen. So komme ich in den minimalistischen Gastraum. Alle anderen Räume sind verschlossen. Es ist sehr dunkel, aber hier könnte ich notfalls auf dem Boden schlafen. Noch immer erwarte ich Regen. Doch er lässt sich heute Zeit. Nach der stressigen Wanderung bis hierher gönne ich mir etwas zu essen. Als ich Stimmen höre, gehe ich um die Hütte herum. Ich bin nicht allein hier. Damit habe ich nicht gerechnet, obwohl es Sonntag ist. Donatella, Graziano, Robbie, Mauro und Maria sind eine Gruppe Freunde um die 50 aus Cuneo. Sie machen eine kurze Pause, bevor sie wieder hinunterwandern. Sie überreden mich, mitzukommen. Denn nur knapp zwei Stunden von hier sei ein weiteres Rifugio, wo ich sicher ein Dach über dem Kopf hätte, erzählen sie mir. Ich frage noch, ob sie sicher sind, dass das Rifugio Valasco offen ist, und sie bejahen. Heute Morgen konnte man dort etwas essen und trinken.

Also gehen wir gemeinsam auf dem alten Militärweg hinunter. Der Regen setzt ein, doch da ich heute ein Dach über dem Kopf haben werde, macht mich die Nässe nicht nervös. Die Gruppe ist freundlich und ich geniesse die Gesellschaft. Als wir das Rifugio Valasco, das alte königliche Jagdhaus, erreichen, der Schock: chiuso! Die Türen und

Fenster sind geschlossen, niemand ist hier. Wahrscheinlich hatte die Hütte heute nur Tagesbetrieb, und es ist bereits nach 17 Uhr.

Ich entscheide mich, einfach weiterzugehen, nach zwei weiteren Stunden erreichen wir den Parkplatz – wo eine nächste Hütte steht, das Rifugio Savoia. Doch auch diese Hütte ist verschlossen. Zum Glück erwartet mich etwas, worauf ich nicht spekuliert habe. Es gibt unweit vom Parkplatz ein kleines Albergo Tourismo. Eine Unterkunft. Sie ist geöffnet und ich kann ein günstiges Zimmer beziehen. Was für ein Glück! Die Gruppe trinkt noch was im Gastsaal. Doch da noch immer strenge Coronaregeln gelten, sitze ich allein an einem Tisch daneben. Ich kann nicht anders, als mich doch etwas ausgeschlossen zu fühlen, obwohl ich ja eigentlich auch gar nicht dazugehöre.

Bald ziehen die fünf weiter und fahren in ihren Autos zurück in die Stadt. Während ich zum Abendessen Gnocchi esse, eines meiner Lieblingsgerichte, lässt der Himmel die Schleusen aufgehen. Ich bin froh, dass der Regen davor noch so harmlos war und dass ich heute nicht im Zelt bin. Mit einer so komfortablen Nacht habe ich für heute nicht gerechnet. Und ein weiterer Vorteil ist, dass ich es morgen nicht sehr weit habe bis zur nächsten Hütte.

— *Sturm und Horrorbiwak*

Trocken und erholt geht es wieder los. Der Aufstieg zur Hütte Rifugio Morelli Buzzi erfolgt zu Beginn im Trockenen. Schon in der ersten Stunde stosse ich auf ein Schild, auf dem ich lese, dass das Rifugio wegen Covid geschlossen ist. Doch ich hoffe auf einen geöffneten Winterraum. Als ich die Hütte um 12.30 Uhr erreiche, bin ich erleichtert. Der grosse Regen hat erneut etwas länger gewartet. Ich beziehe den hervorragenden Winterraum und lege mich hin. Es ist sehr sauber und gemütlich. Kaum bin ich drinnen, beginnt der Wetterumsturz. Ich öffne noch einmal die Türe, blicke hinaus in das Gelände voller Geröll und bin so froh, hier einen sicheren Unterschlupf gefunden zu haben. Dass die nächsten Tage alle sehr regenreich sein werden, stimmt mich wenig zuversichtlich. Ich hoffe auf weitere kuschelige Nächte allein in einer heimeligen Hütte wie dieser.

Nach einer langen Lesepause gehe ich sofort nach draussen, als das Wetter sich kurzzeitig bessert. Ich nehme den Gaskocher mit und koche mir Pasta. Gerade als ich mich draussen in einem kleinen offenen Rondell einrichte, sehe ich sie. Zuerst weiss ich gar nicht, was genau hier vor mir von Stein zu Stein hüpft. Doch als Mama und Papa auch noch auftauchen, bin ich fasziniert, dass ich gerade eine richtige Steinbockfamilie antreffe. Die beiden Kleinen sind verspielt und tragen noch das flauschige Babyfell. Die Erwachsenen beobachten mich neugierig. Mein salziges Pastawasser leere ich über die Steine, nachdem mein Essen fertig ist. Nur kurze Zeit später lecken die Steinböcke das Salz von den Steinen. Nach dem Abendessen geht es zurück ins Biwak. Es ist kalt – wenn es einen Ofen hätte, wäre es rundum perfekt.

Die Nacht war herrlich und ich muss mich zwingen, rechtzeitig aus den Federn zu kommen. Der Pass Chiapous wartet auf mich. Und auch der Regen. Alles ist in dichten Nebel gehüllt, als ich loswandere. Ich sehe kaum die Hand vor den Augen. Es ist unheimlich und erfordert viel Konzentration. Auf der anderen Seite des Passes erreiche ich den Stausee Chiotas und überquere die Mauer. Mitten auf der Mauer piept mein Handy auf. «Yes, Netz!», juble ich. Trotz der hohen Kosten im Ausland checke ich kurz das Wetter und finde heraus, dass der Regen eine Stunde später einsetzen wird. Super, so kann ich es womöglich noch trocken bis zur Hütte Soria-Ellena schaffen.

Der zweite Pass des Tages, der Colle di Fenestrelle, ist erneut eine richtige Alpensafari: Gämsen und Steinböcke überall, auch auf dem Abstieg. Ich liebe es! Mit welcher Eleganz diese Steinböcke sich bewegen und wie grazil und mit einer unglaublichen Leichtigkeit die Gämsen den Berg runterspurten – einmalig! Auf Talboden angekommen, gehe ich erst an einem steinernen, bunkerartigen Gebäude vorbei. Weiter oben steht die Hütte Soria-Ellena, die, wie ich vor der Türe stehend feststelle, geschlossen ist. Schade, sie sieht sehr schön aus. Ich suche den Winterraum, doch ich finde ihn nicht. Erst als ich auf der Karte erneut nachschaue, verstehe ich, dass der Winterraum wohl der steinerne Bunker weiter unten sein soll. Ich lasse meinen Rucksack oben bei der Hütte, steige etwas ab und schaue mir den Raum an. Es gibt einen Vorraum, dort drinnen sind uralte Gegenstände: Betten, Kommoden und ein Teil einer alten Küche. Die Wände sind schwarz vom Feuer und die ganze Stimmung unheimlich. Doch ich entdecke eine weitere Türe und sie führt mich in den eigentlichen Winterraum. Zuerst dachte ich schon, der erste Raum sei das Biwak. Der zweite Raum ist deutlich besser als der erste, aber feucht und stockdunkel. Es gibt ein dreistöckiges Kajütenbett, für neun Leute. Alles ist alt und staubig. An einer Wand lese ich, dass dieser Ort schon vor über 100 Jahren Menschen Schutz geboten hat. Mir ist es jedoch viel zu gruselig hier. Es schaudert mich mehrmals und die knarzende eiserne Türe fühlt sich für mich an, als wäre ich in einem Gefängnis. Hier schlafe ich auf keinen Fall! Ich verschliesse die Biwaktür und wandere zurück zur Hütte, wo ich meine Sachen deponiert habe.

Es ist noch früher Nachmittag, doch der Himmel ist schon verdächtig dunkel. Ich baue bei der Hütte mein Zelt auf und suche rechtzeitig Schutz. Es dauert nicht lange und der Regen setzt ein. Dazu noch Wind. Während ich lese, merke ich, wie sich mein Arm feucht anfühlt. Ich sehe mich um, doch ich kann kein Leck entdecken. Ich lese weiter, doch nicht lange. Irgendetwas stimmt nicht. Als ich mich aufsetze und alles prüfe, der Schock: Mein gesamter Zeltboden ist total durchnässt. Alles, was auf dem Zeltboden liegt, somit auch. Shit, was soll ich jetzt tun? In meiner Not packe ich alles zusammen und stelle es unter den Eingangsbereich der grossen Hütte. Als ich die restlichen Sachen deponiere, merke ich, dass meine Matte fehlt. Wie kann das sein? Ich finde das gelbe Ding im Abhang liegend. Der Wind droht, sie weiter wegzuwehen und so steige ich sofort ab und rette sie. Wieder bei der Hütte bin ich verzweifelt – wie soll ich denn heute die Nacht verbringen? Es regnet so stark, dass der Boden den Regen nicht mehr aufnimmt. Deshalb hat mein Zelt begonnen, im Wasser zu schwimmen. Ich entscheide mich wohl oder übel für das gruselige Biwak. Die

Heringe des Zeltes stampfe ich noch einmal tief in den Boden. Ich werde das Zelt erst später abbauen. Es regnet zu stark, um es jetzt zu tun.

Ich packe meine Ausrüstung und renne zum Biwak. Die kurzen 100 Meter haben gereicht, mich zu durchnässen. Im Biwak versuche ich, die Sachen zum Trocknen aufzuhängen, doch ich zweifle an meinem Plan. Es ist muffig und feucht, hier trocknet bestimmt nichts. Im Biwak weiss ich nicht, was ich tun soll. Ich lege die uralten Decken über ein Bett. Sie riechen nach modrigem, nassem Stoff. Doch die Matratzen sehen keineswegs besser aus. Als alles auf dem Bett ausgelegt ist, tue ich mich schwer, meinen schönen kuscheligen hellgrünen Schlafsack daraufzulegen. Auch den Seidenschlafsack benutze ich, um meine Kleidung vor den Decken zu schützen. Ich schlüpfe hinein und beginne sofort zu lesen, obwohl ich keine grosse Lust darauf habe. Doch ich muss mich ablenken.

Nach drei Stunden klart es draussen auf, sodass ich mich noch einmal aufmache, um das Zelt zu holen. Als ich ankomme, ist es umgekippt und matschig. Nur noch an einem Hering befestigt! Was für ein Glück, dass es überhaupt noch hier ist! Fast wäre es wohl davongeflogen. Doch als ich es wieder aufstelle, versetzt mir der Anblick des Zeltes einen Stich ins Herz. Der Wind hat es so lange auf dem Boden hin und her gerieben, dass sich zwei grössere Löcher gebildet haben. Es schmerzt, mein armes Zelt. Ich packe es zusammen und gehe zurück ins Biwak. Mit meinem GPS-Gerät gehe ich noch einmal nach draussen, um unter freiem Himmel zu stehen. Nur so kann ich meinen Standort an Christian senden. Ich schreibe ihm, dass bei mir alles okay ist.

Im Biwak verzichte ich darauf, etwas zu essen, es ist mir hier allein einfach zu unheimlich – für mich ein absoluter Appetit-Killer – und so gehe ich zurück ins Bett und versuche, so schnell wie möglich einzuschlafen. Dabei ist es erst 18 Uhr. Irgendwie klappt es trotzdem. Während es draussen regnet, schlafe ich erzwungene zwölf Stunden. Hin und wieder höre ich ein unheimliches Knarzen. Wenn man zu zweit ist, dann schenkt man solchen Geräuschen kaum Beachtung. Allein sind diese Geräusche aber einschüchternd.

Die Nacht verläuft besser als erwartet. Ich habe schon mit störenden Mäusen gerechnet. Als ich um 6 Uhr aufstehe, bin ich heilfroh, von hier verschwinden zu dürfen. Gleichzeitig bin ich dankbar für den Schutz, den nun auch mir das 100-jährige Biwak geboten hat. Wer hier wohl alles schon auf bessere Zeiten gewartet hat?

Das Wetter ist wie an jedem Morgen der letzten Tage mild und trocken. Ich breche auf, so schnell es geht, und lasse mein Frühstück aus. Nach über einer Stunde wandern kann ich nicht mehr. Es geht hinauf und eigentlich ist mein Ziel, eine Pause zu machen, sobald mich die Sonne wärmt. Doch mir ist schwindelig und ich muss mich hinsetzen. Ich esse etwas und schaue auf den Weg. Unglaublich, über genau diese Steine, die ich hier bergaufgehe, sind im Zweiten Weltkrieg Frauen, Männer und Kinder geflüchtet. Mit gewöhnlichen Schuhen, mit all ihrem Hab und Gut. Eine Flucht vor dem Tod, weg von Frankreich mit der Hoffnung, dass es den Juden in Italien besser ergehen würde. Mir wird übel beim Gedanken, dass ich mir eben noch leidtat, weil ich mich schwach fühle. Gestern kein Abendessen, heute kein Frühstück und schon schwächle ich. Was hier zu Zeiten des Zweiten Weltkrieges abgelaufen ist, ist so unvorstellbar, dass ich es wohl nie begreifen werde.

Ich wandere in langsamem Tempo in Richtung Pass. Es ist zu kalt für längere Pausen. Kurz vor dem Passübergang komme ich zu einer alten Baracke. Etwas ängstlich und doch zu neugierig, um einfach vorbeizugehen, trete ich ein. Ich gehe durch einen Gang und blicke in verschiedene Zimmer. Dann, auf einmal, höre ich einen Sprung, «Bam» – den Ton einer Landung – und drehe mich um. Ein Steinbock ist hinter mir vom Boden direkt auf die Öffnung eines Fensterloches gesprungen. Wir starren uns gegenseitig an und bewegen uns nicht. Keiner will blinzeln und so lasse ich den Steinbock das Starr-Duell gewinnen und zücke mein Handy zum Selfie mit dem Steinbock. Verrückt. Er steht nur zwei Meter von mir entfernt. Als ich weiter durch die Räume gehe, springt er nach draussen. Erst da bemerke ich ein weiteres aufgeregtes Huschen und Springen. Als ich wieder aus der Baracke trete, stehen da fünf Steinböcke, wieder mit Jungen. Alle schauen mich an. Immer wenn ich auf Steinböcke treffe, dann pinkeln oder kacken sie meist erstmal. Auch jetzt. Danach beginnen zwei grosse mit ihren langen Hörnern gegeneinander zu kämpfen, obwohl – nach einem richtigen Kampf sieht das nicht aus. Dann hören sie auf und schauen mich wieder an. Der eine macht einen Schritt auf mich zu und ich erkläre ihm, dass er bitte schön dortbleiben solle. «Hey, einfach nicht mit mir kämpfen, okay, Steinbock?!», sage ich ihm. Da ich mal wieder auf einem Grenzübergang stehe, frage ich mich noch, ob die Steinböcke nun Franzosen oder Italiener sind? Aber, da sie mich ja sowieso nicht verstehen, kann ich auch einfach Schweizerdeutsch mit ihnen sprechen. Sie lassen mich in Ruhe und ziehen ab, während ich die letzten Meter zum Pass De Fenêtre bewältige.

Dann kommt die Sonne – mehrere Tage habe ich sie schon nicht mehr gesehen und sie schmerzlich vermisst. Die Sonne hellt auch meine Laune auf und so tänzle ich leichtfüssig den Berg hinunter. Ich stosse dabei auf weitere Baby-Steinböcke. Es gibt so viele und sie sind zuckersüss und knuffig! Ich wandere im Zeitlupentempo bergab, zücke immer mal wieder mein Handy, um die kleinen Steinböcke zu filmen und fotografieren. So lange, bis mir mein Handyakku langsam, aber sicher ausgeht. Mittlerweile habe ich schon so viele Steinböcke gesehen, dass ich mit meinen Aufnahmen wohl bald eine Dokumentation über ihr Leben in den Alpen zusammenschneiden könnte. Aber ich bin jedes Mal von Neuem begeistert.

Ich komme zu einem Bergsee und lasse mich kurz nieder. Da die Sonne scheint, nutze ich den Moment und lege mein Zelt zum Trocknen aus. Nach der Pause geht es weiter zum nächsten Pass, den Mont Colomb. Der Weg ist teilweise schlecht ersichtlich, aber ich komme voran und erreiche am frühen Abend den Pass. Auf der anderen Seite erwartet mich wieder ein besonders steiler Abstieg. Ich gehe langsam, aber stetig, meine Knie sind müde und ich möchte möglichst kein Verletzungsrisiko eingehen. Unten auf der Talfläche entdecke ich wieder Menschen. Denn ich bin nicht weit vom bekannten Monte Gelas

(Eisspitze) entfernt, dem höchsten Berg hier im Mercantour-Nationalpark, auch Seealpen genannt, auf 3143 Metern.

Ich komme zum Lac de la Fous und erblicke das grosse Refuge de Nice auf der gegenüberliegenden Seite. Als mir zwei Wanderer entgegenkommen, frage ich, ob das Refuge geöffnet sei. «Ja klar, wir haben eben dort gegessen», erwidert der Mann. «Bien sûr? Kann man dort auch schlafen, oder nur etwas essen?», frage ich nach. Er meint, man könne auch übernachten und ich könnte Luftsprünge machen vor Freude. Die beiden verstehen wohl nicht, wieso ich mich so sehr freue. Aber als ich im Refuge de Nice ankomme, mein Bett beziehe, dusche und mich hinlege, werde ich endlich auch den muffigen Biwakgestank von gestern los. Als es draussen tatsächlich auch noch zu hageln beginnt, ich es mir beim Kamin mit dem E-Book gemütlich mache und in mein Buch versinke, könnte ich kaum glücklicher sein. Manchmal muss es so richtig unangenehm werden, damit man die kleinen schönen Momente wieder geniessen kann.

__ *Über die letzten Pässe*

Nach Lebkuchenbrot zum Frühstück starte ich um 7 Uhr mit dem Aufstieg. Es ist eisig kalt und sehr windig, aber heute habe ich ein gutes Tempo drauf, sodass ich zwei sportliche Männer schon nach einer Stunde überhole und vor ihnen den Pass du Basto erreiche. Oben angekommen, lacht mir die Sonne ins Gesicht. Eine Wohltat nach dem schattigen kalten Aufstieg. Doch der Wind macht die ganze Sache ungemütlich. Vom Pass aus sehe ich in der Ferne das Meer, und obwohl die Aussicht traumhaft ist, kann ich nicht lange bleiben. Das Wetter ist richtig unangenehm. Trotzdem überwinde ich mich, mit dem Selbstauslöser ein Bild zu machen. Unfassbar, dass die Pässe in Meernähe doch noch immer so hoch sind. Das hätte ich nicht erwartet. Die Baisse du Basto liegt auf 2693 Metern.

Schon bald aber habe ich die Berge hinter mir. Ich entschliesse mich, die nächsten Tage doch noch einen Umweg zu wandern und steuere heute den Ort Casterino an. Auf dem Weg dorthin bringt mich der Wind manchmal sogar aus dem Gleichgewicht. Ich gebe mir Mühe, die Balance mit den Stöcken halten zu können, doch mit der Zeit bekomme ich Kopfschmerzen – von der ständigen Konzentration sowie wohl auch vom starken Wind, der mir meine Haarsträhnen immer wieder ins Gesicht peitscht. Nach drei Stauseen erreiche ich das Refuge de Valmasque und steige weiter ab. Doch vor meinem Ziel komme ich zu einer Strassensperrung. Der Umweg würde etwa vier bis sechs Stunden dauern, darum entscheide ich mich, es über den gesperrten Weg zu versuchen. Weitere sechs Stunden schaffe ich heute nicht mehr! Wie erwartet kann ich die Baustelle ohne Probleme überwinden.

In Casterino gönne ich mir ein Hotelzimmer. Als ich am Morgen aus dem Fenster schaue, ist mir klar, dass ich heute nicht weiterwandern werde. Zum Glück habe ich noch einen letzten Pausentag auf meiner Planung übrig, sodass ich diesen einsetze. Es regnet so stark, dass ich es von meinem Fenster aus filme. Die Strasse hat sich in einen flachen, aber breiten Bach verwandelt. Wow, was für ein Glück, dass ich heute hier bin. Später werde ich erfahren, dass ein zweites Unwetter noch für viel mehr Unheil sorgen wird. Das Tiefdruckgebiet «Alex», in Deutschland auch «Brigitte» genannt, wird ganze Dörfer zerstören, die ich auf der Via Alpina durchwandern werde. Doch dazu bald mehr.

Meinen Pausentag verbringe ich wie immer mit Wäsche waschen, schreiben und schlafen. Am Nachmittag mache ich einen Ausflug in eine andere Unterkunft in Casterino. Diese Herberge hat gestern beim Vorbeigehen einen guten Eindruck gemacht. Sie hat einen kleinen Garten und eine gemütliche Teestube, sodass ich es mir in Kaminnähe gemütlich mache und meinen Lieblingstee, English Breakfast, bestelle. Als ich ihn fertiggetrunken habe, entdecke ich zwei kleine Kügelchen in der Tasse. Erst als ich genauer hinschaue, bemerke ich, dass es zwei grosse tote Fliegen sind. Sie müssen wohl durch die kleine Milchkanne in meiner Tasse gelandet sein. Ich ekle mich und verlasse das Lokal.

Lieber zurück in mein Hotel, wo ich an zwei Abenden mit leckerem Essen verwöhnt werde. Die Hotelkatze hat es sich beim Abendessen neben mir auf der Bank gemütlich gemacht und schnurrt beruhigend, und so fühle ich mich ein bisschen wie zuhause.

Bevor ich zur letzten Bergetappe aufbreche, hält mich der Hotelbesitzer auf. Er trägt On-Schuhe, so wie ich. Er sagt, so etwas wie die Via Alpina würde er auch gerne mal machen, und bittet mich um ein Foto, auf welchem wir beide unsere Schuhe in Szene setzen. Kurze Zeit später bin ich bereits wieder im Wald verschwunden und lasse die Zivilisation hinter mir. Ich spüre eine erste Vorfreude, bald habe ich es geschafft! Manchmal halte ich dieses Gefühl fast nicht aus. Wie wird es sein, endlich anzukommen? Was werde ich fühlen? Werde ich traurig oder glücklich sein?

Doch bevor es soweit ist, möchte ich nochmals die Berge geniessen. Mein heutiges Ziel: das Refuge des Merveilles. Ein Umweg, doch ich will nicht über die schnellste Route ans Ziel kommen, sondern über die schönste. Eigentlich bin ich vor zwei Tagen schon dort gewesen. Zumindest fast. Das Refuge war vorgestern theoretisch nur eine Stunde entfernt, auf der anderen Passseite.

Nachdem ich das Refuge de Fontanalba passiert habe, komme ich zu einer fotogenen Scharte. Beflügelt vom Gefühl des baldigen Erfolges, lege ich eine Fotosession ein. Ein letztes Mal wohl. Zu Beginn habe ich das selten gemacht, doch jetzt, wo ich mehr Zeit habe, gefällt es mir, immer mehr zu experimentieren und allein schöne Fotos zu knipsen. Einmal mit Rucksack, einmal ohne. Einmal lächelnd, einmal in die Ferne schauend. Doch auch heute ist es kalt, dafür trocken und sogar etwas sonnig. Ich gehe weiter, meine Finger wären sonst noch eingefroren. Nach einem kurzen Abstieg folge ich auf der immer gleichen Höhenlinie einem abenteuerlichen Weg.

Am späteren Nachmittag erreiche ich das Refuge des Merveilles im Vallée de la Roya. Es ist eine bekannte Unterkunft am GR5-Weitwanderweg. Da es eiskalt ist, frage ich nach einem Schlafplatz in der Hütte.

Doch sie ist voll. Mir wird erklärt, wo ich das Zelt aufschlagen darf. Die Hüttenwartin fragte mich noch, ob ich auch zum Abendessen kommen möchte. Ich bin noch etwas unentschlossen, doch als ich beim Aufstellen des Zelts auf einmal völlig verwirrt weisse Stücke auf meinem Zelt entdecke, ändert sich meine Meinung schnell. Zuerst denke ich, dass es riesige Kopfhaut-Schuppen sind, die da auf mein Zelt fallen, während ich es aufbaue. Doch ein Griff in meine Haare und ein bisschen Kopfschütteln bestätigt meine Annahme nicht und mein zweiter Gedanke ist: Asche. Erst dann merke ich: Es ist Schnee. Logisch ist es Schnee, was sollte es denn sonst sein?! Es ist ja auch bitterkalt. Jetzt hatte ich heute Sicht aufs Meer und trotzdem schneit es. Damit habe ich nicht gerechnet. Ich dachte, hier in Südfrankreich schneit es doch sowieso nicht, dann doch eher Schuppen oder Asche.

Der Schnee macht mir die Entscheidung leichter und ich gehe zurück in die Hütte, um so lange wie möglich meinen Körper warmzuhalten, bis ich mich schlafen legen werde. Mit dem E-Reader setze ich mich in die Gaststube und werde schon bald von anderen Wanderern angesprochen. Es ist kalt und ich konnte mir einen guten Platz am Ofen sichern, den ich nicht mehr hergeben möchte. Da ich mich für das Abendessen angemeldet habe, gibt mir das einen guten Grund, so lange es geht, wie ein Parasit die Wärme zu geniessen. Die Hütte füllt sich laufend und so sitzen etwa 50 Leute schon bald dicht aneinandergequetscht an den Esstischen. Die Gruppen werden vermischt und obwohl ich mich auf etwas Warmes freue, ist mir aufgrund der Coronasituation nicht ganz wohl dabei. Ob die anderen Gäste das auch so sehen?

Beim Abendessen lerne ich sehr viele Leute kennen. Es folgt der übliche Wandersmalltalk. «Woher bist du, wo bist du heute losgewandert, wo hast du die Tour gestartet und wohin willst du?» Ich höre den Gesprächen gebannt zu. Die meisten wandern einen Abschnitt des GR5 oder unternehmen eine Zweitagestour. Ich finde es verrückt, dass es hier eine richtige authentische Berghütte gibt, nur wenige Kilometer von Nizza und Monaco entfernt. Nie im Leben hätte ich mir diese Region kurz vor der Küste so gebirgig und interessant vorgestellt.

Die fünf Männer an meinem Tisch schauen nun alle mich an: «Und du?», fragt einer. «Ich gehe nach Monaco und ich bin in Triest gestartet.» «Triest, wo ist das?», fragt jemand. «Das ist eine italienische Stadt am Meer, direkt neben Slowenien», erkläre ich. Die Männer schauen sich gegenseitig verwirrt an. Einer hakt nach: «Also wie, du bist aus Triest?» «Nein, ich bin Schweizerin – ich bin die Strecke von Triest bis hierher gewandert», versuche ich aufzulösen. Dann fragt einer ganz euphorisch: «Wie lange bist du denn schon unterwegs, das ist ja eine riesige Strecke!» Ich erzähle ein bisschen von der Via Alpina und von meinen Erlebnissen aus den vergangenen Monaten. Alle hören mir aufmerksam zu. Darauf werde ich sofort auf einen Vin Chaud, so etwas wie Glühwein, eingeladen und danach muss ich auch noch ein «canard» probieren. Ein canard (eigentlich «Ente») ist ein Zuckerwürfel, der in Génépy-Schnaps getunkt wird und den man dann wie ein Bonbon im Mund zergehen lässt. Schmecken tut's mir zwar nicht, aber ich habe wieder etwas Neues ausprobiert und fühle mich wohl in der Hüttengesellschaft.

Als ich nach dem Abendessen zu meinem Zelt zurückkehre, hat sich die hügelige Fläche zu einem wahren Base-Camp verwandelt. Überall blitzen farbige Zeltkuppeln auf. Die anderen Leute, die auch im Zelt schlafen, haben viel schlechtere Schlafsäcke dabei. Das erkenne ich sofort, weil sie vor der Hütte ihre Rucksäcke und Ausrüstung deponiert haben. Mein Körper ist warm und ich nehme mir vor, so schnell wie möglich einzuschlafen. Doch kurz nach 21 Uhr höre ich, wie jemand Neues im Base-Camp auftaucht, summend und singend, der – ich vermute, es ist ein Mann – seelenruhig erst sein Zeugs im Dunkeln auspackt und in meiner Nähe zeltet.

Später, nach 22 Uhr, beginnt laute Techno-Musik zu dröhnen. Ich bin mir nicht sicher, ob das nun mein Nachbar ist oder ein anderes Zelt. Es nervt. Trotzdem bereitet mir vor allem die heutige Kälte Sorge.

Doch im Vergleich zu den anderen Zeltenden habe ich ja eine aussergewöhnlich belastbare Ausrüstung, auf welche ich so viele Wochen zählen konnte. Die Musik hört leider nicht auf. Ich schmiede schon wieder Rachepläne, überlege mir, ob ich noch einmal aus dem Zelt soll. Ein bisschen den Wolf spielen und die anderen verunsichern – das wäre doch witzig. Doch es ist zu kalt für meine kreativen Rachepläne. Daher bleibt mir nichts anderes übrig, als es zu akzeptieren. Wenigstens helfen die Ohrenstöpsel, die Musik zu dämpfen.

Die Nacht ist verdammt kalt, sodass an Schlaf nicht zu denken ist. Ständig schaue ich auf die Uhr und wenn wieder 40 Minuten vorbei sind, freue ich mich riesig. Ein paar Mal döse ich doch noch weg und als ich dann wieder auf die Uhr schaue und sogar zwei volle Stunden verstrichen sind, ist das ein Grund zur Freude. Juhu! Bald ist es geschafft. Um 4 Uhr quält mich die kälteste Stunde der Nacht ein letztes Mal heftig. Ich denke an Feuer, an Wärme, an Sonnenstrahlen und als es endlich 5 Uhr wird, ist das Schlimmste überstanden. Da ich es nun nicht mehr aushalte, schäle ich mich aus meiner kuschelig warmen Schlafsackhülle, um zu pinkeln. Die Überwindung bis zu diesem Punkt hat fast die ganze Nacht gedauert. Doch draussen bin ich fasziniert vom glitzernden Sternenhimmel. Mittlerweile ist mein Zelt mit einer leichten weissen Schicht überzogen. Der Schnee ist sehr trocken und fällt beim Schütteln sofort vom Zelt. Ich lege mich nochmals hin und als es kurz vor 7 Uhr ist, beginne ich mit dem Abbau. Doch die Kälte lässt meine Finger erstarren, sodass ich kurz pausieren und sie mit meinem Atem aufwärmen muss, bevor der Abbau der Zeltstangen und das Herausziehen der Heringe weitergehen kann.

Als ich loswandere, lasse ich sogar meine Daunenjacke an. Bisher ist das nur an wenigen Tagen nötig gewesen. Die ganze Landschaft hat einen matten Filter erhalten. So sieht für mich Kälte aus. Die Landschaft ist kontrastloser, doch so wunderschön. Die kleinen Pfützen auf dem Weg sind alle gefroren und ich erfreue mich daran, sie alle einzeln zu brechen, indem ich mit meinen Schuhen darauf herumtanze und das befriedigende Knacken des Eises höre. Erst im steilen Aufstieg packe ich die Daunenjacke in den Rucksack. Doch meine Arme und Beine sind eisig kalt an der frischen Luft. Der Weg ist eingezuckert und sieht irgendwie komisch aus. Der Schnee ist so trocken, anders als ich es sonst gewöhnt bin. Endlich erreiche ich den letzten richtigen Pass. Wieder sehe ich das Meer, dieses Mal noch etwas deutlicher. Der Abstieg dauert ewig. 2000 Höhenmeter meistere ich und meine Knie schmerzen. Doch ich bin lange Zeit zu faul, den zweiten Stock aus dem Rucksack zu holen, bis ich irgendwann einfach nicht mehr kann. Beim Abstieg durchwandere ich unglaublich vielfältige Landschaften. Oben gab's noch Schnee, schon kurze Zeit später bin ich von Kastanien- und Feigenbäumen umgeben.

Im Dorf Fontan komme ich wieder zu einer Autostrasse und entdecke ein kleines Hotel am Rand. Das einzige im ganzen Dorf. Es ist ein Hotel aus einer anderen Zeit. Aber leider nicht auf die charmante Art und Weise, sondern auf die unangenehm heruntergekommene. Zelten möchte ich zurück in der Zivilisation aber nicht mehr und mir ist immer noch so kalt, dass ich auf ein warmes Zimmer hoffe. Der Besitzer erzählt mir, dass in Fontan heute Morgen, Ende September, gerade noch drei Grad gemeldet wurden. So kalt sei es um diese Jahreszeit in Fontan schon lange nicht mehr gewesen. Ich frage mich, wie kalt es wohl 2000 Meter weiter oben war, wo ich heute Nacht noch geschlafen habe. Mein Schlafsack hat einen Grenzwert von -3 Grad. Gut möglich, dass es noch etwas kälter war. Den Schlafsack packe ich auch im Hotelzimmer wieder aus. Denn die Heizungen laufen noch nicht, der Wintereinbruch ist unerwartet gekommen und so friere ich trotz Hoteldecken noch immer. So sehr, dass ich meine Daunenjacke um die Füsse wickle, mich in den Schlafsack kuschle und die schweren Wolldecken über mich lege. Der Hotelbesitzer verabschiedet sich am Abend, ich bin der einzige Gast, der die Nacht im Hotel verbringt. Ein bisschen gruselig ist das in diesem alten Haus schon.

— *Unheimliches Waldwandern*

Am Montagmorgen ruft Hermann an. Er hat mich trotz meiner Abkürzung wieder überholt. Am Telefon gibt er mir Routentipps und empfiehlt mir, heute auf der Strasse und nicht den Wanderweg zu gehen. Der Wanderweg sei komplett verwildert und eine Zumutung. Ich bestätige ihm, dass ich nach wie vor am 1. Oktober 2020 in Monaco ankommen möchte. Er teilt mir mit, dass er dort auf mich warten und mir ein Zimmer im gleichen Hotel buchen wird.

Nach dem Telefonat checke ich die von Hermann vorgeschlagene Strassenroute und wandere los. Den ersten Tunnel kann ich prima auf der alten Hauptstrasse umgehen. Beim zweiten Tunnel wird es schon anspruchsvoller. Der alte Weg ist wegen Bergsturz schlecht zugänglich und deshalb so wenig begangen, dass die Natur sich wieder alles zurückgeholt hat und die Strecke verwildert ist. Irgendwie schlage ich mich tapfer durchs Gebüsch und über Felsblöcke. Mit der Zeit erkenne ich doch noch einen Weg.

Der Schluss der Strecke folgt wieder der Strasse. Hier donnern die Autos mit 90 Stundenkilometer an mir vorbei, was mir etwas Angst macht. Aber die Strasse ist sehr breit und ich komme glücklicherweise heil ans Ziel Breil-sur-Roya. Dort komme ich an einem Kinderspielplatz vorbei und muss schmunzeln. Hermann hat mir am Telefon noch gesagt, er hätte letztens wieder auf einem Spielplatz geschlafen – seine Lieblingsplätze. Vielleicht war es ja dieser. In Breil suche ich eine Unterkunft und werde beim Campingplatz fündig. Das Saisonende ist auch in den tieferen Gebieten erreicht und langsam macht alles dicht. Weil mir immer kalt ist, buche ich eine kleine Campinghütte. Die Miniatur-Heizung drehe ich voll auf und schon bald verströmt sie eine kuschelige Wärme.

Etwas später wandere ich ins Zentrum von Breil-sur-Roya und esse in der bekannten La Bonne Auberge, deren Zimmer leider schon ausgebucht sind. Auf der Via-Alpina-Webseite wird sie für ihr Essen gelobt und so nehme ich ein verspätetes Mittagessen ein. Es ist tatsächlich der Hammer und das Dessert bestelle ich mir sogar ein zweites Mal. Der leckeren Mascarpone-Creme mit Ananas-Stücken auf einem Spekulatiusboden kann ich nicht widerstehen. Zurück in der kleinen Campinghütte höre ich in der Nacht Geräusche. Ich überlege mir bereits, wie ich den vermeintlichen Einbrecher überlisten kann. Doch dann wird es wieder ruhig. Trotzdem bin ich aufgeregt und schlafe schlecht. Am nächsten Morgen erzählt mir die Besitzerin des Campingplatzes, dass das wohl die Katze gewesen sein muss. Die treibe regelmässig ihr Unwesen bei den Hütten.

Ich verlasse Breil-sur-Roya, mache noch ein paar Fotos, ohne zu wissen, was die Bewohner dieses schönen Ortes in den nächsten Tagen erwarten wird. Eine Unwetterkatastrophe bahnt sich an. Ich gehe über eine Brücke, die ich später in den Medien kaum wiedererkennen werde. Sieben Menschen werden in diesem Tal durch das Unwetter ihr Leben verlieren. Die Häuser, an denen ich vorbeigehe, werden teilweise zerstört oder sogar fortgeschwemmt werden. Innerhalb von zehn Stunden werden an einigen Orten bis zu 500 Millimeter Niederschlag pro Quadratmeter gemessen, also nur etwas weniger als die gesamte Regenmenge, die in Paris in einem Jahr fällt. In Breil-sur-Roya sind es immerhin «nur» 280. Auf dem Weg ins Tal wird das Wasser Bergbäche in reissende Ströme verwandeln, die alles mitreissen, was sich ihnen in den Weg stellt. Selbst normalerweise unsichtbare Rinnsale werden zu gefährlichen Flüssen werden. Mit dem Wasser kommt der Schlamm, der im Zentrum von Breil-sur-Roya alles unter sich begraben wird. All das weiss ich an diesem Tag aber noch nicht. Als ich davon erfahre, macht mich das zutiefst betroffen, auch noch fast ein Jahr später erhalte ich von Via-Alpina-Wanderern Bilder von Breil-sur-Roya, die noch immer die Wucht der Zerstörung zeigen. Ich selbst entkomme der Katastrophe knapp.

Vom Dorf Breil-sur-Roya geht es erst einmal über kleine Hügelpässe und waldige Wanderwege voran. Im Wald gibt es so viel Müll! Und zwar nicht ein Paar Socken oder Plastik, sondern ganze Autos. Manchmal sieht es aus, als wäre man in einer Entsorgungsanlage. Gleichzeitig gibt es auf dem Abstieg nach Sospel so viele himmlische Düfte in der Luft, dass ich erst denke, hier muss vor mir eine stark parfümierte Frau durchgegangen sein. Doch nein, da sind allerlei duftende Sträucher und Bäume.

In Sospel angekommen, esse ich einen bunten Salat und gehe danach zur herzigen Auberge du Pont Vieux. Die Besitzerin, Marie-Claude, ist unglaublich nett und gibt mir ein besseres Zimmer, weil ich viel gewandert sei und es verdient hätte. Die Hotels und Herbergen sind in Frankreich manchmal nicht besonders gut, aber im Pont de Vieux fühle ich mich wie zuhause. Es war einmal ein altes Kloster und Marie-Claude erzählt mir, dass es im gesamten Ort Sospel nur 19 Zimmer für Besucher gibt. Ihre Herberge hat bereits sieben davon. Dabei kommen viele GR5-Wanderer und sonstige Ausflügler vorbei. Sospel ist ziemlich hübsch und die Touristen tummeln sich hier. Mit dem leistungsfähigen Internet der Herberge kann ich aus dem Bett meinen vorletzten Blogpost publizieren. Im Zimmer fühle ich mich wohl, ich kuschle mich in der geblümten Bettdecke ein. Die Kälte der letzten Tage, die sich lange in meinen Knochen festgehalten hat, ist endlich verschwunden. Morgen steht der letzte ganze Wandertag an. Wie verrückt ist denn das?! Ich kann es kaum glauben.

— *Ich will ankommen, ich will nicht ankommen*

Neuneinhalb Gehstunden stehen am letzten vollen Wandertag auf dem Programm. Man könnte meinen, so kurz vor Schluss und in der Nähe der Zivilisation sei alles ganz locker und einfach. Im Gegenteil. Ich bin ziemlich nervös, als ich in Sospel loswandere. Ich habe den Weg auf meinem Handy eingetragen und lasse mich vom GPS navigieren. Ich habe die vielen Kommentare auf der Via-Alpina-Webseite gelesen und diese Etappe muss anscheinend fürchterlich sein. Es war schon in Triest, kurz vor dem Meer, recht mühsam. Wanderwege, die in Stadtnähe sind, sind meist in einem sehr schlechten Zustand. Ich glaube, die Angestellten der Stadt haben einfach viele andere wichtige Aufgaben zu erledigen, sodass die Instandhaltung eines Wanderwegs auf der Prioritätenliste weit unten steht.

Als ich den Ort verlasse, kann ich nur dank meiner GPS-Navigation den Weg finden. Es ist alles so verwachsen und verwildert, dass man die Wanderwegmarkierung nicht mehr erkennen kann. Aber es gibt keinen anderen Weg und so schlage ich mich durch. Mit den Wanderstöcken versuche ich, mir einen Weg zu bahnen. Man kann sich das so vorstellen wie die Leute, die sich im Dschungel gehend mit einer Machete den Weg freischlagen. Aber so schlimm ist es dann doch nicht, nur die Brombeersträucher sind wirklich eine Qual. Manchmal gelingt es mir nicht, die Sträucher lange genug wegzuhalten und dann flitzen sie mir zurück an die Beine. Blutige Kratzspuren sind das Resultat. Nach so vielen Wochen unterwegs schon fast eine neue Gewohnheit – meine zerkratzten Beine.

Ich lasse mich aber nicht unterkriegen. Auch wenn mir klar ist, dass ich wohl viel länger als neuneinhalb Stunden brauchen werde, bin ich glücklich. Fast schwerelos. Trotz allem ist es nämlich der letzte volle Wandertag. Nichts kann mich stoppen, ich werde schon bald im Meer baden! Ein paar Stunden und viele Höhenmeter später erreiche ich einen Wald. In diesem Wald ist es erdig und moosig und der Weg darf meiner Meinung nach wieder Wanderweg genannt werden. Es ist ein Genuss! Einfach gehen zu können und schnell Kilometer gutzumachen.

So geht es den ganzen Tag abwechselnd weiter. Ich komme über Hügelkuppen und steige wieder ab, um auf der anderen Seite wieder aufzusteigen. Meine Schultern schmerzen unheimlich, aber ich kann mich nie überwinden zu pausieren. Schlussendlich erreiche ich das herzige kleine Burgdorf Peillon. Es ist auf einem ausstehenden Felsen erbaut und alle Häuser sind klein, schmal und aus Steinen. Romantischer geht's kaum und ich entscheide mich nach über sechs Wanderstunden, den Rucksack erstmals abzusetzen. Was für eine Erleichterung. Die 13 Kilogramm merke ich auch nach 100 Tagen noch.

Ich schlendere durch das Miniaturdorf und bin beeindruckt. Es sieht aus, als wäre es ein Museum. Aber ich sehe eine alte Katze und jeder Briefkasten ist beschriftet. Vor einer Türe steht sogar ein Amazonpaket. Das passt so gar nicht ins Bild. Auf dem Rückweg begegnet mir ein junger Mann, der mich fragt, ob ich hierhergejoggt sei. Ich verneine und erkläre, dass ich wandere und den Rucksack beim Dorfbrunnen abgestellt habe. Als ich frage, ob er denn hier wohne, denke ich, dass er verneinen würde. Das Dorf ist so klein und der junge Mann, etwas älter als ich, sieht sehr städtisch aus. Ich kann mir nicht vorstellen, dass er hier wohnt. Doch er sagt ja und ich bin überrascht – und irgendwie auch begeistert.

Als ich meinen Rucksack wieder aufsetze, ist der Schulterschmerz schlimmer denn je. Die Strafe dafür, dass ich heute so lange nicht pausiert habe. Aber was soll's, es sind nur noch wenige Stunden bis La Turbie. Zuerst muss ich ein Felssturzgebiet mit vielen Warntafeln überqueren. Auch zischt es immer mal wieder und ich sehe Eidechsen weghuschen. Immer wenn ich Eidechsen sehe, denke ich: «Wo Eidechsen sind, da gibt es auch Schlangen.» Bitte nicht, hoffe ich, aber gepasst hätte es. Bei diesen heissen Temperaturen sonnen sich die Schlangen oft auf den Steinen. Ich denke eine Weile an Schlangen und dass ich keine sehen möchte. Wenn mich jemand fragt, wovor ich Angst habe – auch unabhängig von der Via Alpina und dem Wandern –, dann lautet die Antwort immer: Schlangen. Ich rede mit mir selbst – stumm, nur in Gedanken – und sage: «Jetzt hör auf, an Schlangen zu denken, das endet nämlich jedes Mal damit, dass du eine siehst, weil du dich nur noch auf die Schlangensuche konzentrieren kannst!» Ein neues Thema muss also her.

Schon bald sehe ich das nächste Dorf und komme auf neue Gedanken. Denn ich erreiche die ersten Villen mit Pools und grossen Gärten. Alles immer blickdicht eingezäunt, aber ich halte immer wieder an, versuche, durch die Zäune etwas zu erkennen, und mache mir einen Spass daraus, Villa und Grundstück zu bewerten. «Hmm, also der Garten ist schön, der Pool wunderbar, aber das Haus braucht mal wieder eine Renovation.» Oder: «Oh süsse Hunde. Da fehlt noch ein Pool, aber die Terrasse ist echt herrlich.» Als könnte ich mir jemals so eine Villa leisten. Aber ich weiss genau, was ich haben wollen würde und was nicht. Ein Pool sollte auf jeden Fall dabei sein. Aber nur in meinen Traumgedanken. In Wirklichkeit möchte ich nie ein grosses Anwesen besitzen.

Ungefähr um 18 Uhr laufe ich in einer etwas einsamen Strasse bergauf. Ich sehe erstmals ein parkendes Auto mit monegassischem Nummernschild. Wow, ein besonderer Moment! Ich höre viele Autos und sehe, dass eine grössere Strasse folgt, die ich überqueren muss. Konzentriert auf die Strasse und die Autos, merke ich gar nicht, dass ich einen Hügel hinauflaufe. Obwohl ich es eigentlich weiss, ist mir erst gar nicht bewusst, dass dies mein allerletzter Hügel ist. Ich erreiche die Kuppe – aber da ist nichts! Ich muss genauer hinschauen. Moment, da ist nicht nichts, das ist kein blauer Himmel – nein, das ist tatsächlich das Meer! Ich laufe über die Strasse und als ich einordnen kann, was das bedeutet, kann ich nicht mehr klar denken.

Vor mir liegt tatsächlich das Meer. Monaco. Yachten. Ein Hafen. Und alles ist einfach so verdammt nah! Ich fühle mich beduselt, als wäre ich ein bisschen beschwipst, ich juchze vor mich hin und kann nicht aufhören, vom einen Ohr zum anderen zu grinsen.

Meine Gefühle spielen verrückt. Ich strecke mich, um besser über die Häuser zu sehen und mache Fotos. Dann laufe ich ein paar Schritte und mache erneut Fotos. Überwältigt vor lauter Glücksgefühlen überlege ich, dass ich jemanden anrufen sollte. Ich möchte diesen Moment mit jemandem teilen. Ich denke an meine Mama oder an Christian. Doch dann denke ich daran, wie das Gespräch verlaufen würde. «Mama, ich sehe das Meer!» Was gibt es hier noch hinzuzufügen? Ich merke, dass ich diesen Moment mit niemandem teilen kann, der meine wilden und unkontrollierbaren Emotionen verstehen könnte. Also behalte ich den Moment für mich – allein. Und das ist gut so.

Beschwingt geht es weiter bis La Turbie, wo ich ein Hotel gebucht habe. Ich hätte problemlos bis nach Monaco wandern können, aber mein Ziel ist es, am 1. Oktober anzukommen, und daher geniesse ich den Abend am Hügel mit Blick auf Monaco.

Nach einem fantastischen Abendessen wasche ich meine Kleider für die letzten Wanderkilometer. Morgen werde ich wohl nicht mehr gross schwitzen. Natürlich stinkt mein Rucksack schon seit längerem und den kann ich nicht waschen. Aber ich will mich auf meine eingeschränkte Art herausputzen und habe ein neues Deo gekauft. Morgen ist ein grosser Tag!

Die Nacht ist komisch – ich liege lange wach. Mir ist heiss und als ich das Fenster öffne, ist es zu laut. Ich war ausser in Triest fast immer in den Bergen oder in ruhigen Bergdörfern. Das hat mich wohl sensibel für Autolärm gemacht. Am Morgen bin ich etwas erschlagen und meine Schultern schmerzen mehr denn je. Aber hey, was soll's. Nach den nächsten zwei Stunden ist es geschafft und ich kann meinem Körper dann für eine lange Zeit Ruhe gönnen. Nach dem Frühstück marschiere ich los. Positiv überrascht stelle ich fest, dass ich sogar noch eine Weile auf einem richtigen Wanderweg nach Monaco gehe – nicht nur über Autostrassen.

Nach ungefähr einer Stunde ist es dann soweit. Ich schaue auf mein Handy, um mein GPS-Signal auf der Karte zu verfolgen. Noch ein paar Schritte. Drei, noch zwei, einer – die Grenze von Frankreich nach Monaco ist überschritten und ich stehe im sechsten Land während meines Via-Alpina-Trips. Signalisiert ist die Grenze jedoch nicht. Ich haste die vielen Treppen runter und komme zum Hafen. Da gibt es Yachten, die alles übertreffen. Mein Ziel ist es, heute im Meer zu baden. Ich habe gestern noch recherchiert und es gibt in Monaco nur einen einzigen Strand – den Lavrotto Beach. Obwohl nicht weit vom Hafen – bereits wieder in Frankreich – auch ein kleiner Strand wäre, laufe ich in östliche Richtung durch Monaco. Nur um dann feststellen zu müssen, dass der Strand geschlossen und komplett abgesperrt ist, da dort eine riesige Baustelle ist. Ein neues Eco-Village soll dort entstehen und später erfahre ich, dass der Strand den gesamten Sommer über geschlossen war.

Allgemein ist halb Monaco eine Baustelle und verdammt laut. Dazu kommen die schnellen, brummenden Autos. Diese Situation ärgert mich, jetzt bin ich doch extra hierhergewandert. Ich laufe weiter östlich durch Monaco, bis ich wieder auf französischem Boden stehe und den kleinen kiesigen Strand Pont de Fer finde. Etwa zehn Leute sonnen sich hier – die meisten halbnackt. Natürlich will ich meinen Moment des Ankommens festhalten. Also stecke ich meinen Wanderstock in den Boden und befestige das kleine Stativ obendrauf. Ich spanne mein Handy ein und stelle mich vor die Kamera, der Rucksack neben mir stehend. Es soll ein Siegesbild werden, aber ohne Jubelpose. Ich komme mir aber so dermassen dämlich vor, da die wenigen Strandbesucher mich beobachten und auslachen. Ohne Hemmungen. Gut, ich muss zugeben, die wissen ja nicht, was für ein wichtiger Moment das für mich ist. Ich würde es auch etwas komisch finden, wenn eine junge Frau auftaucht und sich am Strand selbst fotografiert. Aber um Hilfe fragen will ich niemanden, da ich keine Nackten stören möchte.

Nach den obligatorischen Ich-bin-am-Meer-angekommen-Fotos gehe ich schwimmen. Ich tauche meinen Kopf unter Wasser und lasse mich eine Weile treiben. Es ist richtig schön. Doch als ich aus dem Wasser komme, werde ich noch immer schief angeschaut und belächelt. Für die Strandbesucher bin ich nun einfach die Narzisstin, die sich selbst fotografiert. Das dämpft meine Freude. Ich dusche mich mit meinem mitgebrachten Trinkwasser ab, damit ich keine Hautrötungen bekomme, ziehe mich an und gehe zurück nach Monaco.

Leere macht sich breit in meinem Herz. Ich fühle nichts mehr, dabei habe ich nun alles erreicht, was ich mir vorgenommen hatte. 2363 Kilometer bin ich dem Alpenbogen gefolgt, sechs Länder habe ich dabei besucht, 17 Mal in Bergseen oder Flüssen geduscht, bin an 100 Tagen gewandert und habe zig Pässe gemeistert. Aber in Monaco angekommen, ist mir nicht nach Feiern. Ich hatte wohl innere Raketen erwartet,

Festmusik und Applaus, wenn ich das Meer nach über vier Monaten erreiche. Doch ich bin allein. Niemand umarmt mich und ich bekomme kein High-Five. Keiner hier kann nachvollziehen, wie ich mich fühle. Gestern noch war mein Glückslevel ganz klar höher.

Wie geht es jetzt weiter? Ich will in die Stadt und mir etwas zum Anziehen kaufen. Da treffe ich auf Dan. Ich überquere gerade die Strasse, noch immer im Wanderoutfit und mit Rucksack, als er mich anspricht und sagt, ich sehe aus, als hätte ich gerade eine grosse Wanderung hinter mir. Wir kommen ins Gespräch und es stellt sich heraus, dass er aus Schweden kommt, in Monaco wohnt, eine Yacht besitzt und bereits zum Skifahren in meinem Heimatdorf Flims war. Er sieht aus, als hätte er schon viel Leben und selbst einige aufregende Reisen hinter sich. Er bietet mir an, mich ins Zentrum zu führen. Monologartig erzählt er mir seine Geschichten, spannend und etwas verrückt zugleich. Denn auf einmal sagt er, er renne jetzt ein Stück und warte dann wieder auf mich. Er wolle jeden Tag seinen Puls einmal in die Höhe treiben. Also rennt er eine steile Monaco-Strasse hoch, etwa 100 Meter und wartet oben, bis ich ihn eingeholt habe.

Dann gehen wir gemeinsam weiter, bis er mich schliesslich vor einem Kleiderladen, wo ich mir neben Gucci und Chanel auch etwas leisten kann, absetzt. «Take care», verabschiedet sich Dan und ich verspreche, ihm bald eine Postkarte aus Flims zu schicken.

Heute Abend steht noch das Piña-Colada-Treffen mit Hermann vor dem Casino im Café de Paris an. Denn vor fast fünf Wochen, während unseres Treffens kurz nach Tignes, hatten wir dies als Abschluss unserer Wanderung vereinbart. Als ich an der Kasse des Kleiderladens in Monte Carlo mein kleines Zipblock-Beutel-Portemonnaie hervornehme, erblicke ich das Karamellbonbon darin. Es ist auch an diesem letzten Tag noch immer unversehrt, ich habe nie zu meinem letzten Motivationstrick greifen müssen. Eigentlich hätte ich mehr Krisen und Abbruchmomente erwartet, und nicht nur ich – vor der Reise haben auch Freunde und Bekannte an meinem Projekt gezweifelt. Von wegen! Auch wenn man sich fast nicht traut, seinen Traum zu träumen, so kann er doch Realität werden. Und zwar dann, wenn man beginnt, einen Fuss vor den anderen zu setzen. Schritt für Schritt, ans Ziel bis nach Monaco. Das Bonbon bleibt in meinem Portemonnaie, vielleicht brauche ich es ja ein anderes Mal!

— *Epilog*

Zurück in Flims bei meinem Freund Christian, dem Kater Yuki und meiner Familie, habe ich einen geschärften Blick auf mein Via-Alpina-Abenteuer. Ich bin ein Mensch, der Effizienz liebt. Ich hasse zeitverschwendende Dinge – und ganz speziell Meetings, insbesondere, wenn man die darin besprochenen Dinge auch per Mail hätte klären können. Ich kann dann nicht anders, als dort zu sitzen, mich darüber zu ärgern, wie die Leute auch noch vom Thema abschweifen, während mein Tisch gedeckt ist mit Arbeit und sehnlichst auf mich wartet. Nicht, dass ich Meetings nicht mag – aber sie müssen effizient sein. Wenn ich hingegen mal einen Durchhänger habe, sei es einfach Kopfschmerzen, Langeweile oder Motivationsprobleme, dann fühle ich mich immer unglaublich schlecht und habe Gewissensbisse. Ich mag viel Arbeit, ich mag ein bisschen Druck und Stress.

Genau gleich bin ich zu Beginn das Via-Alpina-Projekt angegangen. Die Ironie am Ganzen: Ich habe mich zu einer Weitwanderung entschlossen, weil mir die Langeweile fehlte. Einfach mal ins Nichts starren, sich über sinnlose Themen Gedanken machen. Aber auch um über wichtige Dinge nachzudenken, wie zum Beispiel: Wie stehe ich eigentlich zu den aktuellen politischen Geschehnissen? Für solche Gedankenausschweifungen hatte ich in den letzten Jahren keine Zeit mehr – mein Hirn war vollkommen auf Effizienz programmiert. Ich plante ständig etwas und schrieb viele To-Do-Listen, bis mein Hirn zu rauchen begann und ich merkte, jetzt braucht es einen erfrischenden Neustart, damit ich auch weiterhin viel Freude am Leben habe.

Aber in erster Linie wollte ich einfach mal wandern. Weg vom Alltag, von Leistung im Job und in Ausbildungen. Sich nicht von Prüfungen zu Präsentationen hangeln. Wenn das jemand mit 27 Jahren sagt, mag sich das komisch anhören. Aber nach zehn Jahren in der Arbeitswelt hatte ich zwar nicht genug davon, wollte aber etwas verändern und eine Pause einlegen, um meine Batterien wieder voll aufzuladen. Von der Praktikantin hatte ich mich in fast sechs Jahren zur Teamleiterin hochgearbeitet und war stolz darauf. Alle Prüfungen im Bereich Marketing und Public Relations konnte ich in den letzten Jahren erfolgreich abschliessen und somit war die Via Alpina ideal für ein Kopflüften. Ein Selbstfindungstrip sollte sie dennoch nicht werden, aber so wie andere durch Asien backpacken, wollte ich halt die Alpen durchqueren.

Bei der Planung ging ich wie immer sehr akribisch vor und plante detailliert, was mich so erwarten könnte. Es fühlte sich an wie ein neues Arbeitsprojekt. Als ich dann startete, war ich so nervös – eine ganze Woche lang kam ich mir wie eine Heuchlerin vor und hoffte, dass mich niemand nach meinen Plänen fragen würde. Ich kann mich noch gut erinnern, als ich am ersten Wandertag ein älteres Paar antraf und sie mich fragten, wo ich hinwolle. Wer nach den ersten zwei Kilometern ernsthaft mutig genug ist zu sagen, dass er 2000 Kilometer wandern will, zweimal bis ans Meer, den möchte ich kennenlernen. Die ganze Idee hörte sich damals übertrieben an.

Obwohl es in der gesamten zweiten Woche eigentlich fast nonstop regnete, kam mir nie in den Sinn, eine Pause zu machen. Vor einer Pause musste ich mir selbst beweisen, dass ich diese verdiene und auch was geleistet habe. Nach 14 Tagen konnte ich nicht mehr. Ich hatte Etappen zusammengelegt, hatte mit schlechtem Wetter zu kämpfen und war ziemlich kaputt. Obwohl ich einen Pausentag machen wollte – nichts sehnlicher wollte, als rumliegen –, empfand ich einen Tag bloggend im Bett als ziemlich schwach. Mit dieser Einstellung hatte ich lange zu kämpfen. Ich wünschte mir einen Pausentag pro Woche, aber gleichzeitig wollte ich erstmal unter Beweis stellen – mir und auch allen, die meine Wanderung verfolgten –, dass ich tough bin.

Der erste Teil der Via Alpina von Vernayaz nach Triest war extrem anstrengend. Ich folterte mich teilweise fast selbst und als ich an einem Tag 39 Kilometer zurücklegte und drei Pässe überquerte, konnte ich am nächsten Tag kaum mehr gehen. Anstatt es dann ruhiger anzugehen, nahm ich den steilsten Tag der Via Alpina in Angriff, bei Gewitter.

Mit der Zeit wurde ich gelassener und gönnte mir öfters Pausentage. Über dieses Thema telefonierte ich oft mit meiner Mutter. Meistens rief ich sogar nur an, damit sie mir sagte: «Jetzt mach verdammt noch mal eine Pause, die brauchst du! Hilft auch nichts, wenn du dich sonst noch verletzt!» Denn erst, wenn ich eine «Erlaubnis» oder einen Befehl zur Pause erhielt, dann konnte ich mir das erlauben. Dann fühlte es sich an, als müsste ich es machen, sonst wäre Mama ja sauer auf mich. Komische Logik, dass ich nicht einfach gemacht habe, worauf ich Lust hatte und was mein Körper brauchte.

Ich kann mich noch genau erinnern, wie ich im Hostel in Kobarid ankam und es so laut krachte und blitzte. Da begann ich doch allen Ernstes einen Blogpost zu schreiben, in dem es fast nur um mein Pausen-Dilemma ging. Ich erläuterte mein Problem, mir Pausen zu gönnen, und wollte mich im Blogpost dafür rechtfertigen. Ich wollte die Bestätigung meiner Leser, dass es okay war. Wieder telefonierte ich mit meiner Mama. Danach verlängerte ich meinen Aufenthalt im Hostelzimmer und am nächsten Morgen löschte ich den Blogpost und begann von neuem. Ist doch verrückt: Jetzt mache ich eine Auszeit, für die ich lange gespart habe und dann habe ich ein schlechtes Gewissen, wenn ich es mir nach verdammt harten Tagen einfach mal gut gehen lasse?! Mir wurde klar, dass hier irgendetwas nicht stimmte und eine Baustelle sichtbar wurde.

Die zwei Nächte damals im Hostel waren der Wendepunkt. Danach lief ich gemächlicher, ich machte früher Rast. Lief noch bis ans Meer nach Triest. Gönnte mir (fast) ohne Hemmungen ein Hotel mit Pool am Meer bei Muggia – als Belohnung. Nach Triest kehrte ich nach Flims zurück, bevor ich wieder nach Vernayaz reiste und den zweiten Teil in die entgegengesetzte Richtung nach Monaco lief. In Flims hatte ich meine Pläne nochmals neu organisiert. Ich plante jede Woche einen Pausentag ein. Selbst wenn mal eine kurze Tagesetappe von drei bis vier Stunden drin war, nahm ich die Tagesetappen nicht zusammen. Ich liess alles so, wie es war, und rechnete fast eine Woche Pausentage ins Programm mit ein. Als ich zum zweiten Mal loslief und wusste, ich würde trotz allem etwa Anfang Oktober in Monaco ankommen, fühlte sich das unglaublich befreiend an. Ich pausierte auch konsequent jede Woche und fing an, es zu geniessen. Weil ich am Abend nun mehr Zeit hatte, langweilte ich mich zum ersten Mal! Ich schaute Serien, hörte mehr Hörbücher und las mehr. Ich machte mir Gedanken über mich und die Welt. Das Einzige, was mich nun noch immer ein bisschen stresste, war, dass ich mir wegen Paul und Hermann – die ich im zweiten Teil kennengelernt hatte – selbst Druck machte. Beide waren viel schneller unterwegs als ich. Paul traf ich unterwegs sogar drei Mal. Doch beim dritten Treffen wusste ich genau, dass ich ihn nun nicht mehr wiedersehen würde. Er würde fast zehn Tage vor mir am Meer ankommen. Der Tag mit Paul war schön und als ich einen malerischen Platz zum Essen sah, fing auch er an, die Momente der Ruhe bewusster zu geniessen. Die Füsse im Wasser, das Cap im Gesicht und sich einfach mal mitten am Tag hinlegen.

Nach der Reise bin ich weiterhin in Kontakt mit Paul. Er machte von der Schweiz bis nach Monaco keinen einzigen Pausentag ...! Nach seiner Ankunft am Meer ist er nicht lange geblieben, sondern wollte nach Korsika. Auf Korsika gibt es ebenfalls Berge. Es ist die weiterführende Gebirgskette der Alpen. Er reiste ab und wollte den GR20, einen Weitwanderweg, starten. Das Wetter spielte jedoch nicht mit und er schrieb mir, dass er so unendlich müde sei und gerade keine Freude mehr am Wandern habe. Er wisse nun, warum ich ihm ständig gesagt habe, er solle es gemütlicher nehmen. Das war eine der schönsten Aussagen für mich. Paul hatte es im Anschluss an seinen Trip gelernt. Ich im zweiten Teil der Via Alpina. Erst wenn man Pausen einlegt, dann freut man sich wieder auf den Wanderalltag. Und wenn man wandert, freut man sich auf den Pausentag. Diese Abwechslung war für mich so wichtig und hat vielleicht über Erfolg und Misserfolg – oder besser: Ankommen und Nicht-Ankommen entschieden. Auch Hermann fragte mich immer wieder: «Ah was, dort machst du wieder eine Pause?» Aber als ich Hermann traf, war ich schon ganz entspannt und erklärte ihm: «Ja klar, hey, ich hab keine Eile – muss nur wieder zurück ins Büro, wenn ich fertig bin.»

Es war ein Prozess. Etwas, das ich erst unterwegs gelernt habe und mir in der heutigen Zeit wichtig erscheint: sich auch mal schwach fühlen zu dürfen. Eine Pause zu machen, um eben Kraft zu tanken, Motivation zu sammeln, den Kopf zu lüften und eben auch wieder leisten zu können. Wer sich ständig ausquetscht, der hat irgendwann nichts mehr zu geben.

Und doch, auch ein Jahr nach meinem Abenteuer verfolge ich die Via-Alpina-Wanderer des Sommers 2021 fleissig. Es waren viel mehr als im Sommer 2020. Noch immer konnten die Europäer nicht ohne Probleme nach Amerika, um den PCT zu wandern. Deshalb wichen sie auf die Via Alpina aus. Da es zur Via Alpina kaum Bücher und Blogs gibt, wurde ich so etwas wie das Lexikon der roten Via Alpina. Ich wurde von vielen Wanderern direkt auf Facebook angeschrieben und freute mich immer sehr, ihnen helfen zu können und Auskunft geben zu dürfen. Als die Wanderer unterwegs waren, habe ich ihre Reise gespannt mitverfolgt und trotz meinen Vorsätzen, mich nicht mit anderen zu messen, ihre Wanderfortschritte mit den meinen verglichen.

Eine Wanderin, die ich auf den sozialen Medien verfolgte, musste zwei Wochen nach dem Start wieder nach Hause. Wegen einer unwegsamen Schneefeldumgehung rutschte sie aus, stürzte und brach sich mehrere Knochen an Arm und Fuss. Sie konnte mit ihrem GPS den Notruf kontaktieren und wurde mit dem Helikopter abgeholt. Das zeigt mir, dass meine Ängste real waren. Weitere Wochen später brachen weitere Via-Alpina-Wanderer ab, die zu Beginn viel mehr Kilometer wanderten als ich. Im Juli 2021 erfuhr ich dann vom belgischen Trailrunner

Karel Sabbe, der die Via Alpina schlussendlich in 30 Tagen rannte. Es ist unglaublich – für mich unvorstellbar, wie so etwas möglich ist.

Das Fazit für mich: Jeder macht die Via Alpina auf seine Weise. Es ist nichts, bei dem man vergleichen sollte. Denn was zählt, sind die Erlebnisse und Geschichten, die einen für den Rest des Lebens prägen werden. Zweifellos.

Beim Wandern heisst es nicht umsonst: «Hike your own hike!»

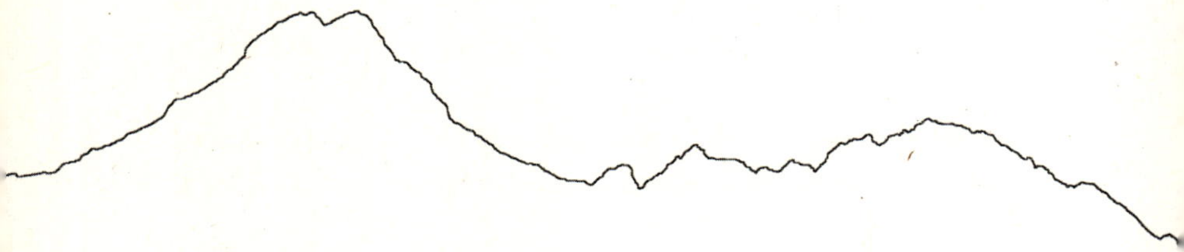

LIFE LESSONS DER VIA ALPINA

Meine Via-Alpina-Erkenntnisse, die ich in den Alltag integrieren möchte:

- Pausen machen, um sich erholen und danach wieder Vollgas geben zu können. Pausen geben Abstand und so freut man sich wieder auf neue Herausforderungen.
- Probleme, die noch nicht einmal eingetreten sind, nicht zerdenken und sich nicht unnötig sorgen.
- Probleme nicht grösser machen, als sie sind – relativieren, was sind andere mögliche Optionen? Wird dieses Problem in fünf Minuten noch wichtig sein, in fünf Stunden, in fünf Tagen?
- Sich nicht von ungefragten Ratschlägen unterkriegen lassen – Hirn einschalten und selbst mitdenken.
- Sich in einer anstrengenden Phase überlegen, wie man sich sonst etwas Gutes tun kann und in anderer Art und Weise für Erholung sorgen.
- Sich nicht davon beeinflussen lassen, was die Leute wohl denken mögen, wenn man gerne etwas machen würde, was aber vielleicht «Schwäche zeigt».
- Akzeptieren, wenn es nicht so läuft wie geplant, sich das Positive der neuen Situation vor Augen halten und sich darüber freuen.
- Hilfe annehmen – wenn es allein nicht mehr weitergeht, nicht zu stolz sein, nach Hilfe zu fragen.
- Den Moment geniessen, mit allen Sinnen die Umgebung wahrnehmen und nicht an gestern oder morgen denken.
- Sich selber vertrauen und das Abenteuer wagen. Abbrechen und neu planen geht immer.

DANKA VO HERZA

Ohne euch wäre ich vielleicht nicht auf mein bisher verrücktestes Abenteuer aufgebrochen: die rote Via Alpina. Andere sind als grossartige Unterstützung im Schreibprozess dazugekommen. Ohne euch gäbe es dieses Buch vielleicht nicht.

- Domenica. Danke für deinen Support während der gesamten Via Alpina und deine motivierenden Kommentare im Manuskript, als du als Allererste mein Buch gelesen hast.
- Danke an Lisa, für deinen Support während der Via Alpina und auch im Schreibprozess. Lisa & Domenica werden für mich immer ein Work-Dream-Team bleiben, auch wenn wir nicht mehr alle am gleichen Ort arbeiten.
- Danke an Christian fürs Unterstützen der beiden Projekte Via Alpina und Buch, obwohl du deshalb viele Abstriche machen musstest. Eine der schönsten Wochen auf der Via Alpina habe ich mit dir erleben dürfen – Yuki und ich sind dir dankbar für alles!
- Danke an meine Mama Beatrice – wieder mal hast du mitgefiebert und mitgelitten, ich bin dankerfüllt, dass du mir deinen Abenteuerwunsch weitergegeben hast, sodass ich den Mut hatte, so etwas unfassbar Schönes zu erleben.

Ein besonders grosser Dank geht auch an Lea Catrina und an Katrin Sutter.

- Als Autorin hast du, Lea, mich motiviert, dass meine Geschichte erzählenswert ist, mir auf den richtigen Weg geholfen und mich mit Katrin in Verbindung gesetzt. Deine Hilfsbereitschaft ist für mich keine Selbstverständlichkeit und ich konnte viel von dir lernen.
- Danke an dich, Katrin, als Verlegerin für deine Offenheit gegenüber meiner Geschichte und dass du mein Buch geschliffen und

gestriegelt hast – sodass ich stolz meine Geschichte präsentieren darf. Dein Herzblut und deine Professionalität haben mich beeindruckt und ich bin glücklich, dass «VON WEGEN» unter dem Arisverlag-Siegel erscheinen durfte und später auch von Malik übernommen wurde.

Danke auch an meine Brüder Gian – für deine Bilder zu Beginn der Via Alpina und deine Telefonate – und Andri – für deine Hilfe bei emotionalen Krisen und dein abwechslungsreiches Vorwort, welches eine schöne emotionale Einführung ist. Danke an Ladina, an Angela, an Nadine. An Pascal für die Inspiration und Tipps sowie an Lara für deine netten Worte über das Buch. Danke an Michaela und Flo, für dieses wunderschöne Coverbild bei Maloja. Danke auch für die Begegnungen, die ich unterwegs machen durfte – ganz besonders an Hermann aus Rheinmünster, mit dem ich noch immer regelmässig telefoniere und der mich sogar im Sommer 2021 in Flims besuchte. Du hast meine Via Alpina bereichert! Thank you to Paul, for the deep conversations while hiking in France and for selflessly offering me all your clothes so I don't completely freeze during the night on Mont Thabor. Luckily, I did not need them in the end, but it helped my mind to stay warm.

Danke auch an CIPRA International für die Instandhaltung der Via Alpina. Zum Schluss Merci an alle, die mich mit Kommentaren und Nachrichten im Sommer 2020 motiviert haben. Ich wünsche mir, mit diesem Buch weitere Menschen inspirieren zu können auch Träume zu realisieren, die man kaum wagt zu träumen. So war es bei mir bei der anspruchsvollen roten Via Alpina.

Danke, Via Alpina, meine einzige Konstante in vier Monaten. Der Sommer 2020 bleibt mir für immer in meinem Herzen.

In Gedenken an Roman Candrian 1969–2020.